邮轮航线规划与运营

孙瑞红　叶欣梁　著

南开大学出版社

天　津

图书在版编目(CIP)数据

邮轮航线规划与运营 / 孙瑞红,叶欣梁著. —天津:
南开大学出版社,2022.7
 ISBN 978-7-310-06254-6

Ⅰ.①邮… Ⅱ.①孙… ②叶… Ⅲ.①旅游船—航海航线—规划②旅游船—航海航线—运营管理 Ⅳ.
①U674.11②U697.3

中国版本图书馆 CIP 数据核字(2021)第 272741 号

版权所有 侵权必究

邮轮航线规划与运营
YOULUN HANGXIAN GUIHUA YU YUNYING

南开大学出版社出版发行
出版人:陈 敬
地址:天津市南开区卫津路 94 号 邮政编码:300071
营销部电话:(022)23508339 营销部传真:(022)23508542
https://nkup.nankai.edu.cn

河北文曲印刷有限公司印刷 全国各地新华书店经销
2022 年 7 月第 1 版 2022 年 7 月第 1 次印刷
230×170 毫米 16 开本 13.5 印张 217 千字
定价:68.00 元

如遇图书印装质量问题,请与本社营销部联系调换,电话:(022)23508339

基金资助

　　本书由上海工程技术大学学术出版专项基金、美国国家地理学会空气与水保护基金、原国家旅游局旅游青年专家项目、国家社科基金项目共同资助出版,在此表示感谢!

目 录

第一章 概念与理论阐释 ··· 1
  一、邮轮航线的概念界定 ··· 2
  二、邮轮航线的国内外研究 ··· 24
  三、邮轮航线的理论基础 ·· 35
  参考文献 ·· 42

第二章 邮轮航线的空间分布与地理特征 ·································· 46
  一、世界邮轮航线分布的总体概况 ···································· 46
  二、加勒比海地理特征及航线分布 ···································· 51
  三、地中海地理特征与航线分布 ······································· 59
  四、南北极地理特征及航线分布 ······································· 66
  五、亚太地域地理特征及航线分布 ···································· 73
  参考文献 ·· 80

第三章 中国邮轮航线的开发与运营 ·· 82
  一、在中国地区运营的邮轮公司 ······································· 82
  二、中国邮轮母港与停靠港 ··· 84
  三、疫情前后中国邮轮航线运营变化及对比 ······················ 109
  参考文献 ·· 114

第四章 邮轮市场格局、风险感知与开发策略 ························ 115
  一、邮轮市场格局划分 ··· 116
  二、邮轮风险感知变化 ··· 127
  三、疫情后邮轮旅游市场开发 ·· 134
  参考文献 ·· 139

第五章 不确定因素对邮轮航线运营的影响 ···························· 142
  一、邮轮航线运营的不确定因素分析 ······························· 142

二、多变天气如何导致邮轮延误——以吴淞口邮轮港为例 ……… 145
三、公共卫生事件对邮轮航线运营的影响 …………………… 160
四、气候变化下我国邮轮业的减排行动 ……………………… 168
参考文献 …………………………………………………………… 171

第六章 中国邮轮母港航线规划的韧性挑战 ……………………… 175
一、母港邮轮航线规划的原则与要素 ………………………… 175
二、中国邮轮母港的航线规划挑战、问题与限制 …………… 182
三、中国邮轮母港未来航线规划——以吴淞口邮轮港为例 … 196
参考文献 …………………………………………………………… 206

第一章 概念与理论阐释

"Cruise"或"Cruises"一词起源于荷兰语"kruisen",最初是"四处航行"之意,后引申为乘坐邮轮开展的巡游或旅行。最初邮轮是邮政部门专门运输邮件的交通工具之一,因其航速快能节约海上航行时间,是旅客远洋航行的首选,后经逐渐演变成为远洋客轮的代称。随着邮轮客源市场的细化与分化,邮轮公司对邮轮服务不断推陈出新,针对头等舱旅客提供豪华住宿、精致美食、舞会娱乐等消遣服务与设施。第二次世界大战后,传统邮轮提供的客运服务在航行速度上已无法与喷气式客机相竞争,从而转型为专门服务于具有海上旅游休闲度假需求的现代邮轮,成为旅游休闲产业的重要组成部分。无论邮轮,还是游轮,现在其实都是搭载乘客从事旅行、参观、游览活动的各类客运机动船只的统称,但因为历史渊源,邮轮在描述专业旅行度假船舶时更富有庄重、严谨的感觉,所以在学术研究中多用"邮轮"二字。

20世纪80年代,国际豪华邮轮进入国内港口;21世纪初,歌诗达邮轮公司开辟了首条以上海作为母港的邮轮客班轮航线;2007年和2008年,中国召开了世界邮轮大会,中国邮轮产业迎来了光明前景。随着邮轮旅游的持续发展,邮轮和游轮的概念在实质上渐趋一致。如今,邮轮旅游已经成为一种生活方式,它通过邮轮联系一个或多个旅游目的地而组成旅游行程,游客可以在从一个地方到另一个地方旅行时,长时间在船上生活以获得乐趣。现在邮轮既提供一晚和多晚航行,又提供更长时间甚至可以延伸到全球的旅游产品。近50年来,邮轮旅游年均增长8%—9%。十多年来,全球邮轮旅游消费市场需求保持较高增长态势。2004—2017年,全球邮轮市场游客量从1314万跃升到2580万,增长了96%[1]。国际邮轮协会(CLIA)预测世界邮轮游客在2030年可能超过3600万人次,且邮轮产业的经济贡献率也将持续升高。2015年全球范围内邮轮合计提供

1.227 亿人次进行岸上观光，在旅游目的地和其他资源市场直接消费541.1 亿美元[1]。邮轮产业具有高成长性、高贡献度特点，这使其变成旅游业和航海业的投资热点。在欧美邮轮市场渐趋成熟的背景下，中国等新兴潜力市场的邮轮发展开始获得关注并引发投资热潮。

现在我们所说的邮轮指的是专门为游客提供旅游休闲度假服务的远洋客船，旨在为游客提供轻松愉悦的假期体验。邮轮在海洋交通旅行的基础上综合了高档酒店、餐饮、娱乐、购物等多种休闲方式，其业务经营模式已经转变为利用其海上交通优势提供海上度假兼多地岸上观光业务。邮轮主要围绕母港开展旅游业务，通过邮轮将航线和节点（停靠港）串联起来，然后以海陆结合的方式提供船上服务和开展船票销售。邮轮多提供闭环航线，即邮轮在母港承接游客完成旅游行程后又将游客送回出发港口，这类航线有的提供岸上行程，有的则为纯粹的无目的航线（邮轮在没有任何停靠港的情况下进行2至3晚的往返旅行）。因此，交通虽然是邮轮的重要功能，但不再是邮轮业务的主要内容。

一、邮轮航线的概念界定

（一）邮轮航线定义及分类

航线是船舶航行或飞机飞行的路线或交通线。航线规定了航行的具体方向、起讫点和经停点，且为了便于海上航行和空中管制，而规定了航线的宽度、长度、高度。航线既有海上航线，又有空中航线。邮轮航线是构成邮轮经济空间结构的重要组织形式，呈现轴线的特征，主要表现为作为旅游目的地的邮轮港口通过节点而联系起来[2]。

邮轮航线是为满足游客观光度假、休闲娱乐、康健疗养，甚至求知探索等需求，根据海洋和港口地理、旅游资源分布、经济成本和收益及综合安全等因素，而设计出来的依托邮轮这座"海上漂浮的度假城市"将母港和若干停靠港串联起来的水运航线。邮轮航线既有海运航线，又有内河航线；既有国内航线，又有国际航线。邮轮航线按照不同标准，可以进行多种分类。

1. 按船舶运营方式分类

（1）定期航线

这是指按照固定价格和固定船期，在固定的始发港和目的地港之间经营业务的航线，又称定班航线或班轮航线。喷气式飞机出现之前，邮轮主要经营定班航线，以跨大西洋的欧美航线最为典型。

（2）不定期航线

这是为满足特定、临时或突发需要而选择的航线，其船期、挂靠港口不固定。通常是包船旅行社的特殊要求，或开展某次主题或特色航程时，亦或出现紧急情况需要临时靠泊时采用。

2. 按航程距离分类

（1）远洋航线（OCEAN-GOING SHIPPING LINE）

这是指跨越大洋的海上邮轮航线，多是跨越大西洋、太平洋或印度洋。英国冠达邮轮公司是经营大西洋邮轮航线最负盛名的公司。20 世纪六十年代之后，喷气式飞机提供更便利、更高时间效率的跨洋旅行，造成了邮轮远航航线业务日趋减少，伊丽莎白皇后二号成为最后一艘经营传统远洋定班航线的邮轮，她从 1969 年一直肩负横渡大西洋任务，直至 2004 年被玛丽皇后二号邮轮（当时全球最大邮轮）代替。虽然玛丽皇后二号延续了经营大西洋跨洋航线的传统，但是其航线设计更加灵活，既有洲际航线，又有环球航线，曾多次访问我国邮轮港口。

（2）近洋航线

这是指在母港与邻近国家港口之间经营旅游度假业务的邮轮航线。当前我国母港始发的邮轮航线基本都是近洋航线，最经典的是上海出发的"济州—福冈—长崎"航线，6 天 5 晚，停靠港口多，游览效率高，且能获得丰富的海上度假体验。2017 年 2 月以来，我国邮轮航线受"萨德"影响不再访问韩国邮轮港口。由此可以看出邮轮旅游的业务脆弱性。

（3）沿海航线

这是指一国沿海各港之间的海上邮轮航线。我国最为出名的就是三沙航线，主要从三亚出发经停银屿、鸭公岛、全富岛的闭环航线，经营此条航线的两艘邮轮椰香公主号和南海之梦号都有 2 万多吨，属于客运滚装船，与现在国际邮轮在硬件设施和服务还存在一定差距。

(4) 内河航线

这是指行驶于一国之内河流区段的邮轮航线。国内通常为了区分内河和海上邮轮，将内河邮轮称为"游轮"，最典型的是长江三峡游轮旅游，因此也给国人留下游轮就是小型邮轮的印象。当然也有例外，皇家加勒比集团（全球第二大邮轮集团）就将"Royal Caribbean International"的中文翻译定为"皇家加勒比国际游轮"，其初衷是要体现现在邮轮主要提供旅游业务、为游客服务之意。

此外，邮轮航线基于航行路径能分为单程邮轮航线、双程邮轮航线、环形邮轮航线和组合型邮轮航线四种；而基于航行范围还能分为大西洋航线、太平洋航线、印度洋航线、环球航线等[3]，如表1-1所示。

表1-1 全球邮轮航线分布（按航线载客量的市场份额划分）

区域	比例
阿拉斯加 ALASKA	3.00%
夏威夷 HAWAII	0.9%
加拿大新英格兰 CANADA NEW ENGLAND	1.2%
西海岸（墨西哥）WEST COAST（MEXICO）	3.3%
内河水道 DOMESTIC WATERWAYS	0.3%
加勒比 CARIB/BAHAMAS	38.90%
巴拿马运河 PANAMA CANAL	0.5%
百慕大 BERMUDA	1.2%
南美 SOUTH AMERICA	2.0%
跨大西洋 TRANS-ATLANTIC	1.3%
西北欧 NORTH WEST EUROPE	9.0%
地中海海域 MEDITERRANEAN	13.60%
亚洲/太平洋 ASIA/PACIFIC	15.70%
印度洋/红海 INDIAN OCEAN/RED SEA	1.2%
非洲 AFRICA	0.5%
澳大利亚海域 AUSTRALIA	4.30%
环球航线 WORLD CRUISES	0.1%
南极 ANTARCTICA	0.1%

数据来源：2017 CRUISE INDUSTRY[6]

（二）邮轮航线的构成

邮轮航线是由邮轮船舶、邮轮母港、海上航程、邮轮停靠港、岸上目的地等串联一起形成的邮轮旅游线路，是邮轮产品的核心构成要素。其中，邮轮母港和停靠港统称为邮轮港口；海上航程是指邮轮游客在海上航行过程中在船上享受到的产品与服务；邮轮目的地是指邮轮从母港出发前往的地区，游客将在该地区开展岸上旅游。

1. 邮轮港口

邮轮港口是为邮轮提供靠泊、补给等服务和为游客提供上下船服务的港口。根据航线设置、游客量大小、专用设施配置和邮轮公司总部设立情况，邮轮港口可分为母港、始发港、挂靠港、停靠港、访问港等。邮轮母港（HOMEPORT）可以为邮轮提供全方位的服务——从客源、后勤补给到维修保养等，母港所在城市通常具有通达便捷的交通网络，并且是区域市场和邮轮经济网络的增长极，同时也为邮轮发展提供良好的经商和运营环境，邮轮公司的总部或地区总部通常会设在这里，吸引邮轮相关产业集聚，形成总部经济。邮轮母港对当地的经济拉动效应非常显著。以"世界邮轮之都"迈阿密为例，2016 年迈阿密邮轮港接待游客量达到 550 万人次，游客周转量全球第一。迈阿密虽然很小，但有两个国际机场，航线比较密集，机场和邮轮港口之间能实现接驳和行李直接转运。迈阿密还是嘉年华、皇家加勒比、诺唯真等 15 家全球知名邮轮公司的总部基地。就经济收益而言，邮轮母港通常为停靠港的十到十四倍。迈阿密所在的弗罗里达州从美国邮轮产业发展中受益最大，2014 年邮轮业为当地创造就业岗位 146401 个，提供年度平均工资额为 46500 美元，为当地创造 682500 万美元的经济收入，以及 795000 万美元的直接购买力。始发港（DEPARTURE PORT）指的是某一邮轮航次游客乘坐邮轮的出发港。在邮轮旅游行程中，旅行代理商通常使用始发港这个词，可以更清晰地向游客传递邮轮出发地港口的信息。但要注意的是，并不是所有的邮轮始发港都可以成为邮轮母港，只有当始发港各种功能齐全且具有产业集聚效应时，才可能成长为邮轮母港。邮轮挂靠港（PORT OF CALL），也称停靠港，是邮轮航程中中途靠泊，方便游客上岸观光，甚至招徕新游客上船参加邮轮航行的港口。邮轮访问港（VISITING PORT）只是为邮轮游客访问目的地开展岸上观光而停靠的港口，但不接受新游客登船旅行。邮轮船舶吨位与航道水深关系如表 1-2 所示。

表 1-2　邮轮船舶吨位与航道水深关系

邮轮船舶吨位（万吨）	航道水深（米）
7	9.5
8	10
9	11
10	12
11	12.5
12	13
15	14
20	15

（1）邮轮母港

邮轮母港是游客登船开始邮轮旅游并在旅游结束时登上邮轮的港口，同时也是邮轮装载商品及补给，包括淡水、燃料、水果、蔬菜、酒水及邮轮所需任何其他物品的地方。靠船日的邮轮母港业务非常繁忙，除了要让上批游客下船提取行李顺利离开，还要安排下批登船的游客快速登船和运输行李上船；不仅要给邮轮补充燃料，还要除理废弃物。

母港是指船只基于其开展航线和业务运营的港口，而并非船舶登记文件上的注册地港口。邮轮业中，邮轮母港是指邮轮招徕游客上船旅游度假，进行后勤补给（如食物、货物、燃料、材料等）和处理废弃物，甚至进行维修保养的港口，是邮轮经营业务的基地，依据服务辐射范围大小可分为国际性母港、区域性母港。国际性母港通常具有越洋跨洲航线和近洋近海航线，区域性母港则多是近洋近海航线。这些母港及其所依托的城市共同组成不同层次的国际邮轮中心。大型的邮轮母港，能为多艘大型邮轮停靠及进出提供各种服务，邮轮公司常在此设置公司总部或地区总部。同时，母港发挥着集散游客的功能，包括具备定期、不定期停泊大型邮轮的码头，以及配套设施齐全、相关产业发达、旅游资源丰富的城市及周边区域[4]。

国际著名的邮轮母港都有以下特点：①交通通达便利，码头水深和航道条件良好，岸线较长，并且有前往市中心的快捷交通；②全年运营，不存在停业期；③母港所在城市旅游资源丰富；④所在城市区位优越，海陆空交通便利，是重要交通枢纽；⑤具有累积优势，无论是国际旅游还是海上客运，甚至在市场拓展和旅游运营方面具有核心竞争力；⑥具有符合国际法规和惯例的出入关和口岸惯例程序；⑦母港附有城市综合体或旅游综合体作为支撑，有大型购物、酒店、餐厅及娱乐设施；⑧具有现代化的码头设施和邮轮维修基地，以及可持续发展的条件。

邮轮母港产业运营方式多以大型邮轮企业为主，以相关要素企业为辅，相互配合，协同发展。大型邮轮企业在母港产业中发挥核心作用，通过共同利益把相关要素企业吸引在自己的周围，构成母港产业的价值运行网络。在实际运营过程中，邮轮公司通过对船舶的购买与租赁、船籍的注册与管理、码头的利用与养护、员工的聘用与培养、邮轮的补给与物流、邮轮产品的市场与营销、邮轮文化的建设与推广等积极带动区域的经济、社会、文化效益的全面发展[5]。邮轮公司业务的顺利运营则需要港口码头、邮轮旅行社、旅游景区、造船企业、船舶设计院、邮轮供应企业、政府机关等多层级主体的协同合作才能实现。

（2）邮轮停靠港

邮轮停靠港是邮轮网络的延伸点，是邮轮船舶到访目的地的停靠港或码头，能提供基本的通关和游客接待设施，以及补给和其他服务。纯粹为邮轮修建的停靠港比较少，有的停靠港本身就是邮轮母港，只是兼作停靠功能；还有的邮轮停靠港是可停泊邮轮但未设专用泊位、码头设施的港口，仅供临时、短时间停留。如果一个地区靠近多个邮轮母港和客源市场，自身作为邮轮目的地有非常强的吸引力，邮轮航次增多且能定期靠泊，邮轮接待业务繁忙，原有港口不能满足需求，且邮轮旅游对当地经济拉动明显，当地通常会设立具备专用邮轮泊位和配套设施的港口。从上海邮轮港口发展来看，2004年前都是国际邮轮前来访问停靠，直到2004年"上海—香港"定期航线开通，才开启了建设国际航运中心、发展邮轮旅游的新征程。邮轮业务增加和全球邮轮产业快速发展态势推进了上海邮轮港口建设。2004年，上海北外滩国际客运中心的国际客运码头开始动工，但由于杨浦大桥设计最大通航高度为48米，超过7万吨的邮轮难以通过。2002年8月，亚洲最大的邮轮——狮子星号首航上海，采取等待落潮、调整舱位使吃水更深、三位"王牌"引航员引航、其他船舶"让道"等措施，花了三个月才通过杨浦大桥。2011年10月，吴淞口国际邮轮港正式开港试运营，同北外滩国际客运中心共同形成我国规模最大、功能最全的邮轮母港和邮轮产业中心。

邮轮在停靠港的停留时间一般为4—10小时，以便游客上岸观光及客源补充、燃油等补给和废物处理；小型停靠港基本上无法提供邮轮所需补给，甚至无法提供游客中转离船或登船的服务，只能短暂停靠供游客观光。基于对全球最大邮轮发展区域——加勒比海地区的分析，邮轮挂靠港口规模小、市场小，每年游客数不足10万人。

2. 邮轮旅游目的地

按照2017年全球邮轮航线运力和客源分布来看，全球可以分为三大主要目的地：美洲（含夏威夷，47.9%）、欧洲（含跨大西洋，25.9%）和亚太（含澳大利亚，占20.0%）。其余部分是印度洋/红海、非洲、南极北极、环球和内河航线，约占6.2%。美洲主要分为7个区域：阿拉斯加、加拿大新英格兰、西海岸（墨西哥）、加勒比、巴拿马运河、百慕大、南美。欧洲分为3个区域：跨大西洋、西北欧（爱尔兰、大不列颠和北海地区及波罗的海）、地中海海域。全球邮轮旅游目的地主要分为北美洲区域、欧洲区域、中美洲和南美洲区域、太平洋区域、亚洲区域及非洲区域。亚洲/太平洋的邮轮航线主要以中国为主，占11.8%，其余是新加坡、日本等航线[6]。

3. 海上航程

海上航程是邮轮航线至为重要的部分，邮轮旅游区别于其他旅游方式的重要特色，就是邮轮能为游客提供多种海上休闲活动，从由专业人士表演的歌剧、美味可口的餐饮，到通宵营业的海上赌场、令人目不暇接的娱乐活动，甚至艺术作品拍卖、冰上表演、儿童托管及青少年项目等。邮轮力求能够提供满足不同群体的多样化产品和服务，以增加邮轮对游客的吸引力。

邮轮提供的是包价式的产品和服务，邮轮船票基本包含了住宿、饮食、娱乐、健身等内容。游客可以免费享受主餐厅和自助餐厅的餐饮、品酒屋、雪茄吧、剧场演出、大师讲座、娱乐活动及健身设施。但邮轮为增加船上收入，也提供许多收费服务项目，如水疗、岸上游、某些海上特色餐厅和某些需要额外定制的食物或客房送餐服务等。另外，邮轮还提供一些特殊服务，如午夜剧院表演、特色收费餐厅、购物和博彩等，这些需要顾客自己买单。此外，小费是需要另外支付，但小费也有可能纳入邮轮船票套餐之中，如P&O邮轮公司2018年宣布取消邮轮服务费。

4. 邮轮船舶

现代邮轮的原型——休闲邮轮起源于19世纪30年代，当时半岛和东方蒸汽导航公司（the Peninsular & Oriental Steam Navigation Company，现改名为"P&O"）在英国和伊比利亚半岛之间开展休闲客运运营，并于1837年赢得第一份邮件合同，兼营客运与邮政业务。20世纪60年代它在北美地区向现代化转型。现代邮轮的造船技术与结构设计得到革新改进，早期邮轮由于造船技术落后且受建材与结构限制，仪器设备功能有限，操控性低，对航海经验和人力依赖高，平稳性差，载客量少。20世纪70年代邮轮制造技术进步，设备操控性能提升；邮轮吨位不断增大，豪华邮轮趋向大型化。20世纪80年代建造的邮轮单船平均达2.6万吨，到90年代建造的邮轮平均达4.6万吨/艘[7]，2000年后建造的邮轮平均7.66万吨/艘，2010—2017年为9.8万吨/艘，其平均吨位已经是20世纪80年代的约3.8倍！2009年海洋绿洲号推动全球邮轮发展步入"绿洲级"时代，大型化趋势更为显著[8]。现代邮轮业开始以邮轮为依托，以跨国旅游为核心，成为全球旅游业增长最快的组成部分之一。

邮轮既具有水上运输的功能，又具有旅游服务的功能。邮轮具备如下功能：一是交通运输功能。邮轮连接客源地和目的地、母港和停靠港，具备可由驾驶部、轮机部、甲板部组成的游客空间转移和客源地与目的地间往返的交通运输功能。二是旅游度假功能。邮轮为游客提供高品质的酒店住宿、餐饮小食、休闲度假、健身康体、读书品酒、艺术鉴赏、购物拍卖，甚至天文地理等专业讲解服务，也可协助游客进行岸上旅游，船上设施包括阳光甲板、康乐中心、娱乐场所等。三是游客集散功能。大型邮轮的载客量可以高达5000人，为了快速实现大批量游客的上下船，邮轮必须具有高效率的通关登船操作，为游客提供愉快便捷的无缝链接。四是后台后勤功能。保证邮轮平稳运行和游客生活的舒适，邮轮后台部门需要提供动力、水电、冷暖气、洗衣、废物处理等服务。

现代邮轮有四大衡量指标：尺寸与吨位、容量与空间比例、船龄、等级评定。通常提及的邮轮吨位指的是总注册吨位，而非邮轮的重量吨位。总注册吨位（Gross Register Tonnage，GRT）是船舶登记证书所示的能载货的容积，常以此划分邮轮大小（如表1-3）。现在邮轮吨位已经成为邮轮公司标榜实力与品牌影响力的重要资本，借此来吸引更多的游客。比如2018年下水的海洋交响号，是22.8万吨级的超大型邮轮，比4个泰坦尼克号吨位之和还要大。

表1-3 按照注册总吨位（GRT）划分邮轮

邮轮类型	邮轮注册总吨位（GRT）
微型邮轮	10000吨以下（1万吨级）
小型邮轮	10000—20000吨
中型邮轮	20000—50000吨
大型邮轮	50000—70000吨
超大型邮轮	70000吨以上

邮轮载客数量是指能容纳游客的人数（不包括船员和服务人员），吨位与载客量成正比（如表1-4）。邮轮载客数量也是划分邮轮大小的标准之一，载客量在1000人以下属于小型邮轮，2000人以上属于大型邮轮，1000—2000人属于中型邮轮。载客量越大并不意味着邮轮就越高档或服务越好，应当结合船上的设施及空间评价；乘客多，会显得邮轮吸引力高、人气旺、热闹，但也意味着用餐（尤其自助餐）拥挤、上下船耗时更长、送餐服务延迟，甚至更多的疏漏和投诉。

表1-4 邮轮吨位与载客人数的关系

邮轮总注册吨数/载客人数	乘客的平均空间比例（邮轮人均空间）
<10	十分拥挤
10—20	尚可，但密度略高
20—30	合理的空间比
30—50	宽敞舒适
>50	奢华，十分宽敞自在

目前在中国，很多游客认为邮轮越大越新越好。其实在邮轮的评比中，邮轮是否舒适关键看乘客空间比（乘客空间比即人均分到的一个空间

值=吨位÷搭载人数），邮轮人均空间数值越大则越舒适。邮轮人均空间是确定邮轮等级的重要国际邮轮准则。2017年下半年在我国运营的邮轮的空间比如表1-5所示，此时还没有常驻母港的小型高端奢华邮轮。

表1-5 2017年下半年在我国运营的邮轮的空间比等数据

邮轮	吨位（T）	下水年份	最新翻修年份	散客数（人）	船员数（人）	乘客空间比	船员/乘客	常驻港口
赞礼号	167800	2016	—	4180	1595	40.33	1:2.62	天津、香港
喜悦号	168800	2017	—	3850	1651	43.84	1:2.33	上海、天津
航行者号	137276	1999	2014	3114	1185	44.08	1:2.62	深圳、香港
幸运号	10300	2003	2015	3470	1027	29.68	1:3.38	天津、厦门
蓝宝石公主号	11600	2014	2015	2670	1100	43.45	1:2.42	厦门、香港
大西洋号	85619	2000	2015	2680	897	31.95	1:2.98	天津、深圳
维多利亚号	75166	1996	2013	2394	790	31.4	1:3.03	青岛、大连、广州
抒情号	65591	2003	2015	2095	721	31.29	1:2.75	天津、大连
新世纪号	71545	1995	2015	1814	860	39.44	1:2.11	上海、厦门
云顶梦号	151300	2016	—	3352	2016	45.14	1:1.66	广州、香港

数据来源：根据公开数据整理

根据上表数据，按照乘客空间比排名前三的依次是云顶梦号、航行者号、喜悦号。云顶梦号乘客空间比达到了惊艳的45.14，为全中国邮轮最高值。航行者号位居第二，为44.08，甚至超出了赞礼号和喜悦号，虽然设施不及新船，但价格也十分合适。喜悦号以43.84的乘客空间比屈居第三，但也高于平均值。国际邮轮协会（CILA）的邮轮等级评定如表1-6所示。

表1-6 不同等级的邮轮及特点

邮轮等级	特点
奢华型邮轮	具有顶级的娱乐设施与服务水准，容纳游客较少，具有管家服务和私人订制服务，乘客空间比高
高级型邮轮	有高端的设施、服务；有各种娱乐活动，适合各种人群；属炫耀性消费，乘客空间比率较高

续表

邮轮等级	特点
现代型邮轮	有溜冰场、高尔夫场、攀岩墙、冲浪、水滑道等各种娱乐设施,总体氛围轻松
专业型邮轮	有独特的邮轮旅游产品,专注于特定的邮轮旅游目的地;部分航线遍及人迹罕至的地方;目标市场为有经验的游客[9]
经济型邮轮	多为自助式晚宴,员工较少,装饰设计经典,定价比较低,容易吸引邮轮旅游经验少的人

2018年,全球有77家邮轮品牌,包括远洋邮轮、内河邮轮及特种邮轮等,航线遍布全球。其中,在国际邮轮协会(CLIA)注册的邮轮公司品牌有60个。如图1-1所示。

Abou Merhi	Captain Cook	Etstur	Metropolitan Touring	Ponant	St. Lawrence
Adventure Canada	Carnival	Fathom	Mitsui OSK	Princess	Star Clippers
AIDA	Celebrity	Fred. Olsen	MSC	Pullmantur	Star Cruises
American Cruise Line	Celestyal	French America Line	North Star	Quark	Thomson/Marella
American Queen Steamboat	Club Med	FTI	Norwegian	Regent	Transocean
Aranui	Coral Expeditions	G Adventures	Oceania	Rivages du Monde	TUI
Asuka/NYK	Costa	Grand Circle	Oceanwide	Royal Caribbean	Un-Cruise
Australis	Cruises and Maritime	Hapag-Lloyd	P&O	Saga	Venus Cruise
Azamara	Crystal	Hebridean Island	P&O Australia	Sea Cloud	Victory
Bahamas Paradise	Cunard Line	Holland America	Paul Gauguin	Seabourn	Voyages to Antiquity
Blount Small Ships	Diamond Cruise	Hurtigruten	Pearl Seas	SeaDream	Windstar
Bohai Ferry	Disney	Iceland Pro	Phoenix Reisen	Silversea	
	Dream Cruises	Lindblad	Plantours	SkySea	
				St. Helena	

图1-1 2018年全球航行的邮轮品牌

数据来源:2018 Cruise Industry News: Cruise 101

就市场占有率而言,嘉年华(CARNIVAL CORPORATION)是全球第一大邮轮集团,市场份额占全球44.1%[6],旗下有嘉年华(Carnival

Cruise Line，17.1%）、歌诗达（Costa Crociere，7.7%）、公主（Princess Cruises，7.2%）、阿依达（AIDA Cruises，3.8%）、荷美（Holland America Line，3.3%）、英国 P&O（P&O Cruises UK，2.2%）、澳大利亚 P&O（P&O Cruises Australia，1.6%）、冠达（Cunard Line，0.8%）、世朋（Seabourn Cruise Line，0.2%）、英寻（Fathom，2016年新成立的个性化公益旅行品牌，0.1%）。皇家加勒比（ROYAL CARIBBEAN）集团位居全球第二，市场份额为23.9%，旗下有6个邮轮品牌，分别是皇家加勒比国际（Royal Caribbean Int.，16.6%）、精致（Celebrity Cruises，3.2%）、途易[TUI（partnership），1.8%]、伯曼[Pullmantur（partnership），1.6%]、天海[SkySea（partnership），0.8%]、精钻（Azamara，0.2%）。诺唯真邮轮集团（NORWEGIAN CRUISE LINE）市场份额为8.8%，居全球第三，旗下有三个品牌：诺唯真（Norwegian Cruise Line，7.9%）、大洋（Oceania，0.6%）、丽晶（Regent，0.3%）。地中海邮轮（MSC CRUISES）为独立品牌运作，以7%的市场份额位列全球第四。云顶香港（GENTING HONG KONG）以4.1%的份额列全球第五，旗下品牌有丽星（Star，2.8%）、梦幻（Dream，1.0%）、水晶（Crystal，0.3%）[6]。如图1-2所示。

图 1-2 全球邮轮品牌分布状况

餐饮也是游客关注邮轮品质的重要方面。以喜悦号为例，它具有28种餐饮方式，35家餐厅及酒吧/茶舍，在中国邮轮历史上是最多的；它还具有浓厚的中国味道，如专为中国订制的餐饮、中国风茶馆，邮轮船上餐饮类设施如表 1-7 所示。

表 1-7 邮轮船上餐饮类设施

邮轮	吨位（T）	免费餐厅数量	收费餐厅数量	餐厅总数	咖啡厅/酒吧数量	亮点	常驻港口
赞礼号	167800	9	8	17	7	大董、机器人调酒师、星巴克	天津、香港
喜悦号	168800	10	11	21	15	层次、数量、品类等多样优势	上海、天津
航行者号	137276	7	5	12	9	星巴克、海景小火锅	深圳、香港
幸运号	10300	3	1	4	10	海上捞火锅	天津、厦门
蓝宝石公主号	11600	9	5	14	13	法式宫廷晚宴、公主下午茶、意大利餐厅	厦门、香港
大西洋号	85619	3	3	6	10	首家海上最古老咖啡厅	天津、深圳
维多利亚号	75166	4	1	5	6	海上捞火锅	青岛、大连、广州
抒情号	65591	3	3	6	4	实惠	天津、大连
新世纪号	71545	2	7	9	7	中国佳肴中国味	上海、厦门
云顶梦号	151300	1	8	9	1	35 种餐饮概念，符合亚洲口味	广州、香港

数据来源：根据公开数据整理

总之，邮轮期待为游客打造超高性价比和多样化体验的海上旅程。来自不同国家的服务生和游客，带来了激烈的文化碰撞，充满异国体验和国际化氛围的船上环境，以及可供选择的多个停靠港口和岸上线路，最终打造出让游客满意的邮轮旅程。

（三）邮轮航线构成的基本特征

1. 有客源、人才和技术等支撑的邮轮母港

邮轮母港要在客源、物资供应上为邮轮航线提供支撑。邮轮母港一般

是具有影响和辐射力的城市，其邮轮客源产生需要有足够广大的腹地支撑。美国邮轮母港最多，年发送游客量超过全球的 1/3，佛罗里达则是美国的邮轮中心。2013 年迈阿密邮轮港接待游客量达 403 万人次，2014 年迈阿密邮轮港接待游客量达到 509 万人次，2016 年迈阿密邮轮港接待游客量达到 550 万人次，是全球最大的邮轮港口。迈阿密有两个国际机场，航线密集，机场和邮轮港口之间能实现接驳和行李直接转运[10]。此外，欧洲和东南亚地区的邮轮母港也较多。邮轮母港码头与停靠艘次如表 1-8 所示。

表 1-8 邮轮母港码头与停靠艘次

邮轮母港	迈阿密	巴塞罗那	新加坡	香港	上海
邮轮码头（个）	12	6	1	1	2
可停邮轮（艘）	20	9	8	2大4小	5—6

2. 有距离较近且旅游吸引力强的停靠港

邮轮选择停靠港的目的是为游客提供丰富的岸上旅游体验。因此，停靠港旅游资源的丰富程度和旅游配套的完善程度成为首要考虑因素，此外还需要考虑距离母港的距离、地理气候状况及国际环境。母港的挂靠港越多，航线越密，越能拓宽邮轮客源和为旅游者提供多种航线的自由选择。一个对市场充满吸引力的邮轮区域通常气候适宜，可选择的目的地多，邮轮航线丰富。

世界邮轮旅游发展最好的两大地区——加勒比地区和地中海地区，2017 年分别占全球邮轮客源市场的 38.9% 和 13.6%，皆得益于邮轮停靠港口众多、航线非常丰富、气候条件优越和能实现全年候运营。加勒比地区是全球最依赖旅游的地区，旅游从业人员占全部就业人数的比例为全球最高，全部 28 个经济体中有 16 个以旅游业为最大外汇和外国投资来源。加勒比地区有 28 个旅游目的地国家和地区，具有丰富多彩的异国风俗民情和旅游资源，加勒比地区航线主要分布于东加勒比海（从圣托马斯到安提瓜）、西加勒比海（从墨西哥到危地马拉）、南加勒比海（从多米尼加到哥斯达黎加）区域。2018 年到访加勒比的邮轮游客为 1025 万人次，比上年增长了 7.7%；有 167 艘邮轮在此运营，市场份额占全球的 38.4%。多米尼加共和国、英属维尔京群岛和格林纳达邮轮游客增长率超过 10%，伯利兹则成为接待邮轮游客超 100 万人次的加勒比第八个旅游目的地[11]。加勒比地区邮轮游客运力增长如图 1-3 所示。

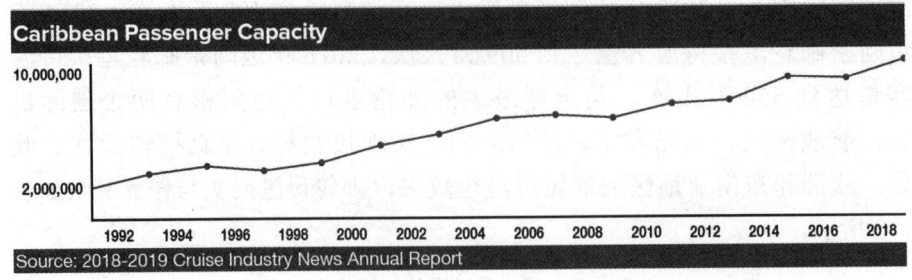

图 1-3　1990—2018 年加勒比地区邮轮游客运力增长

为紧跟世界邮轮产业快速发展的步伐，加勒比地区许多目的地停靠国家期望能吸引更大的邮轮、改善港口条件及新增邮轮到访目的地，从而增强对邮轮到访的吸引力。牙买加政府非常积极投资邮轮基础设施：一方面改善现有的 3 个邮轮停靠港，即蒙特哥湾（Montego Bay）、奥乔里奥斯（Ocho Rios）和法尔茅斯（Falmouth），进行疏浚航道、升级岸上体验、改善市中心工艺品市场、修缮道路和人行道等。通过航道疏浚，法尔茅斯港（Falmouth）可以同时停靠 2 艘"绿洲级"邮轮（以海洋绿洲号为代表的 22 万吨以上的超大型邮轮）。另一方面兴建新的邮轮港，如安东尼奥港（Port Antonio）和皇家港口（Port Royal）。随着法尔茅斯港（Falmouth）的升级，牙买加的邮轮来访艘次有望翻倍，并且可能增加多港挂靠的邮轮航线（如图 1-4）。牙买加也希望增加国际中转邮轮停靠和母港运营业务。

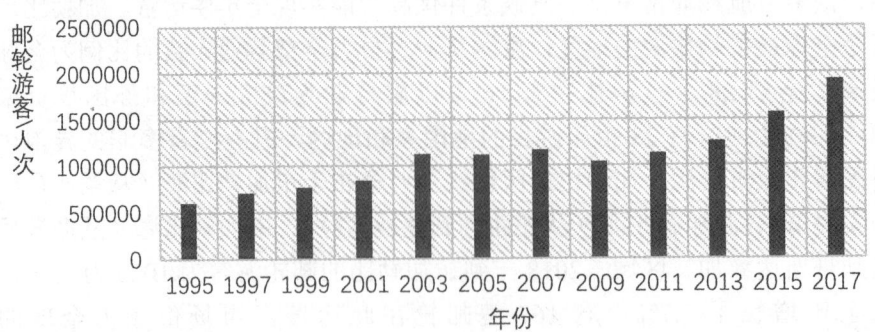

图 1-4　1995—2017 年牙买加邮轮游客运力增长

地中海地区与欧洲、非洲和亚洲三块大陆接壤，沿岸国家有西班牙、法国、意大利、摩洛哥、克罗地亚、以色列、埃及、突尼斯、利比亚、希腊、土耳其等17个国家，停靠港有70个左右，地中海沿线各国自然和人文旅游资源丰富，四季气候适宜，是很多游客的理想出游地。

3. 母港对众多停靠港形成辐射

停靠港如何成长为邮轮母港，关键是要有稳定自由的市场环境和开放发达的市场经济基础，可以为邮轮提供客源支撑（良好的可进入性和旅游吸引力），提供物资采购、燃料补充、船舶保养等产业支撑，为邮轮岸上部门提供所需人力资源，以及政策扶持和良好的营商环境。

迈阿密是弗罗里达地区金融、商业、文化、媒体、娱乐、艺术和国际贸易的领导者，是许多大型公司的所在地。2017年迈阿密地区生产总值（GDP）为3449亿美元。2009年迈阿密被瑞士银行评为全球第五富有城市，在购买力方面位列全球第七。2012年，迈阿密在世界城市研究组织的库中被列为"阿尔法"级世界城市。

除了在经济金融商业方面的强大基础之外，迈阿密在环境保护、旅游发展、国际影响方面都表现出色。2008年，《福布斯》杂志将迈阿密评为"美国最干净的城市"。迈阿密的可进入性和城市通达性都非常出色，游客出行和中转非常便利，有3个机场、4条高速，以及地铁和轻轨。

迈阿密邮轮旅游产业起始于20世纪60年代末。1980年，迈阿密政府在鲁姆斯岛修建了邮轮码头；1999年11月，迈阿密国际邮轮码头正式投入使用。20多年来，迈阿密一直是世界上最大的邮轮母港，码头海岸线长2000米，泊位水深达12米，可同时停泊20艘邮轮，每个码头都拥有全球最先进的管理系统和最规范的登船流程，可以同时服务8400名游客。迈阿密邮轮港还有为游客提供的豪华舒适的休息大厅、为商务旅客准备的商务会议室、全封闭游客登船通道及各种管理系统等。每个码头配备能够容纳500余辆汽车的车库，给游客带来很好的体验[12]。如今邮轮业可以每年为当地带来高达30亿美元的经济影响。

4. 市场有足够潜力平抑淡季损失

邮轮母港的航线经营具有明显的季节性，受当地的气候、休假制度等的影响很大。以西班牙巴塞罗那为例，其主要航线旺季在夏季和秋季，从3月到10月底。夏秋季高峰期旅游人数高于换乘人数。P&O邮轮公司的澳洲航线11月以前以悉尼为母港，11月之后则以布里斯班为母港。在带薪休假方面，欧美的带薪休假制度完善且非常普及，使得游客对邮轮航线的时间要求不太敏感。

（四）邮轮航线的变化和趋势

全球邮轮产业历经30多年的快速发展，已成为国际旅游业中增长最为迅速的业务。邮轮旅游能为游客提供安静的度假空间、丰富的休闲活动、上岸观光购物活动等，其将度假、休闲和观光相结合的复合性使之成为有黏性的高端休闲度假品[13]。整体上看，邮轮航线未来发展趋势可以表现在以下方面。

1. 全球邮轮市场和运力不断增长

全球邮轮游客自2003年来持续增长，据国际邮轮协会（CLIA）统计，从2004年至2016年，全球邮轮游客从原有的1314万增长到2470万，增长了约88%，远高于同一时期全球旅游市场62%的增幅。邮轮旅游已成为世界旅游产业中增长最快的旅游方式。如图1-5所示，根据邮轮行业资讯（Cruise Industry News）预测，到2027年邮轮游客会增加到3800多万人次。

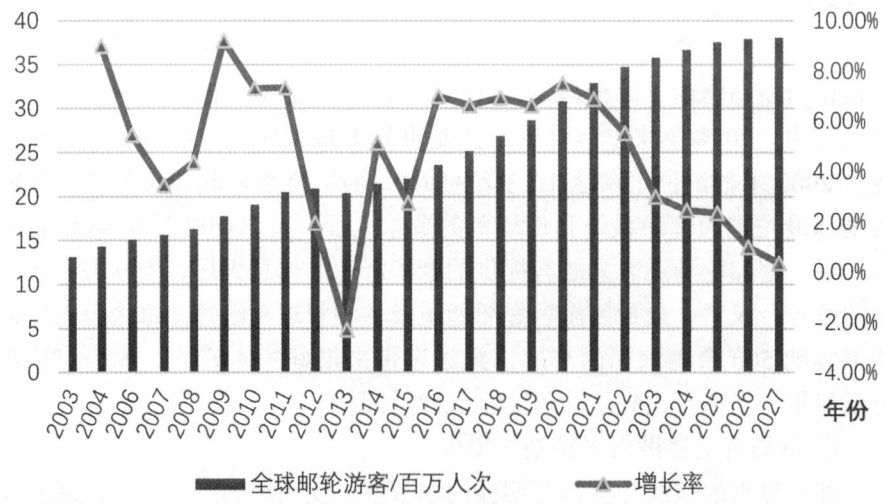

图1-5 全球邮轮游客增长走势图（2003—2027年）

数据来源：Cruise Industry News 2017

2018年是各个品牌旗舰新船交付最多的一年，除诺唯真极乐号、嘉年华地平线号、皇家加勒比海洋交响乐号、地中海海平线号等品牌旗舰外，奢华小船和新型探险船也陆续交付。如图1-6所示，邮轮全球运力在床位、靠泊次数和船舶数量方面都有持续的增长，目前看来该增长会延续到2023年。

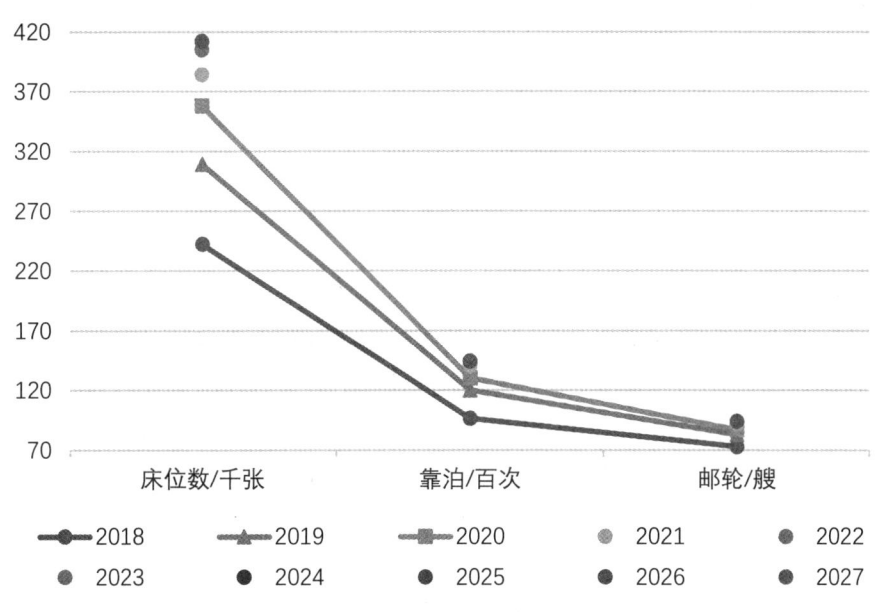

图1-6　全球邮轮运力增长趋势图（2018—2027年）

数据来源：Cruise Industry News 2017

2. 市场份额不断调整，全球北美第一，亚洲中国领军

航线在全球分布广泛，从加勒比地区到南北极，从大西洋到印度洋，邮轮航行线路几乎延伸到了地球海洋的每个角落。其中，北美地区是全球邮轮旅游最具活力的市场和全球最大的邮轮客源地市场。2016年，全球十大邮轮旅游市场分别是美国、中国、德国、英国、澳大利亚、加拿大、意大利、法国、西班牙和巴西[14]。近年来，欧洲、亚洲地区的游客逐年增多，北美的市场份额在不断降低，运力向欧洲和亚洲扩张和转移已经成为国际邮轮未来的重要战略选择。世界邮轮市场增长情况如图1-7所示。

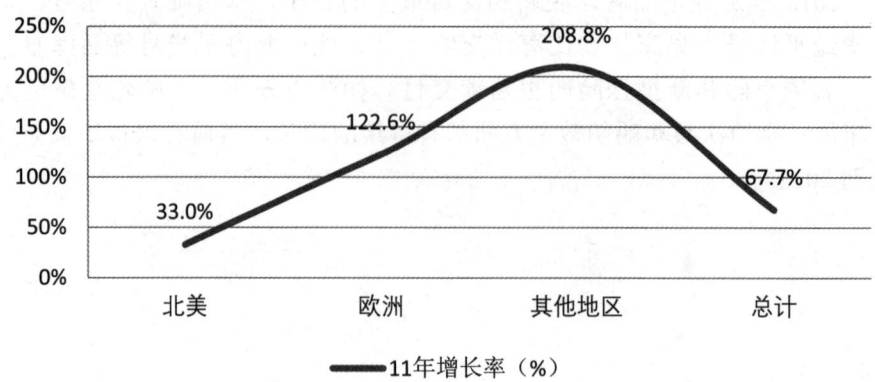

图 1-7 世界邮轮市场增长情况（2004—2014 年）

数据来源：Cruise Lines International Association

得益于近年来亚洲经济快速发展，亚洲市场，尤其是中国市场显示出巨大的需求和潜力。亚太地区经济持续繁荣、中产阶级规模扩张、新港口大规模兴建等都将推动亚洲邮轮市场的不断拓展[2]。如图 1-8 所示，中国邮轮游客数在全国人口基数中的市场渗透率只有 0.05%，与美国的 3.65%、澳大利亚的 3.67% 及全球平均渗透率 3.03% 相比潜力巨大[13]。

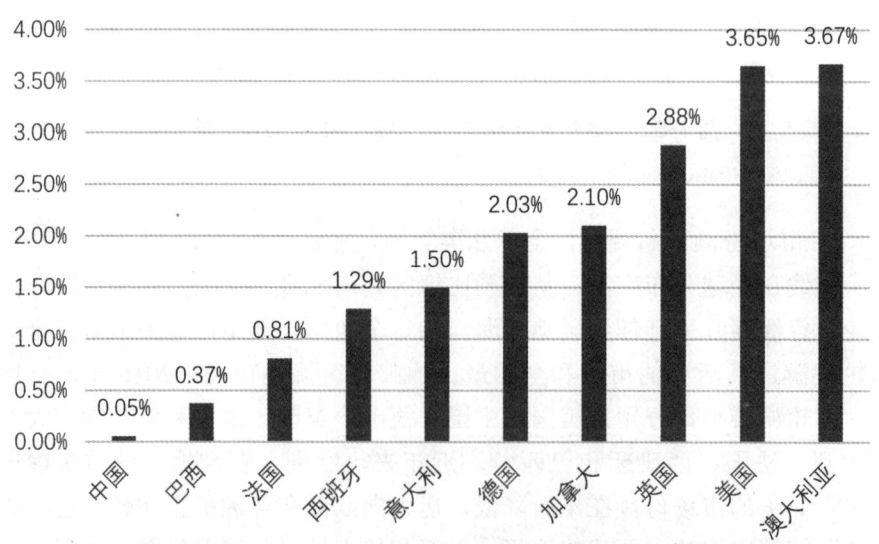

图 1-8 2016 年全球主要邮轮市场的渗透率

3. 邮轮旅游大众化，航线闭环为主

邮轮旅游大众化是指：第一，普通的劳动大众成为邮轮旅游活动参加者；第二，现代邮轮旅游提供这种包价式的大众邮轮旅游产品，以吸引广大民众上邮轮旅游。邮轮旅游的大众化使得邮轮旅游的门槛降低，普通民众可以通过旅行代理机构方便地购买邮轮产品开展邮轮旅游。现在邮轮航线和目的地遍布全球，游客也能自主选择旅游目的地与航线，游客来自全球，邮轮产业已成为全球化产业[15]。随着价格下降和行程缩短，邮轮旅游服务的对象也从高收入有闲阶层向普通旅游者转移，平均年龄也从过去的60岁以上降低到46岁左右[16]。

现在邮轮基本上都是闭环邮轮旅游，即开始从哪个港口登船开始邮轮旅游，最终就从哪个港口下船结束邮轮旅行。邮轮围绕始发港提供固定天数的邮轮航线产品，即航程为2—5天的短期航线、6—8天的中期航线及9天以上的长期航线。20世纪80年代平均旅程为7天左右，现在邮轮游客平均旅程为6.5—7天。地中海邮轮游客选择的航程最长，平均为8晚。随着邮轮旅游大众化发展趋势愈加明显，受到我国法定假期和休假时长的约束，邮轮行程也更趋短途化，短期旅游的比重较高，目前邮轮公司注重对短期（2—5天）邮轮航线的开拓。

4. 航线选择和航程内容越加丰富

如前所述，邮轮航线有单程邮轮航线、双程邮轮航线、环形邮轮航线和组合型邮轮航线四种，当前国际邮轮公司的邮轮航线主要是环形邮轮航线。邮轮大型化也给邮轮航程内容的丰富化提供了足够的容量及空间。大型邮轮普遍具有水面线以上高度和平面尺度大、满载吃水相对较小、操纵性能优、服务设施占船体空间比例高（约70%）的特点[15]。目前邮轮建造平均吨位由20世纪80年代的2.6万总吨发展到9.8万总吨[17]（表1-9），且近5年在建邮轮中，大型邮轮比率达到75%[12]，预计在不久的将来会出现25吨级超大型邮轮[18]。邮轮船舶的大型化为丰富其休闲、旅游、娱乐、社会、度假等功能提供了广阔的空间和场地。

另外，航线邮轮在吃水、降噪、空气过滤和污水处理方面进行了巨大改良，极大改善了游客的邮轮航程体验，比如"绿洲级"邮轮采用吊舱式电力推进系统具有节能减排的效果[12]。邮轮的操控转向、功能设施和游客体验都将得到极大提升。

表 1-9　1980—2017 年邮轮建造平均吨位表

年份	1980—1990 年	1990—2000 年	2000—2010 年	2010—2017 年
吨位（万吨）	2.6	4.6	8.8	9.8
载客量（人）	776	1205	2368	2640

5. 邮轮航线运作模式更趋国际化

邮轮航线运营模式是指邮轮公司进行航线设计、运力调配、邮轮管理和岸上营销的基本方式。现在全球邮轮公司采用国际化运作模式：邮轮集团或公司总部基本聚集于美国（嘉年华、皇家加勒比、诺唯真等）、欧洲（地中海、歌诗达、公主、途易等）、亚洲（云顶邮轮），但注册地主要在巴拿马、利比里亚、巴哈马群岛及百慕大群岛；邮轮公司往往在全世界招聘和组合人力资源，并在全世界开发最有潜力的航线和部署生产要素，整合调配邮轮船舶；邮轮公司在经营时间上也力争无季节波动性[19]。

6. 邮轮产品服务更趋向市场化、个性化、本土化

嘉年华、皇家加勒比、诺唯真、地中海和云顶基本占据了全球几乎所有的邮轮市场。1987 年，嘉年华邮轮上市，通过公开出售 20% 普通股权募集了 4 亿美元资金以进入邮轮产业的各个细分市场，虽然其主导品牌嘉年华邮轮（Carnival Cruise Line）秉持"欢乐"的经营理念，但却并不干涉旗下其他品牌的运营，旗下各家邮轮公司保留各自的运营特色和主题，歌诗达（Costa Crociere）、公主（Princess Cruises）、阿依达（AIDA Cruises）、荷美（Holland America Line）、英国 P&O（P&O Cruises UK）、澳大利亚 P&O（P&O Cruises Australia）、冠达（Cunard Line）、世朋（Seabourn Cruise Line）、英寻（Fathom）等能满足不同旅客的需求。如世朋（Seabourn Cruise Line）是超豪华邮轮品牌，总部位于美国华盛顿州西雅图，主营环球航线。英寻邮轮是 2016 年新成立的个性化公益旅行品牌，最早开通了美国和古巴之间的邮轮航线，该系列旨在在"社会影响旅行"市场中运作。

皇家加勒比也体现了各种异国风情，航行者系列和绿洲系列更是开创了邮轮的新时代，创造了新的娱乐设施。其品牌诉求是新型的船舶、较大的吨位、亲切的价位、多样化的设施。除皇家加勒比（Royal Caribbean Int.）外，旗下还有精致（Celebrity Cruises）、途易（TUI）、伯曼（Pullmantur）、精

钻（Azamara）、天海（SkySea）等品牌。其中天海（SkySea）主要服务于中国市场，但现旗下的唯一邮轮天海新世纪号已经出售给主营德国业务的途易邮轮。伯曼（Pullmantur）总部在西班牙马德里，起始于1990年左右西班牙伯曼旅行社的跨界经营，目前主要经营西班牙邮轮业务。

云顶邮轮集团拥有丽星邮轮、星梦邮轮及水晶邮轮等特色邮轮品牌。其经营区域主要集中在亚洲，品牌侧重于为亚洲游客量身打造邮轮旅游体验，其设施和服务非常具有亚洲特色。

7. 邮轮航线经济带动作用明显

一条完整的邮轮航线运营是涉及邮轮制造业、邮轮港口业、邮轮服务业、邮轮休闲业等相关领域的新型业态，具有资本密集、人才密集、技术密集、信息密集和高成长性的特征及较强的产业乘数效应，能够形成高附加值的产业链，并带动旅游、会展、商贸、餐饮、宾馆、交通、金融、中介、研发及文化创意等现代服务业的全面发展[20]。根据国际邮轮协会（CLIA）、欧洲邮轮理事会（ECC）的统计，邮轮产业对区域经济的总体贡献可划分为直接消费贡献、间接消费贡献和诱发型消费贡献三类，后两者一般统称为间接贡献，具体内涵如下。

（1）直接消费贡献。这是指邮轮旅游发展直接带动的产业一线部分的消费和收入。既包括游客和船员产生的与邮轮相关的直接消费，又包括为邮轮航线运营提供产品和服务的邮轮公司、邮轮港口、相关邮轮供应业、邮轮修造业等，甚至涉及目的地岸上观光、所在地与邮轮码头之间的交通及乘坐邮轮前后的住宿等。2015年，全球邮轮游客和邮轮员工共计有1.227亿人次参加岸上观光，直接消费585.9亿美元，邮轮公司总部运营支出，包括金融、保险及商务服务，例如广告、市场营销服务（含旅行社佣金）等。邮轮航线运营中所需的货物及服务消费，包括食品饮料、燃料化工、酒店用品和设备、导航和通信设备等，以及停泊或挂靠本国港口的服务支出与在本国船厂的保养和维修支出。

（2）间接消费贡献。这是指邮轮产业的供应商和服务商在提供产品和服务的过程中的相关消费。例如，食品加工供应商采购的食品加工原材料、加工中需要的电力和水等公用设施、配送产品时的交通费用，以及企业员工的人身和财产保险等支出。

（3）诱发型消费贡献。这是指直接及间接消费贡献中涉及的员工，再次进行的个人消费支出，如住房、个人服务、保险、食品和运输等。国际邮轮协会（CLIA）统计，2014 年，全球邮轮旅游创造了近 93.9 万个岗位，取得 393.4 亿美元的收入贡献。2015 年邮轮产业对全球的经济贡献如图 1-9 所示。

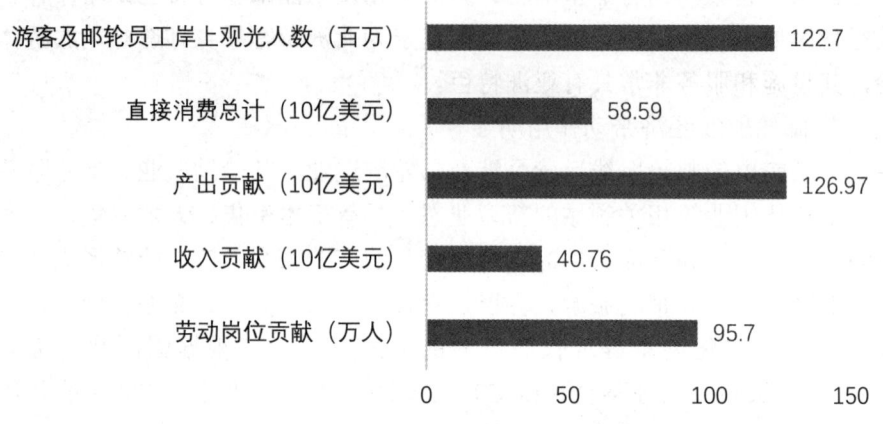

图 1-9　2015 年邮轮产业对全球的经济贡献

数据来源：Cruise Lines International Association

二、邮轮航线的国内外研究

（一）研究方法和数据来源

使用 Cite Space 对中文和外文的邮轮航线文献分别进行分析，该软件能够通过绘制知识图谱识别研究主题的趋势、动态、热点等[21]。其中，中文文献来源于中国知网的学术期刊，经人工剔除与研究主题不相关的文献和 2021 年的文献后，最终获得 32 篇文献（分布于 2007—2020 年）。外文文献来源于 web of science 核心合集数据库，经人工剔除与研究主题不相关的文献和 2021 年的文献后，最终获得 39 篇文献（分布于 1992—2020 年）。主要的检索条件设定如表 1-10 所示。

表 1-10　样本数据检索条件

中文文献		外文文献	
检索条件类目	检索条件设定	检索条件类目	检索条件设定
数据库	中国知网	数据库	web of science 核心合集数据库
主题	邮轮航线	主题	Cruise route、Cruise itinerary
时间跨度	所有年份	时间跨度	所有年份
来源类别	SCI、EI、CSSCI、CSCD、北大核心	文献类型	article
检索方式	高级检索	语种	English

（二）研究能量分布

1. 研究时间分布

学科领域期刊论文数量的时序变化可以反映该领域的发展历程，也有助于人们探究该领域当前的状况和未来的发展趋势[22]。如图 1-10，邮轮航线研究的中外文献在 1992—2020 年整体上表现出增长趋势，但总的数量较少，尚未有突破 10 篇的年份。可以将这一历程大致划分为两个阶段：（1）1992—2010 年。中外文献数量仅在个别年份有一两篇，多数年份为零，这一时期对于邮轮航线的研究处在萌芽阶段。此时的邮轮旅游产业还较为弱小，学者们对邮轮航线的关注度不够。（2）2011—2020 年。中外文献数量在各年均突破零，但波动较大，整体上表现出上升的趋势，这一时期对于邮轮航线的研究处在探索阶段。此时的邮轮旅游产业有了较快的发展，一些学者开始涉足这一领域。此外，有关邮轮航线的最早外文文献（Passenger perceptions of cruise itineraries-a royal-viking line case-study）出现于 1992 年[23]，最早的中文文献（《上海邮轮旅游市场开发的对策研究》）出现于 2007 年[24]。

图 1-10　邮轮航线研究中外文献时间分布（1992—2020 年）

2. 研究作者分布

通过 Cite Space 软件对中外邮轮航线研究的主要发文作者进行分析，绘制相应的可视化图，可以较好地展现邮轮航线的研究者状况。根据普赖斯定律，杰出科学家中最低产的科学家所发表的论文数，等于最高产的科学家发表论文数的平方根的 0.749 倍，公式为：$N=0.749*\sqrt{\lambda_{max}}$。$\lambda_{max}$ 是最高产的作者或机构发表的文献数，N 为核心作者或机构的最低发文量[25]。为了使分析结果更加可靠，本书通过普赖斯定律筛选核心发文作者。由 λ_{max}（中文作者）＝6，λ_{max}（英文作者）＝4，得 N（中文作者）＝2.449≈3 篇，N（英文作者）＝2 篇。

Cite Space 作者合作网络分析可以反映出一个领域的领军人物及研究人员之间的合作关系[26]。在图 1-11 邮轮航线的作者共现图谱中，A 图节点有 68 个，连线有 91 条，网络密度为 0.0399；B 图节点有 132 个，连线有 225 条，网络密度为 0.026，研究人员之间的合作显然不够密切。从共现结果来看，除了部分学者之间连线较为密集之外，多数学者呈现出分散型，说明个人研究占据主要地位。中文文献作者孙晓东、赵彬彬、陈有文、冯学钢等，英文文献作者 Garcia-Sanchez A、Esteve-Perez J、Liu XF 等发文量较多，但彼此之间联系较少。此外，在 Cite Space 软件中，中心度可以测量网络节点在网络图谱中对资源的控制程度及衡量各节点在特定的网络图谱中的作用：一个节点中心度越高，与其他节点的联系就越紧密，在网络图谱中的影响力越大[27]。由表 1-11 可知，中外核心发文作者的中心度均为 0，表明在邮轮航线领域，国内外均缺少核心领军人物。

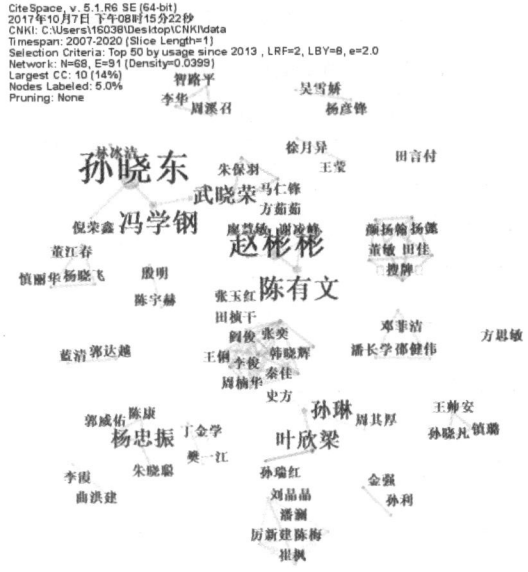

（A）中文文献作者共现网络图谱

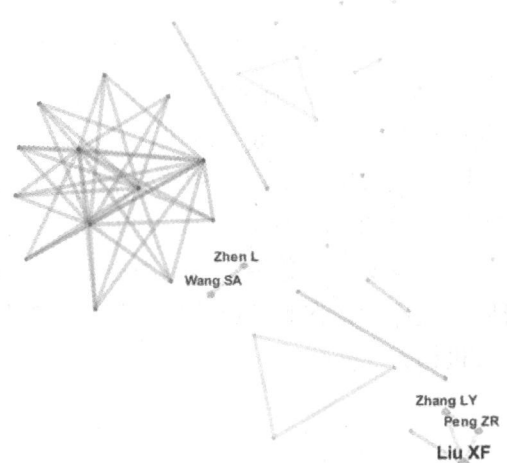

（B）英文文献作者共现网络图谱

图 1-11　邮轮航线研究的作者分布知识图谱

表 1-11　邮轮航线研究的核心发文作者

（A）中文文献邮轮航线研究的核心发文作者

作者	发文量	中心度
孙晓东	6	0
赵彬彬	4	0
陈有文	3	0
冯学钢	3	0

（B）英文文献邮轮航线研究的核心发文作者

作者	发文量	中心度
Garcia-Sanchez A	4	0
Esteve-Perez J	4	0
Liu XF	3	0
Zhang LY	2	0
Wang SA	2	0
Peng ZR	2	0
Zhen L	2	0

3. 研究机构分布

由图 1-12 可知，邮轮航线研究的国内外机构均呈现出"小集中、大分散"的态势，仅个别机构之间有所联系，机构之间整体上的联系不紧密，表明邮轮航线的研究处于发展起步阶段，核心发文机构彼此的合作关系较弱。同样运用普赖斯定律，λ_{max}（中文机构）=4，λ_{max}（英文机构）=3，得 N（中文机构）=2 篇，N（英文机构）=1.732≈2 篇。由表 1-12 可知，核心发文机构的发文数量普遍不多，中心度均为零，表明各机构对于邮轮航线的研究力度不大，在邮轮航线研究领域缺乏具有较强主控能力和引导作用的核心机构。

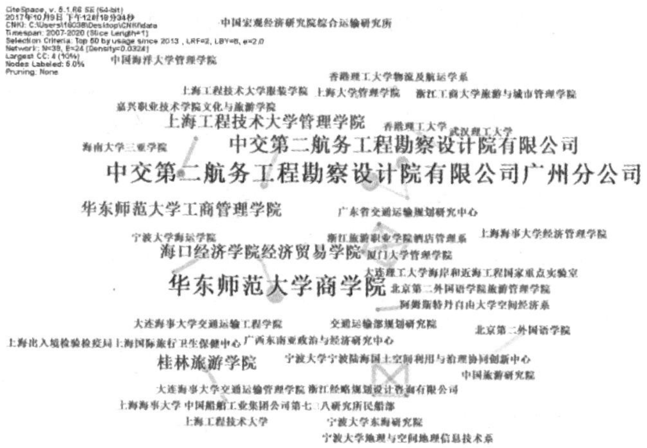

```
CiteSpace, v. 5.1.R6 SE (64-bit)
2017年10月9日 下午12时19分34秒
CNK: C:\Users\16038\Desktop\CNKI\data
Timespan: 2007-2020 (Slice Length=1)
Selection Criteria: Top 50 by usage since 2013, LRF=2, LBY=8, e=2.0
Network: N=39, E=24 (Density=0.0324)
Largest CC: 4 (10%)
Nodes Labeled: 6.0%
Pruning: None
```

中国宏观经济研究院综合运输研究所

中国海洋大学管理学院

香港理工大学物流及航运学系

上海工程技术大学服装学院　上海海事大学管理学院　浙江工商大学旅游与城市管理学院

嘉兴职业技术学院文化与旅游学院

上海工程技术大学管理学院　香港理工大学　武汉理工大学

海南大学三亚学院　中交第二航务工程勘察设计院有限公司

中交第二航务工程勘察设计院有限公司广州分公司

华东师范大学工商管理学院　广东省交通运输规划研究中心

宁波大学海运学院　浙江旅游职业学院酒店管理系　上海海事大学经济管理学院

海口经济学院经济贸易学院　厦门大学管理学院

大连理工大学海岸和近海工程国家重点实验室

华东师范大学商学院　北京第二外国语学院旅游管理学院

阿姆斯特丹自由大学空间经济系

大连海事大学交通运输工程学院　交通运输部规划研究院　北京第二外国语学院

上海出入境检验检疫局 上海国际旅行卫生保健中心 广西东南政治与经济研究中心

桂林旅游学院　宁波大学宁波陆海国土空间利用与治理协同创新中心

中国旅游研究院

大连海事大学交通运输管理学院 浙江经略规划设计咨询有限公司

上海海事大学 中国船舶工业集团公司第七〇八研究所民船部

上海工程技术大学　宁波大学东海研究院

宁波大学地理与空间地理信息技术系

（A）中文文献机构共现网络图谱

```
CiteSpace, v. 5.1.R6 SE (64-bit)
2017年10月22日 下午07时23分31秒
WoS: C:\Users\16038\Desktop\WOS\data
Timespan: 1991-2020 (Slice Length=1)
Selection Criteria: Top 50 by usage since 2013, LRF=2, LBY=8, e=2.0
Network: N=64, E=47 (Density=0.0233)
Largest CC: 5 (7%)
Nodes Labeled: 5.0%
Pruning: None
```

Univ Politecn Cartagena UPCT

Tianjin Univ Technol & Educ

Shanghai Univ

Hong Kong Polytech Univ

Univ Genoa

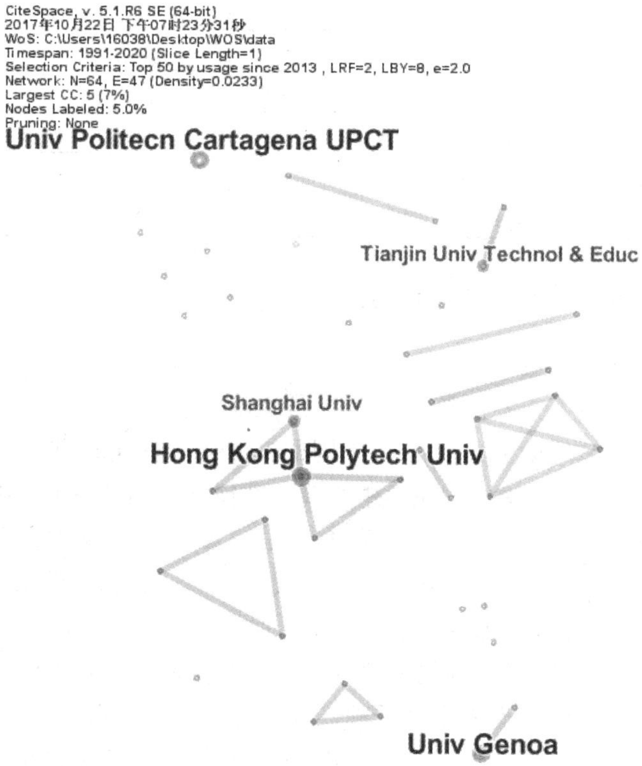

（B）英文文献机构共现网络图谱

图 1-12　邮轮航线研究的机构分布知识图谱

表 1-12　邮轮航线研究的核心发文机构

（A）中文文献邮轮航线研究的核心发文机构

研究机构	发文量	中心度
华东师范大学商学院	4	0
中交第二航务工程勘察设计院有限公司广州分公司	4	0
中交第二航务工程勘察设计院有限公司	3	0
上海工程技术大学管理学院	2	0
华东师范大学工商管理学院	2	0
海口经济学院经济贸易学院	2	0
桂林旅游学院	2	0

（B）英文文献邮轮航线研究的核心发文机构

机构	发文量	中心度
Univ Politecn Cartagena UPCT	3	0
Univ Genoa	3	0
Hong Kong Polytech Univ	3	0
Tianjin Univ Technol & Educ	2	0
Shanghai Univ	2	0

（三）研究热点内容与前沿趋势

1. 研究热点内容

关键词概括了文献的核心主旨，是文献内容的提示符[28]和缩影，可以反映相关领域的研究热点[29]。不同的文献出现关键词共现，说明这些文献的主旨相近。关键词词频、中心度、共现网络图谱等能反映其所属领域的热点内容。如图 1-13（A）和表 1-13（A），在中文关键词共现网络图谱中，邮轮旅游（频次 10 次、中心度 0.42）、邮轮（频次 7 次、中心度 0.22）的频次和中心度都显著高于邮轮航线（频次 3 次、中心度 0.09），表明截至 2020 年邮轮航线的研究主要附属于邮轮旅游和邮轮的研究，邮轮航线的研究尚未受到重视。如图 1-13（B）和表 1-13（B），英文关键词共现网络图谱中，核心关键词与邮轮航线并不直接相关，频次最高为 5 次，中心度最高为 0.1，表明国外直接对邮轮航线进行研究的文献较少。整体来看，国内邮轮航线研究的主要内容与"邮轮旅游"和"邮轮"相关，国外邮轮航线研究的主要内容与"cruise tourism"和"tourism"相关，目前邮轮航线的研究尚未受到足够的重视，以邮轮航线为核心内容的研究文献仍然较少。

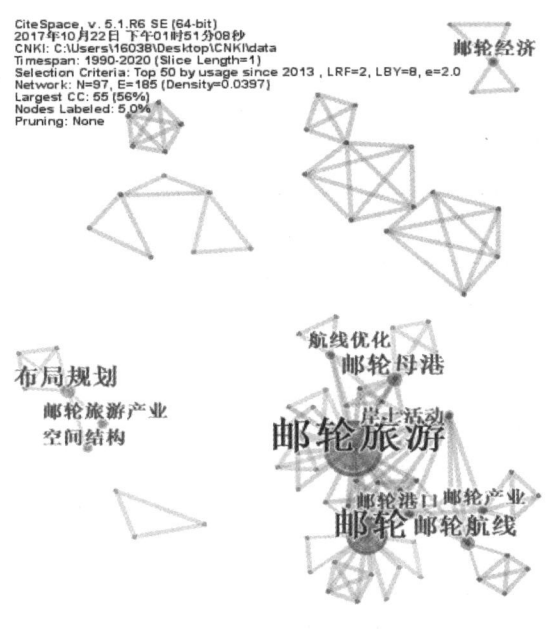

（A）中文关键词共现网络图谱

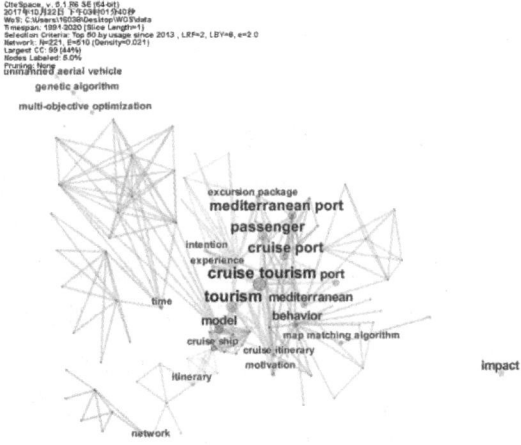

（B）英文关键词共现网络图谱

图 1-13　邮轮航线研究热点知识图谱

表 1-13 邮轮航线研究重点关键词

(A) 中文文献邮轮航线研究重点关键词

关键词	频次	中心度
邮轮旅游	10	0.42
邮轮	7	0.22
布局规划	3	0
邮轮母港	3	0.07
邮轮航线	3	0.09

(B) 英文文献邮轮航线研究重点关键词

关键词	频次	中心度
cruise tourism	5	0.1
tourism	5	0.07
mediterranean port	4	0.04
passenger	4	0.03
cruise port	4	0.02
impact	3	0
behavior	3	0.09
port	3	0
model	3	0.17
mediterranean	3	0.05

2. 研究前沿趋势

关键词时区视图可以显示关键词在一段时间内的走向，且关键词越往右表明出现时间越晚、越能代表当前的研究前沿。由图 1-14 可知，国内外邮轮航线的研究在近些年未出现热度较大的新词汇，表明目前国内外学者对邮轮航线的研究较少，关于邮轮航线的研究进展较小。此外，研究时间线程图与主题聚类图可以显示关键词的主题类别及其存续时间。由图 1-15 可知，中文文献聚类主题有五类，即邮轮旅游、邮轮、邮轮母港、邮轮产业、网络演化，其中网络结构、区域差异、邮轮企业等是近些年新出现的研究前沿主题；而英文文献聚类主题有七类，即 excursion package、cruise ship、behavior、ship、large neighborhood search、deep reinforcement learning、indusrty，其中 taxi route recommendation、sequential decision making 等是最新出现的研究主题。

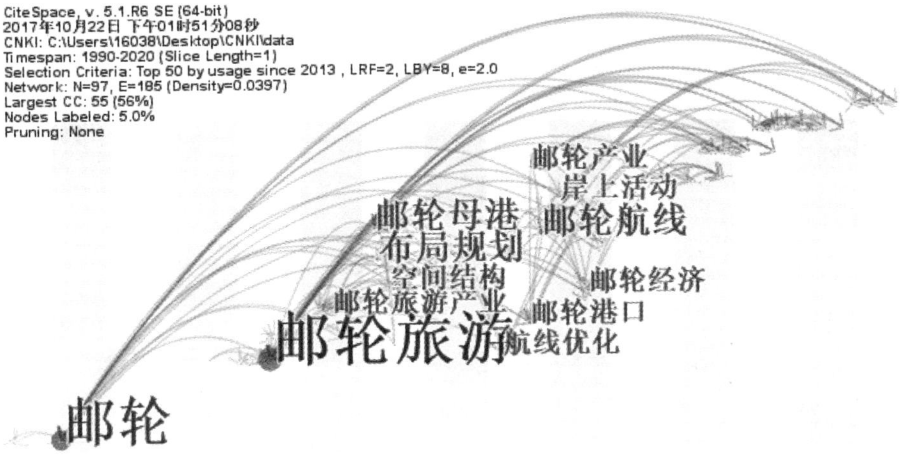

(A) 中文文献关键词时区视图

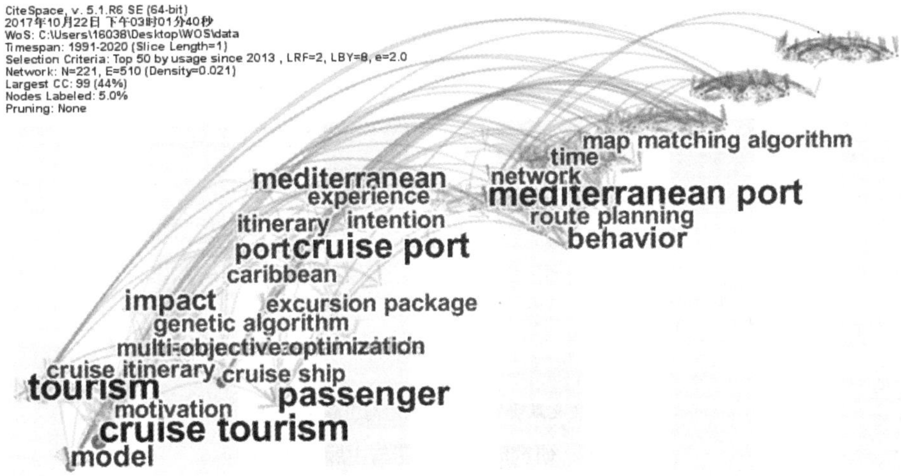

(B) 英文文献关键词时区视图

图 1-14　关键词时区视图

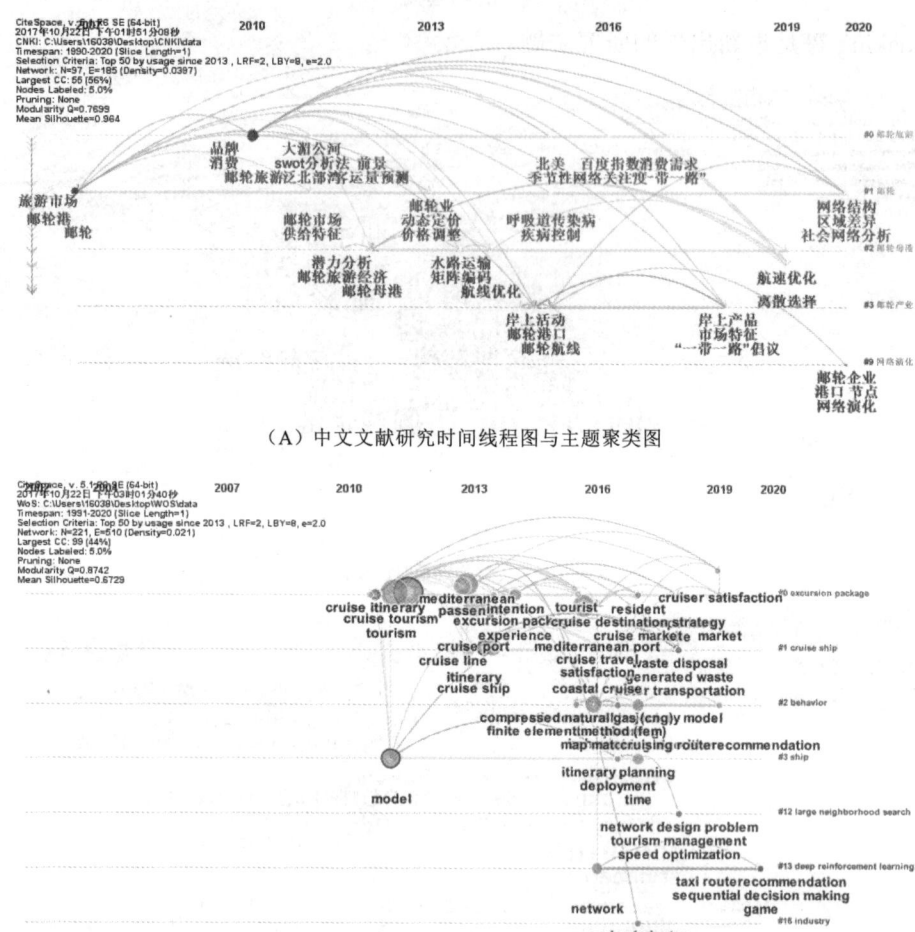

（A）中文文献研究时间线程图与主题聚类图

（B）英文文献研究时间线程图与主题聚类图

图 1-15　研究时间线程图与主题聚类图

（四）研究启示

邮轮航线的丰硕程度深刻地影响客源流、资金流、信息流在邮轮港口及腹地区域的汇集效果，从而影响邮轮经济对区域经济的整体辐射作用[30]。一般来说，邮轮航线布局越丰富，越有利于拓展客源市场，也就越有利于持续壮大邮轮经济。因此，邮轮航线的研究对发展我国邮轮产业具有重要的现实意义。然而，目前邮轮航线尚未引起国内外学者的普遍重视，关于邮轮航线的研究文献数量较少，内容较为单调，对邮轮航线内部规律的探究力度较小。因此，加强邮轮航线的研究，给游客带来更好的邮轮旅游体验，是当下中国邮轮产业面临的重要课题。

三、邮轮航线的理论基础

（一）空间经济学理论

空间经济旨在探索资源在空间的配置和经济活动的空间区位问题，尝试探究各个空间地理层面经济活动分布的变化与演化规律。空间经济学认为经济活动的地理分布和演化，是集聚和扩散这两种作用方向相反的力相互作用形成的，不断变化的运输成本使得这两种力的相互作用形成了比较稳定的核心—外围形态的空间结构。然而，环境是不断变化的，交通运输基础设施持续改善、技术持续进步，原来的核心—外围结构将逐渐趋向不稳定，而在自组织（self organization）活动的影响下新的稳定结构将形成。简而言之，空间结构持续变化，从一种均衡向另一种均衡持续演化[31]。

空间经济学理论对于解释邮轮航线的经济影响，尤其是母港经济有其独到之处。最优邮轮航线设计可以达到特定空间上邮轮供给和需求的最佳空间平衡和匹配。邮轮经济对航线发展路径的依赖性较大，航线在邮轮经济圈中占有很重要的地位。通过运用空间经济学研究邮轮经济活动的空间差异，既可以在微观方面研究影响邮轮公司区位决策（如确定公司总部、母港、注册地等）的因素，也可以在宏观方面探索实际的各种邮轮经济活动的空间集中现象。

邮轮母港的经济乘数效应其实是源于邮轮经济的空间集聚效应，例如邮轮产业在加勒比、地中海这些特定区域高度集中，而相关的产业资本要素也在空间范围内持续集聚。邮轮经济集聚主要有两个要素：一是优越的自然环境与自然资源，如港口位置、交通运输的便利性、气候优越等。对于邮轮航线对游客的吸引力，港口属性和岸上产品配备发挥着突出的作用。根据布里达等（Brida J. G. et al., 2013）的研究，港口属性对邮轮乘客的航线选择行为产生直接影响。换句话说，邮轮港口的接待能力（码头物理条件)、服务能力(港区配套设施)、港口周边的旅游资源(岸上产品供给)构成影响邮轮航线布局规划的核心要素[32]。二是发达的市场经济基础,如母港所在地就是巨大的客源市场,游客和邮轮产品能快速对接关联起来;母港城市拥有雄厚的劳动力市场和资本市场等要素市场及产品市场。邮轮公司和要素之间能实现快速有效的匹配,降低交易费用;市场创新带来的知识外溢及纯外部经济也能帮助提升产业价值;另外多样性或异质性(heterogeneity),即消费者对商品的多样性偏好,生产者对中间品的多样性需求,以及人与人在技能和知识方面的异质性等,可以促使规模经济、运输成本和要素移动性之间的正反馈效应。从而促进邮轮经济活动的空间集聚,提升邮轮产业的生产率和创新能力。需要强调的是,产品的异质性和多样化有助于缓解竞争、实现品牌互补,形成本地市场效应(home market effects),从而加强集聚。

(二)空间规划理论

1. 增长极与点轴理论

增长极理论由佩鲁在 1950 年首次提出,它构成了的西方区域经济学经济区域观念的基础,也是不平衡发展论的一个基础理论。其主要内容有这样一个观点:国家的平衡发展是理想中的状态,难以在现实中实现,经济增长多是由一个或数个"增长中心"往其他部门或地区转移。故需要一些条件较好的地理空间作为增长极,从而引领整体经济的发展[33]。

萨伦巴和马利士是首先提出点轴开发理论的学者,点轴开发模式是增长极理论的拓展。由于经济发展,经济中心不断增多,点和点之间(由于生产要素交换需要交通线路及动力供应线、水源供应线等)彼此联系,形成发展轴。发展轴一般包含增长极的所有特点,且比增长极的影响力强,能够吸引人口、产业向轴线两侧集聚,催生新的经济增长点。点轴开发理论通过空间线性推进方式助力经济发展,实现增长极理论聚点突破与梯度转移理论线性推进的完美结合[34]。

2. 点轴理论在邮轮航线规划中的应用

邮轮产业对经济的贡献作用及邮轮航线的布局形成,可以用点轴理论来解释。我国曲折漫长的海岸线上分布着众多港口区,传统意义上的港口功能已经不能适应现代港口经济功能的需求。在构建港口服务功能体系、提升口岸服务功能、发展全球服务功能的基础上，港口区便成为区域中邮轮经济发展中心，也是点轴理论中的经济中心。根据区域经济发展的经验，起初经济中心往往位于个别条件较好的地方，总体分布呈斑点状。在邮轮经济持续发展的助力下，邮轮港口也将持续增多，由于邮轮产业链及邮轮市场上的流通要素的需求，各个港口区与目的地之间、港口与港口之间相互连接起来的线就是轴线，也是航线。从点轴理论的角度来说，邮轮航线首先是为母港服务的，邮轮航线的产生是为了服务区域增长极，同时能增强邮轮市场、邮轮产业吸引力，并将它们集中在轴线两侧，进而形成新的停靠港或始发港。点轴由此贯通，各港口区与目的地相互之间贯通起来，就形成了航线系统。

邮轮产业链的基础产业领域、服务领域及其他相关领域，将会在邮轮经济区集中而优先发展，这种经济区，即综合性港口区就是一个增长极。具有优越条件、优势区位的个别地方才会形成增长极，在我国东部、东南部及南部沿海地区相当大的地域内，港口区扮演着重要的角色。综合性港口区需要利用附近的生产要素、人力资源及服务对象来发展自身，进而将附近的区域变成极化区域。港口区的极化作用发展到一定程度后，对附近区域的扩散作用便会凸显出来，一些生产要素、人力资源及服务对象将转移到附近区域，最终推动附近区域经济的持续发展。事实证明，邮轮经济产业集聚效应等对地区的经济带动作用是非常明显的。

由于综合性港口区数量的增多，相互之间的航线具有了高于港口区增长极的功能，即航线的发展轴。除了近海航线还有远洋航线和环球航线，这种范围更大且具有港口区所有功能特点的航线发展轴，是邮轮经济理论中的增长极理论聚点突破与梯度转移理论线性推进的一种较好的结合。

孙晓东（2015）通过研究国际邮轮旅游业发现，彰显邮轮产业对区域经济的辐射功能，需要开拓对游客具有吸引力的邮轮航线，并以邮轮港口为中心、以航线布局为辐射、以岸上旅游服务为支撑，形成"点—线"共同作用的格局。

（1）邮轮的航线规划建设对节点城市产业结构优化的牵动效应

航线建设可以带动节点城市的发展（李桂荣、祝振媛，2009）。首先带动与其直接相关的产业发展，仓储业、陆上配送业、包装加工业等相关性最强的产业最容易受到带动；其次，为一线产业提供服务和支持的信息服务业、金融保险业等相关产业；最后，房地产业、宾馆餐饮业、教育培训业等也将受到带动[35]。母港城市的产业将因此实现集群化，发展为新的经济增长点，并通过航线联系而发展为轴线。从点到轴再到面，推动节点城市经济结构多元化、高度化。与此同时，产业链能在航线的带动下实现延伸，形成母港—停靠港梯度发展的格局；并且节点城市的产业分工协作，发挥各自的优势，推动整体邮轮经济发展。总而言之，邮轮的航线能够带动节点城市不断优化产业结构。

（2）腹地经济坚实的产业基础是航线成功建设和运营的关键

腹地经济的产业对邮轮母港航线具有推动效应。随着区域经济的不断发展，支柱产业将朝第二、第三产业发展。仓储业、陆上配送运输业、包装流通加工业、信息服务业、金融保险业等与航线建设密切相关的服务性产业将不断得到发展和完善，会极大地推动航线建设的进行[36]。此外，航线节点城市产业布局逐渐优化，社会分工明确，企业相互协作。邮轮经济产业自身内部更加完善，与其他产业的联系也更加紧密，这有利于发挥产业的优势，实现资源效用最大化。

邮轮航线体系的完善对城市自身产业结构往往具有较高的要求。简单地说，港口城市产业结构高度成熟化和合理化，以第二产业、第三产业为支柱产业，物流、金融、保险、信息为代表的现代服务业逐渐壮大，这有利于邮轮航线的运营。同时，如果港口城市产业布局得当，循序渐进，与国际邮轮产业链能形成很好的补充，科学配置资源，充分吸引客源，则邮轮母港航线开展会更有把握，航线持久发展会更有保证。

2008年6月26日，国家发展和改革委员会印发了《关于促进我国邮轮业发展的指导意见》。2009年11月9日，上海国际港务（集团）股份有限公司与皇家加勒比游轮有限公司签署战略合作协议以加强协作，这表明国际航线的发展轴伸入了中国。从上面的分析中也可以看出，上海是国际邮轮圈的一个重要成员，邮轮航线作为发展轴线紧密地联系着上海与国际邮轮经济区。

（三）圈层结构理论

1. 圈层结构理论

冯·屠能是第一个提出圈层结构理论的学者。圈层结构理论认为城市是带动区域经济发展的核心力量,但带动作用随着空间距离的增加而减弱,区域经济的发展需要把城市放在中心地位,在空间分布上呈圈层状,逐步向外围区域发展。冯·屠能在《孤立国》中排除其他因素,讨论了市场距离对成本、价格的影响,以及如何影响不同圈层分布中的农场经营模式。邮轮航线的规划设计也必然考虑邮轮运输的距离和成本。目前,昂贵的邮轮燃料、不均衡的邮轮市场逼迫邮轮航线趋向于短途航线的方向发展,距离和成本被列为航线规划的重要成分。对于邮轮航线的运营来说,其市场是双向的,航线两端各有相对市场,从冯·屠能的区位理论来看,抛开自然因素,短程航线加上双向市场,运输成本会更低,航线两头形成邮轮经济的增长极和极化区域。

邮轮经济固然不是农业经济,但农业区位理论对邮轮产业区的布局及邮轮航线的规划布局都具有指导意义。圈层理论的主要内容是以城市为中心,与城市中心距离不同的圈层分布着不同的产业,对运费和成本的影响也不同。世界邮轮圈是个大圈,目前全球邮轮经济的重心在北美地区。基于地理格局,以圈层理论为基本出发点,构建全球相互交叉的邮轮圈层是未来邮轮市场运营开发的趋势。因此,国际邮轮巨头纷纷把目光瞄向世界各地,在各地纷纷投资运营其旗下的邮轮。尤其是随着旅游业重心东移,我国上海树立了建立亚太邮轮中心的目标,国际邮轮也纷纷瞄准了我国市场。邮轮市场带来的机遇给世界各地邮轮港或邮轮发展区域注入了邮轮产业这一黄金血脉。这样一来,国际邮轮公司就开始在世界范围内布局各自邮轮,形成全球范围内的相互交叉的邮轮圈。

从圈层理论的角度来看,全球相互交叉的邮轮圈的形成,意味着各地都有了邮轮公司的据点。以据点为核心,根据各地的自然地理环境、人文历史等条件,利用空间经济学中的路径依赖特征,合理布局特色航线的邮轮旅游,发展区域邮轮经济,是从航线的网络格局上对邮轮航线的距离和成本进行的限定和优化。世界航运港口和航线形成了复杂的航运网络。如果采取抽象的方式,把各区域的港口看作节点,把各条航线看作联系这些节点的连线,那么世界航运网络就是由节点和连线组成的复杂网络。而各个港口或航线实际上的地位重要性不同,它们彼此之间具有某种合作或竞争的关系,如重要港口容易吸引和汇集附近小港的货流而成为枢纽港,地理位置相近的枢纽港之间则往往存在竞争关系。这些港口或航线之间的关系影响着世界航运活动，形成了世界航运网络的某种相对稳定的态势。因此，世界航运网络格局是以港口为节点、以航线为连线，在一定历史时期内，通过船舶航行、港口经营、航线开辟和维护等行为相互作用演化，各节点和连线之间发生相互合作或竞争行为所逐渐形成的以某些港口或航线为核心的相对稳定的状态分布，其核心内容是重要港口或重要航线之间的力量对比关系和对其他港口或航线的影响情况[36]。

2. 劳恩哈特和韦伯的区位理论

1882年，劳恩·哈特发表了《确定工商业的合理区位》，提出在资源供给和产品销售约束下，使运输成本最小化的厂商最优定位问题及其尝试性的解法。他利用几何学和微积分，把网络结点分析方法应用于工厂的布局，构造区位三角形以寻找使"里程运费在生产的区位中必须保持平衡"的最小值点，即区位三角形的极点。乔治·皮克（Georg Pick）在寻求最优化的"极点原理"方法基础上给出规范的更为一般的数学证明，解释了运输费用怎样决定环形市场区域。

1909年，阿尔弗雷德·韦伯撰写了《工业区位论》，基于工业区位理论阐释了产业集群现象。集聚力和分散力相互作用直至均衡使得工业在一些区域集中，其中技术发展、劳动力组织变化、市场化因素及经济环境因素促进产业集聚，而伴随工业集聚产生的地租增长促使产业分散。韦伯区位论的中心思想是企业倾向于选择运费最低的地点。根据极点原理，基于区位多边形理论，探索邮轮航线网络规划成本最小路径，做出航线规划的最优规模决策，是区位理论在邮轮航线规划中的重要应用。

（四）运筹学理论

运筹学指基于科学的定量分析方法，综合影响因素评价管理系统各种可供选择的方案，寻求最优决策以改善管理。运筹学是运用数学方法研究解决资源有效利用、任务合理分配、方案正确选择等经济管理问题的科学，也是研究如何以有限资源完成最大任务、取得最优经济效果的科学[38]。

（五）航线规划的其他理论

1. 空间认知理论

空间认知指人们对物理空间或心理空间三维物体的大小、形状、方位和距离的信息加工过程，研究人们如何认识自己的生存环境，包括其中的事物、现象的相关位置、空间分布、依存关系，以及它们的变化和规律。换句话说，空间认知研究的是空间信息的处理过程，主要包括对地理实体及其空间关系的理解和表示。空间认知理论是地理信息可视化的重要理论基础。地理空间认知包括地理空间感知、表象、记忆和思维四个过程。感知过程指刺激物作用于人的感觉器官产生对地理空间的感觉和知觉的过程；表象过程指通过回忆、联想使在知觉基础上产生的映象再现出来；记忆过程对输入的信息进行编码、存储和提取；思维过程提供关于现实世界客观事物的本质特性和空间关系的知识，实现"从现象到本质"的转化。此外，眼睛是接收输入刺激的主要感觉器官，故视觉是人空间认知的主要形式[39]。

2. 地理信息可视化理论

地理信息可视化的主要视觉样式是地图，它为人们提供一种空间认知的工具。人类为了揭示地理信息的本质和规律，以及认识并改造世界，往往使用直观、形象、系统的符号或视觉化形式来表达和传输地理信息。这些符号或形式不仅易于人类辨别、记忆、分析，还可被计算机所识别、存储、转换和输出。传统的表达方式有图形与图像类，如地形图、专题地图和遥感图等；文字数据类，如原始的测绘数据、文字报表等，人们设计相应的符号系统和运算规则以满足可视化需求。计算机技术出现后，地理空间数据可视化利用计算机图形学和图像处理等技术，通过几何图形、色彩、纹理、透明度、对比度等技术手段，以图形图像信息的形式，直观、形象地表达出来，并进行交互处理[39]。

3. 空间运筹理论

19 世纪 70 年代末至 80 年代末，地理学研究领域引进了运筹学方法，并吸收了系统分析方法、系统优化方法等现代系统学方法，空间运筹学在这一背景下应运而生。所谓空间运筹，就是以空间问题为背景的运筹学问题，由于空间背景增加了问题的维度，所以空间运筹求解往往依靠计算机技术。一方面，地理学为运筹学提供了研究问题的空间，扩大了其研究的范围和深度；另一方面，运筹学为地理学中的空间管理问题提供了技术解决手段。20 世纪 90 年代以后，计算机技术和 GIS 的快速发展，使用运筹学的方法处理大数据量空间问题成为可能。空间运筹学在地理学中的运用日益广泛，涉及军事、物流管理、环境管理及设施区位等方面[40]。由于空间运筹问题涉及计算复杂性，其理论发展较慢。目前的一些发展方向是选择更简单、更精确的算法，处理更烦琐、更贴近实际的问题。

4. 地理网络理论

实际的地理空间往往可以抽象为空间网络，即由点、线、面构成的系统，对于这样的系统，点位布局、路线选择等问题受到了较多的关注。地理网络理论主要内容：（1）研究由线状实体及连接线状实体组成的地理网络的结构，其中包括优化路径求解、连通分量求解等问题；（2）研究资源在网络系统中的分配和流动，包括资源分配范围或服务范围的确定、最大或最小费用流等问题[41]。可见，其主要研究内容聚焦于最短路径问题、空间网络分析、最小（大）支撑树问题、空间均衡分析等。

5. 收益管理理论

收益管理（Revenue Management 或 Yield Management）以探究收入最大化的新经营管理技术为目标。通过建立实时预测模型和对以市场细分为基础的需求行为分析，采用价格细分或价格歧视（price discrimination），根据客户不同的需求特征和价格弹性向客户执行不同的价格标准，尽可能开发市场潜在需求、增加效益。邮轮业具有所有收益管理行业的特征，而在过去的十几年，收益管理和邮轮业均发展迅猛。然而，虽然收益管理的理论和实践在酒店业和航空业中得到了充分的发展，但是对邮轮收益管理（Cruise Line RM, CLRM）进行研究的文献较少。孙晓东等（2013）将实证分析和理论分析相结合，全面深入探究邮轮收益管理的内容。内容涉及收益管理理论的需求分析和收益优化这两大方面。多数收益管理文献关注存量分配和动态定价问题。在收益管理中，顾客需求预测和估计是成功实施存量分配和定价决策的关键与基础，但尚无文献研究邮轮收益管理的需求预测和估计[42]。

参考文献

[1] 方璇. 短程航线成邮轮旅游未来发展方向[J]. 中国水运，2013.5

[2] 叶欣梁，孙瑞红. 基于顾客需求的上海邮轮旅游市场开发研究[J].

华东经济管理，2007（03）.

[3]赵影，钟小东. 提升海南邮轮旅游危机防范能力的研究[J]. 现代商业，2017（05）：72-73.

[4]杜铮. 歌诗达邮轮中国市场服务营销策略研究[D]. 天津大学，2011.

[5]金嘉晨. 邮轮母港产业链发展对城市经济的作用[J]. 港口经济，2013（04）：25-27.

[6]孙瑞萍. 面向东北地区的近海型邮轮旅游产品开发研究[D]. 上海海事大学，2013.

[7]王迪，张璟. 邮轮旅游航线设定[J]. 水运管理，2012（12）.

[8]孙瑞红，汪雪婷，王亚男，罗玉杰，杨刚，叶欣梁. "绿洲级"豪华邮轮技术应用特点与启示[J]. 船舶工程，2018，40（08）：45-51，111.

[9]张红红. 经营南海诸岛邮轮市场准入指标体系研究[J]. 大连海事大学学报：社会科学版，2017，16（02）：48-53.

[10]吕长红. 借鉴国际经验 加快建设上海邮轮母港[J]. 港口经济，2014（01）：26-28.

[11] CLIA. CLIA Cruise Market Overview 2006—2011[R]. Cruise Lines International Association，2011.

[12]McCalla, Charlier. 19 Round-the-world Cruising: A Geography Created by Geography?[J]. Cruise ship tourism, 2006, 206.

[13]Barron, Greenwood. Issues determining the development of cruise itineraries: A focus on the luxury market[J]. Tourism in Marine Environments, 2006, 3(2), 89-99.

[14]张颖超，元元. 邮轮消费者行为意向调查研究[J]. 中国产经，2020（11）：83-84.

[15]Carlson, Myers, Farley, Jaenicke, Haight, et al. CRUISE REPORT OF THE FN GREAT PACIFIC SURVEY OF YOUNG SALMON IN THE NORTH PACIFIC—DIXON ENTRANCE TO WESTERN ALEUTIANS—JULY-AUGUST 1996[J]. NPAFC Doc, 1996, 222.

[16]Gibson. Cruise operations management[M]. Elsevier, 2006.

[17]Marti. Passenger perceptions of cruise itineraries: a Royal Viking

Line case study[J]. Marine Policy, 1992, 16(5), 360-370.

[18]MENTZER. Factors affecting cruise ship fares[J]. Transportation journal, 1989, 29(1), 38-43.

[19]MERSON, TENNEY, MEYERS, WOOD, WELLS, et al. Shigellosis at sea: an outbreak aboard a passenger cruise ship[J]. American Journal of Epidemiology, 1975, 101(2), 165-175.

[20]Ritter, Schafer. Cruise-tourism: A chance of sustainability[J]. tourism recreation research, 1998, 23(1), 65-71.

[21]CHEN C. Cite Space II: Detecting and visualizing emerging trends and transient patterns in scientific literature[J]. Journal of the American Society for Information Science & Technology, 2006, 57(3): 359-377.

[22]邱均平,杨思洛,宋艳辉.知识交流研究现状可视化分析[J].中国图书馆学报,2012,38（2）：78-89.

[23]MARTI Passenger perceptions of cruise itineraries-a royal-viking line case-study[J]. Marine Policy, 1992, 16(5): 360-370.

[24]孙瑞红,叶欣梁.上海邮轮旅游市场开发的对策研究[J].经济问题探索,2007（03）：165-169.

[25]于康平.我国课程论研究论文的文献计量分析[J].现代教育管理,2011（12）：100-104.

[26]胡泽文,孙建军,武夷山.国内知识图谱应用研究综述[J].图书情报工作,2013,57（03）：131-137,84.

[27]唐启义,冯明.实用统计分析及其 DPS 数据处理系统[M].北京：科学出版社,2007：70-71.

[28]卢小丽,李彩云.国际乡村旅游研究进展与演化趋势述评[J].北京第二外国语学院学报,2015（11）：76-84.

[39]陈国柱.旅游目的地研究的科学知识图谱分析[J].资源开发与市场,2015,31（12）：1546.

[30]林冰洁.基于社会网络分析的全球邮轮航线布局特征及区域差异研究[D].华东师范大学,2020.

[31]Rosenberg, Eriksen, Rintoul. Aurora Australis Marine Science Cruise AU9309/AU9391-Oceanographic Field Measurements and Analysis (WOCE

Cruise P11A and SR03)[J]. Antarctic CRC., 1995.

[32]Seidl, Guiliano, Pratt. Cruising for colones: cruise tourism economics in Costa Rica[J]. Tourism Economics, 2007, 13(1), 67-85.

[33]徐露. 基于增长极理论的乡村旅游资源深度利用研究[J]. 农业经济, 2017（08）：88-90.

[34]Sun, Jiao, Tian. Marketing research and revenue optimization for the cruise industry: A concise review[J]. International Journal of Hospitality Management, 2011, 30(3), 746-755.

[35]李桂荣, 祝振媛. 辽宁沿海经济带产业布局与东北腹地经济结构调整互动研究[J]. 沈阳农业大学学报：社会科学版, 2009, 11（04）：413-416.

[36]Wilimovsky, N. Cruise of the US Coast and Geodetic Survey LCM "Red": Introduction, itinerary and station list. II, Temperature and salinity records[J]. Stanford Univ., Nat. Hist. Mus., Contract N 6onr-25136 NR, 1953. 307, 204.

[37]杨珺. 青岛市城阳区城市功能定位与发展研究[D]. 北京交通大学，2010.

[38]李小荣，崔蕾. VB 编程在线性规划问题中的应用[J]. 艺术科技，2013，26（03）：306.

[39]崔铁军，郭黎，张斌. 地理信息科学基础理论的思考[J]. 测绘科学技术学报，2010，27（06）：391-395.

[40]王铮. 计算地理学的发展及其理论地理学意义[J]. 中国科学院院刊，2011，26（04）：423-429.

[41]刘宣，王小依. 行动者网络理论在人文地理领域应用研究述评[J]. 地理科学进展，2013，32（07）：1139-1147.

[42]孙晓东，冯学钢. 邮轮收益管理的舱位分配：基于 EMSR-a 和 EMSR-b 的比较分析[J]. 旅游学刊，2013，28（11）：32-41.

第二章 邮轮航线的空间分布与地理特征

一、世界邮轮航线分布的总体概况

(一) 总体空间分布

邮轮产业是旅游行业的重要组成部分,同样也是西方旅游地理研究的重点领域[1]。邮轮旅游在历经半个世纪的发展过程中,已然成为国际旅游业中发展最为迅猛的利基市场之一,国际邮轮航线可遍布全球高达 2000 多个目的地[2]。邮轮航线基于市场需求,根据现有的海洋资源和旅游发展现状,为获取邮轮游客的最佳满意度,将始发港、海上航行、停靠港、目的港串联成为一套完整的邮轮旅游[3]。作为先进服务业和制造业的组成部分之一,其以邮轮旅游为主体,涉及旅游、运输和海洋等领域,涵盖邮轮修造、船舶供应、港口服务、邮轮经营及跨境消费等多方面产业群。从区域发展来看,邮轮活动主要集中在加勒比海、地中海、北美与南美、澳大利亚、亚太等区域,每年邮轮游客到访量占据市场份额的半数以上(图 2-1)。"邮轮旅游起源于欧洲,鼎盛于美国[4]",美国是全球排名首位的邮轮客源地市场,美国迈阿密更是被誉为"世界邮轮之都"。该地区历经 50 多年的快速成长,成为全球邮轮发展的样板区域。从近期的市场份额占比量来看,全球占比 90% 的游客都来自美国、德国、澳大利亚、加拿大、意大利、英国、法国、西班牙、挪威、中国 10 个国家。其中,北美地区是世界邮轮航线最为密集的区域,也是邮轮产业聚集性最强的区域。随着欧美市场趋于稳定,邮轮航线的重心开始向东转移,国际邮轮公司纷纷转向亚太地区开拓新市场,邮轮市场呈现的多元化特征更加明显。

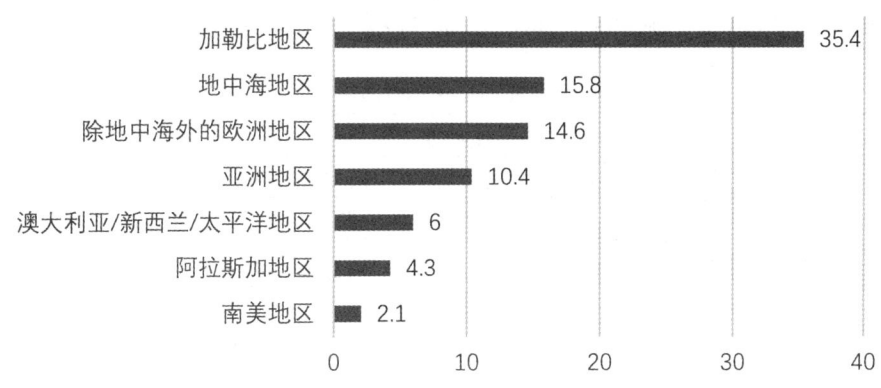

图 2-1 全球邮轮旅游目的地分布

（二）世界邮轮航线的市场格局

嘉年华邮轮集团、皇家加勒比游轮集团、诺唯真邮轮集团、地中海邮轮集团及云顶邮轮集团是目前全球前五大邮轮运营集团（表2-1）。在世界邮轮市场格局方面，邮轮企业巨头掌控市场主导权，船队规模实力位居世界前列。邮轮旅游市场持续向好，全球五大邮轮运营集团盈利能力也持续向好。除地中海邮轮集团以外均是采取多品牌战略，运营邮轮品牌多样，针对各个区域市场投放不同层次的邮轮品牌。

表 2-1 2018年世界五大邮轮公司概况

邮轮公司	总部基地	创始年份	邮轮数量	品牌数量
嘉年华邮轮集团	美国迈阿密	1972	105	9
皇家加勒比游轮集团	美国迈阿密	1968	52	6
诺唯真邮轮集团	美国迈阿密	1966	26	3
地中海邮轮集团	那不勒斯	1987	15	1
云顶邮轮集团	中国香港	1993	9	3

注：数据更新至2019年初

由表 2-2 中的世界邮轮航线海域划分可以进一步得出结论：航行海域的地理位置验证市场中心主体位于欧美地区。从市场偏好来讲，主要市场的服务对象为家庭收入较高、旅游经验丰富的发达国家城市居民。再由航线主要停靠国家港埠可知，邮轮航线四通八达，可到达区域广阔，基本覆盖全球 2000 多个旅游目的地，充分对接多样化的市场需求。

表 2-2　世界邮轮航线海域划分

航行海域	主要停靠港埠	市场占比
加勒比海	东加勒比海：维京群岛、波多黎各、多米尼加	51%
	西加勒比海：牙买加、墨西哥、大开曼岛	
	南加勒比海：委内瑞拉、哥伦比亚、ABC 岛屿	
地中海	东地中海：希腊、意大利、土耳其、埃及	21%
	西地中海：意大利、法国（蔚蓝海岸）、西班牙	
阿拉斯加	加拿大（温哥华）、美国（阿拉斯加）	10%
亚太海域	日本、韩国、新加坡、泰国、马来西亚、澳大利亚等	4%
美东海域	美国（纽约、波士顿、迈阿密）、加拿大、百慕大	3%
美西海域	美国（洛杉矶）、墨西哥（阿卡普尔科）	2%
巴拿马运河	主要用于加勒比海与阿拉斯加季节性转换之交通	2%
其他海域	含波罗的海、英伦群岛、挪威、黑海和非洲地区	各约 1%

（三）全球邮轮航线的主要始发港（城市）与港口

通过表 2-3 列出的排名前 20 名的邮轮始发港（城市）涉及的航线共有 2751 条，占全球邮轮航线半数以上。从地区分布来看，北美地区有 6 个，分别是劳德代尔堡、迈阿密、纽约、温哥华、拉斯维加斯、卡纳维拉尔；地中海地区有 6 个，分别为巴塞罗那、热那亚、罗马、威尼斯、雅典、马赛；欧洲地区（除地中海地区）有 5 个，分别为南安普顿、布达佩斯、哥本哈根、阿姆斯特丹、巴黎；亚洲地区有两个，分别为新加坡和东京；大洋洲地区只有悉尼 1 个港口。再从城市分布来看，前 5 位全球最热门邮轮始发港（城市）共占有航线超 200 条，其中排名第一的城市为美国的劳德代尔堡，拥有 299 条航线，比例高达 6.01%；排名第二为荷兰的阿姆斯特丹，占据全部航线比重为 5.36%，共有 267 条航线；居于第三位的是美国的迈阿密，拥有 259 条航线，占比数量为 5.20%；第四位为意大利的罗马，航线共有 216 条，占比 4.34%；第五位为西班牙的巴萨罗那，拥有 201 条航线，占全部航线的比重为 4.04%。

表 2-3 全球前 20 邮轮航线始发港城市

序号	始发港（城市）	所在国家	所在区域	航线数量	占全部航线数量比
1	劳德代尔堡	美国	北美地区	299	6.01%
2	阿姆斯特丹	荷兰	欧洲地区	267	5.36%
3	迈阿密	美国	北美地区	259	5.20%
4	罗马	意大利	地中海地区	216	4.34%
5	巴塞罗那	西班牙	地中海地区	201	4.04%
6	南安普顿	英国	欧洲地区	173	3.47%
7	布达佩斯	匈牙利	欧洲地区	145	2.91%
8	悉尼	澳大利亚	大洋洲地区	125	2.51%
9	温哥华	加拿大	北美地区	122	2.45%
10	热那亚	意大利	地中海地区	119	2.39%
11	威尼斯	意大利	地中海地区	111	2.23%
12	新加坡	新加坡	亚洲地区	101	2.03%
13	纽约	美国	北美地区	94	1.89%
14	卡纳维拉尔	美国	北美地区	88	1.77%
15	哥本哈根	丹麦	欧洲地区	84	1.69%
16	马赛	法国	地中海地区	77	1.55%
17	巴黎	法国	欧洲地区	72	1.45%
18	东京	日本	亚洲地区	69	1.39%
19	雅典	希腊	地中海地区	65	1.31%
20	拉斯维加斯	美国	北美地区	64	1.29%

邮轮港口作为邮轮旅游的载体，自然选址对于邮轮的定位和规模非常重要[5]。大多数城市的邮轮港口选与海洋相衔接及水深条件好的海岸作为海岸港，例如香港、迈阿密、新加坡、巴塞罗那等（表2-4）。有利于邮轮靠近港口，缩短航运时间。也有不靠近海岸的城市将入海口作为河口港，比如温哥华、广州、上海吴淞口等，其水深和航道条件对于邮轮出海航行或到达内河地区都比较方便。部分城市市内交通和配套设施成熟，将港口选址定在内河，形成内河港，比如多伦多、德国汉堡、上海（北外滩国际客运中心）、鹿特丹等。这些区位交通便利，拥有成熟的周边服务设施，利于游客和市民交通出行，以及岸上观光和消费。

表 2-4　世界主要邮轮港口

地区	城市	岸长（m）	平均水深（m）	可停靠邮轮床位数（个）
亚洲	香港	760	12（7—23）	2—4
	新加坡	580	13（8—18）	2
北美	迈阿密	2000	12	20
	温哥华	540	14（8—20）	2
欧洲	巴塞罗那	1800	14	9
	萨沃纳	300	11	1
	帕拉莫	400	11	2
	雅典	1685	10	11
大不列颠	南安普顿	860	14.9	4
	鹿特丹	698	12	2
	斯德哥尔摩	1100	8—9	3
澳洲	墨尔本	800	10.9	4
	奥克兰	—	12.2	—
加勒比海	罗德岱堡	2000	12	12—18
	法尔茅斯	900	15	3

（四）全球邮轮航线的季节因素

邮轮产业的全球区域布局具有小区域聚集和大区域分散的特点。北美地区、加勒比海地区、地中海地区和南美地区是邮轮航线最为密集的区域。邮轮公司向游客们提供航行时间不同、目的地和始发地不同的多种邮轮产品。邮轮的出发港口、停靠港、停靠地、航行速度构成了邮轮航线的各个部分。每条邮轮都配备了丰富多样的旅游娱乐、休闲度假的服务设施。邮轮游客在旅途中，不仅能够享受邮轮上精美丰富的餐饮和住宿设备与活动，还能欣赏到国内外优美的景色。气候条件是影响旅游体验感的重要因素[1]，尤其对于邮轮旅游来说，舒适的气候、明媚的阳光及自然优美的沿途风光都是邮轮旅游深受邮轮游客喜爱的重要因素。

众所周知，旅游业对于其他产业来说更加依赖于气候条件与自然环境，邮轮产业更是对其十分敏感。邮轮公司所开发的邮轮航线随着季节、旅游淡旺季等对运力进行调配。国际邮轮旅游中虽然也有终年航行在世界各地的环球邮轮和远洋邮轮，但其所占比例很小，大多数邮轮都是巡游于特定海域的区域性邮轮。目前，世界主要的邮轮航行区域有加勒比海域（包括加勒比海、墨西哥湾及其周边海域）、地中海、东南亚海域、南太平洋海域、北欧海域、阿拉斯加、美国东西海岸等。由于气候、洋流等原因，这些区域仅在特定季节适合开展邮轮旅游（表2-5）。因此邮轮船队为获得较高的出租率，都会采取季节性调配策略，定期改变其始发母港和邮轮航线，使得大多数邮轮公司的邮轮舱位出租率都能够达到85%以上，甚至100%。

表2-5 世界主要邮轮经济区航行季节表

航行海域	航行月份											
	1	2	3	4	5	6	7	8	9	10	11	12
加勒比海域	★	★	★	★	☆	☆	☆	☆	☆	★	★	★
地中海	☆	☆	☆	★	★	★	★	★	★	★	☆	☆
东南亚海域	★	★	★	☆	☆	☆	☆	☆	☆	☆	★	★
南太平洋海域	★	★	★	★	☆	☆	☆	☆	☆	★	★	★
阿拉斯加	○	○	○	☆	★	★	★	★	★	☆	☆	○
美国西海域	★	★	★	★	☆	☆	☆	☆	☆	☆	★	★
美国东海域	☆	☆	☆	☆	☆	☆	☆	★	★	★	☆	☆

注：表中★代表航行旺季，☆代表航行平季，○代表航行淡季。

二、加勒比海地理特征及航线分布

加勒比海是世界上最大的内海，加勒比海也是沿岸国最多的大海，有20多个。加勒比海东西长约2735公里，平均水深为2491米。现在所知的最大水深为7680米，位于开曼海沟，为世界上深度最大的陆间海之一。明媚的阳光使该地区成为冬季旅游胜地，乘坐邮轮在加勒比海航行，所到之处尽是碧海蓝天，让人感到十分惬意。

（一）加勒比海航线区位地理特征

加勒比海是世界上最大的内海，也是沿岸国数量最多的大海，达到20多个。加勒比海的航行时间是全年性的，那里风景优美，气候温和，充满无限的异国风情。加勒比海邮轮旅游航线途径39个国家，其中航线主要母港有12个，分别为罗德岱堡、奥兰多、迈阿密、卡纳维拉尔角、基韦斯特、巴约讷、波士顿、坦帕、纽约自由港、巴尔的摩、加尔维斯顿、新奥尔良。航线目的地共有27个，分别为科苏梅尔、科斯塔玛雅、拉巴地、拿骚、可可湾、公主群岛、半月湾、法尔茅斯、特克斯群岛、罗德岛、伯利兹、国王码头、奥乔里斯、乔治城、夏洛特阿马利亚、菲利普斯堡、罗阿坦、圣胡安、巴斯特尔、圣约翰、托托拉岛、阿鲁巴、库拉索岛、萨巴纳、圣乔治、博内尔岛、布里奇顿。

（二）加勒比海区域航线

加勒比地区是全球邮轮旅游发展最重要的地区，基础设施完善，拥有丰富的旅游资源，使其成为全球邮轮旅游的中心。国际邮轮公司对于加勒比海区域市场非常重视，将众多的邮轮船队布局在加勒比海区域。据环世邮轮网2019年1月数据统计，加勒比海区域共有5493条邮轮航线，主要邮轮运营商为歌诗达邮轮、皇家加勒比游轮、公主邮轮、银海邮轮、水晶邮轮、荷美邮轮、诺唯真邮轮、地中海邮轮、精致邮轮、迪士尼邮轮、冠达邮轮、精钻邮轮、嘉年华邮轮、世邦邮轮、大洋邮轮、丽星七海邮轮等多家邮轮公司。在加勒比海区域运营的邮轮主要为唯美号、辉宏号、命运女神号、太平洋号、炫目号、海洋迎风号、海洋绿洲号、海洋梦幻号、海洋独立号、海洋绚丽号、海洋珠宝号、海洋自由号、海洋自主号、海洋冒险号、银啸号、银风号、探索号、探索号、旅行者号、玛利亚号、利佳特号等多品牌邮轮。航行时间为2—180晚不等，价格分为单船票和套装航线。

1. 东加勒比邮轮航线

东加勒比海作为加勒比海邮轮航线最为经典的航线，深受邮轮游客们的青睐。邮轮一般会从罗德岱堡起航，到访巴哈马群岛、圣马丁、圣汤马斯等岛屿目的地。这些岛上的风光以巴哈马殖民地风貌为主，在中世纪时期这里曾因海盗横行而留下众多传奇故事和历史遗迹，现如今这里却因碧海蓝天、纯净的海水和洁白的沙滩而成为潜水爱好者的天堂。东加勒比海的航行时间是每年的11月至次年4月。东加勒比海邮轮航线停靠的主要港口包括安提瓜、巴巴多斯、多米尼加、马提尼克、圣基茨、圣马丁和圣托马斯等（表 2-6）。

表 2-6　东加勒比邮轮航线

始发港	停靠港
罗德岱堡 FORT LAUDERDALE； 迈阿密 FORT MIAMI； 纽约自由港 NEWYORK FREEPORT	普斯堡（圣马丁）PHILIPSBURG（Sc.Maarten）； 菲利； 圣约翰 ST.JOHNS； 罗索（多米尼加）ROSEAU（Domimica）； 马提尼克 FORT-DE-FRANCE（Martinique）； 圣胡安（波多黎各）SANJUAN（Puerto Rico）

2. 西加勒比邮轮航线

西加勒比海除了包含加勒比海海岛、沙滩美景之外，还有大开曼群岛的南美原始人文风情和墨西哥著名的玛雅文明遗址等。西加勒比的航行时间是每年的 10 月至次年的 4 月。西加勒比海航线停靠的港口有墨西哥的科兹美、大开曼群岛、大特克、普拉亚德尔卡曼、牙买加的欧丘里欧及洪都拉斯的罗阿坦岛（表 2-7）。

表 2-7　西加勒比邮轮航线

始发港	停靠港
罗德岱堡 FORT LAUDERDALE； 迈阿密 FORT MIAMI； 纽约自由港 NEWYORK FREEPORT	拉巴地 LABADEE； 法尔茅斯 FALMOUTH； 科苏梅 COZUMEL

3. 南加勒比邮轮航线

南加勒比海上的一些岛屿更多地保留了其原始的风貌，从地貌上来看，南加勒比海的地势复杂多样，造就了一些可以浮潜的绝美海滩，地势险峻的火山与瀑布，让前往的游客能领略到另一种加勒比海的风情。南加勒比海的航行时间是每年的 11 月至次年的 4 月。南加勒比航线的停靠点有些和东加勒比海相同，但还会增加波多黎各、圣克鲁瓦、圣卢西亚、委内瑞拉的拉瓜伊拉港、托托拉岛等（表 2-8）。

表 2-8　南加勒比海邮轮航线

始发港	停靠港
罗德岱堡 FORT LAUDERDALE； 迈阿密 FORT MIAMI； 纽约自由港 NEWYORK FREEPORT	克拉伦代克（博内尔岛）KRALENDIJK（Bonaire）； 奥拉涅斯塔德（阿鲁巴岛）ORANJESTAD（Aruba）； 卡塔赫纳 CARTAGENA； 克里斯 CRISTOBAL； 法尔茅斯 FALMOUTH

（三）加勒比海航线主要邮轮母港

1. 迈阿密道奇岛邮轮港（Miami Dodge Island）

美国迈阿密被称为"世界邮轮之都"，作为世界上最大邮轮港口之一，是近现代邮轮产业的发祥地与起源地。其港口靠泊力居于世界首位，泊位水深超过 10 米，可以同时停泊 20 艘邮轮。美国邮轮公司大多将母港设在迈阿密，迈阿密港口客源市场丰富，每年接待的邮轮游客约为 300 万人次，港口创造的年收益高达百亿美元左右。迈阿密道奇岛邮轮港位于市中心与迈阿密海滩之间的坎比斯湾中的道奇岛，是世界规模最大的邮轮母港，拥有 11 家航运公司的总部或办事机构。迈阿密人口超过 559 万人，是美国东南部最大的都市圈，也是全美第四大都市圈，拥有"美洲的首都"之称，有两大机场作为交通枢纽，交通便利，以上因素促使各大国际邮轮公司将迈阿密作为其公司总部及停运靠泊的母港。

迈阿密邮轮港实行综合开发，迈阿密拥有 12 个超级邮轮港大楼，可同时停泊 20 艘邮轮，建筑面积合计 2.3 万平方米，泊位岸线长超过 2 公里，汇集了大批邮轮公司、航空运输公司、海事机构、邮轮港口办事处与政府机关，力求为邮轮游客提供优质服务。其邮轮航线主要集中于巴拿马、加勒比、墨西哥地区。迈阿密道奇岛邮轮港规划强调不同港口之间及港口与城市之间的和谐与相互成就。总之，迈阿密邮轮港体现三大特点：工业基础比较发达、交通条件便利、具有丰富的自然和文化景点。

2. 罗德岱堡（Fort Lauderdale）

罗德岱堡是位于美国佛罗里达州的一座城市，是南佛罗里达都会区的一部分，距离迈阿密市中心约 1 小时车程。绵密的运河系统纵横交错于这座城市之间，因此享有"美国威尼斯"的盛名。罗德岱堡拥有超过 480

公里（300多英里）的水陆航道，被称为"世界游艇之都"。罗德岱堡几十年前就被许多年轻人熟知，它还是当年那个集日光浴、水上运动、夜生活和其他娱乐活动于一身的喧嚣城市，不过如今它还拥有科学博物馆、购物中心、高级饭店和海边欢庆活动等。

皇家加勒比国际游轮旗下的海洋绿洲号和海洋魅丽号都以罗德岱堡码头为邮轮母港，运营从罗德岱堡出发的加勒比海地区的邮轮航线。罗德岱堡18号码头离市中心最近的大型购物、宾馆、餐饮区仅有几分钟车程。

3. 波士顿（Boston）

波士顿位于美国东北部大西洋沿岸，被誉为"美国最古老城市"。波士顿港湾优良，水域面积106.7平方千米，约有158个深水码头，主航道水深为12米，延伸至40公里，主要分布于查尔斯敦、南波士顿与东波士顿，巨型邮轮和远洋邮轮都可进行自由停靠。

4. 奥兰多（Orlando）

奥兰多是美国东部城市，是全球优良的休闲度假城市之一，良好的自然环境、友善的居民、美丽的生活环境、适宜的气候条件等因素使得其成为国内外游客进行露营、开展水上活动、情侣度假及家庭旅行的最佳去处之一。奥兰多旅游资源丰富，拥有全球最大的迪士尼乐园、美国最大的海洋世界等众多旅游资源。奥兰多全年都有阳光明媚的温和天气，有着"阳光之州"的美誉。

（四）加勒比海航线主要挂靠港

1. 巴哈马（Bahamas）

巴哈马是位于大西洋西岸的岛国，地处美国佛罗里达州以东，古巴和加勒比海以北，包含700座岛屿和珊瑚礁。巴哈马群岛靠近佛罗里达南部海岸和加勒比海东部，该群岛是加勒比海邮轮旅行时的经常性停靠点。群岛由西北向东南延伸，长1220公里，宽96公里，由700多个岛屿及2000多个珊瑚礁组成。

巴哈马是加勒比地区较为富裕的国家之一，人均国内生产总值在西半球国家中仅次于美国与加拿大，旅游业和金融服务业是国民经济中的支柱性产业，其中船舶服务业是国民经济中重要的组成部分。巴哈马是国际海运中心之一，有两个主要港口：拿骚和自由港。巴哈马自1976年起开始对外开放船舶注册，为世界第三大船舶注册国。它有两个国际机场（拿骚和自由港），另有 55 处国内机场，各主要岛屿间有航班运营。著名的天堂岛吸引了各地游客乘坐邮轮前来参观。

2. 海地拉巴地（Haiti Labadee）

拉巴地是位于海地共和国北部海岸的港口，目前租给了美国皇家加勒比游轮集团。自 1986 年以来，皇家加勒比的游客消费成了该地最大的旅游收入来源。皇家加勒比游轮雇佣 300 名当地人，允许 200 名当地人出售自己的商品，每位游客登岛须支付 6 美元给海地政府。拉巴地度假胜地完全为游客而设，这个半岛南北都有海滩，是个风景如画的地方。该度假区的周围有围墙，邮轮乘客不得私自离开度假区范围。度假区通往村外的山路也被封锁，度假区有私人保安和守卫队阻止生人靠近。虽然邮轮公司把拉巴地描述为一个岛，它实际上是一个半岛，与海地主岛伊斯帕尼奥拉岛相连。此地的摩尔士邮轮码头可以停靠皇家加勒比最大的 22 万吨邮轮。拉巴地海上资源非常丰富，有很多海上活动，如快艇、高空降落等。

3. 圣约翰（St. John's）

圣约翰是北美洲最东端的城市、加拿大重要的国际航空港，是安提瓜岛上最大的天然良港，海港入口处的水深达到 50 米，宽阔而平静的水域为海轮的停泊提供了便利条件。圣约翰市的交通和运输设施十分发达，是高速铁路货运服务的中心区域之一，城市公共交通也十分便利。整个城市 75% 的产业都是为铁路、公路提供运输服务。

圣约翰港是终年不冻的深水港，拥有北美装备最先进的码头设施，有 24 个泊位，码头沿线长达 4783 米，堆场面积为 105523 平方米，港口露天面积有 0.469 平方千米。有专用码头可为集装箱、木材产品和散货提供高速的装卸及仓储设施，可通往欧洲、南北美洲、亚洲、非洲和世界其他地区，是加拿大最繁忙的港口之一。圣约翰市支配着新不伦瑞克省商业经济发展，是重要的轻工业基地和经济贸易中心，每年的生产总值占据该省的 1/3。它也是加拿大大西洋地区的贸易和商业中心、主要的信息和电信资源所在地，以及纸浆、纸、食品、饮料和工农业产品的主要集散地。圣约翰是全国旅游业及其他服务业的中心，它的旅游资源十分丰富，如松鸡岛、艾文自然公园、反向瀑布、樱桃溪动物园、海滩活动、加拿大水上项目中心、加拿大体育馆、洛伍德公园、球类公园等。

4. 库拉索岛（Kulaçao）

库拉索岛是列斯群岛的主岛，位于东加勒比海南部，南距委内瑞拉西北岸100公里，长58公里，宽12公里，面积443平方公里。这里具有良好的港湾设施条件，可以停泊大型邮轮，同时也是巴拿马运河贸易中不可或缺的交通枢纽，建设有现代化基础设施与装置。它有一个天然的深水港，能够停靠大型邮轮并吸引游客前来参观，按停靠船只吨位总数计算，它是世界上最大的港口之一。库拉索岛旅游业发达，沙滩、海洋生物及潜水设施吸引着大量欧洲、美国的游客。库拉索岛以其极适合通过水肺潜水来探索水下珊瑚礁而闻名，其南部海湾就有很多不错的潜水区域。城市中心那些独特的建筑和美丽的海港已被联合国教科文组织列为世界文化遗产。

（五）加勒比海航线对游客的吸引力

1. 航线本身具有吸引力

本区岛屿有着温暖的气候、独具特色的停靠港、成千上万的海滩，尤其世界上最迷人的一些海滩等都聚于此地，这些无不吸引着全世界游客乘邮轮来到加勒比海观光。这里也是购物者的天堂，港口有很多免税店。清澈的海水可以供游客开展潜水项目，美妙的阳光和迷人的沙滩可以让游客享受惬意的度假生活，丰富的旅游资源也极大激发了游客的兴趣。例如，布里奇顿的哈里森洞穴、博内尔岛的海洋公园、巴尔的摩的国家水族馆、墨西哥的平顶金字塔等。加勒比海文化将欧洲的朗姆酒文化和热带文化加以融合，这些都使得游客对前往加勒比海地区产生了浓厚的兴趣。

2. 游客自由选择度很大

比阳光、沙滩和大海更吸引人的是航线的自由选择度。邮轮航线时间为3—15天左右，游客选择的弹性很大，既可以进行短程航行，又可以进行长线航行，这种航线的设计满足了不同游客的需求。例如，没有充足度假时间的游客可以选择为期3天的巴哈马航线，从美国迈阿密出发到巴哈马；度假时间长一点的也可以选择为期5天的西加勒比航线，从美国罗岱尔堡出发，先后经过伯利兹和科苏梅尔；再长一点的还可以选择为期8天的东加勒比航线，从美国罗岱尔堡出发，先后停靠圣马丁、圣基茨、波多黎各和海地；度假时间很长的游客可以选择为期15天的长线邮轮行程，从美国迈阿密出发，先后游览特克斯群岛、库拉索岛、哥伦比亚的圣玛尔塔和卡塔赫纳、罗阿坦、伯利兹、科斯塔玛雅、科苏梅尔和美国的基韦斯特。如果游客有更充足的时间，还可以选择东西连走的全加勒比海航线。

当然这些航线只是加勒比海航线的一部分，很多邮轮公司推出了各式各样的邮轮航线供不同需求的游客选择。如果游客想减少在海上巡航的时间，花更多时间游览停靠的港口和迷人的海滩，以及享受购物的乐趣，那么东加勒比海是不错的选择，那里停靠岛屿更集中、更小一些，岸上也会提供很多海滩边或水上的娱乐活动；如果想多花时间在邮轮上，少花时间在停靠港口，那么西加勒比海更适合，西加勒比海航线的停靠港口经常在大陆上（墨西哥、伯利兹、哥斯达黎加），或在较大的岛屿上（牙买加、多米尼加共和国）。不仅如此，加勒比海地区的邮轮旅游是全年性的，可以根据游客自己的时间出游。

3. 众多母港方便游客出行

加勒比海地区包括东加勒比海、西加勒比海和南加勒比海，覆盖有12个母港，方便全球各地的游客选择离自己最近的母港乘邮轮出行，这也是加勒比海区域游客量很多的主要原因之一。很多邮轮公司在做行程安排时，把风格迥异的岛屿串联成旅游线路。这些行程可以从佛罗里达州的罗德岱堡、埃弗格雷斯港、卡纳维拉尔或迈阿密出发，也可以从加勒比海的波多黎各或巴巴多斯出发。

在这些主要的邮轮母港中，迈阿密的硬件设施和软件服务是名列前茅的。迈阿密有完善的硬件设施条件，它拥有多媒体商务会议大厅、舒适的乘客休息大厅，以及方便快捷的上船通道和能够容纳733辆汽车的车库。发达的交通网和完善的商业配套设施为游客提供了极大的方便。在软件服务方面，迈阿密邮轮港口能够真正实现"一站式"通关速度，每位游客通关时间仅为5—10分钟，这大大为游客缩短了等待的时间，提高游客心理满意度。

4. 营销方式多样化

加勒比海地区是世界上最繁忙的邮轮航线之一，市场竞争相当激烈。邮轮经营商能开发出满足顾客需求的产品，然后做出营销计划。营销计划包括广告、促销、推销和公关。在广告方面，主要是利用电视、影院、互联网、报刊杂志、海报及广告牌等多渠道进行宣传。在公关方面，主要是通过旅行出版物、报纸及杂志等开展营销活动。在人员推销方面，主要是通过礼品、纪念品等使用户回想起他们的假期，从而加深游客对加勒比海地区及邮轮品牌的印象。在促销方面，可以跟广告宣传一起进行，或者将其合并到邮轮旅游者的船上活动消费中去。

私有岛屿是所属公司的船才能游览的，如皇家加勒比游轮的拉巴地和可可礁、荷美邮轮的半月礁、迪士尼邮轮的卡斯达韦礁、挪威邮轮的大斯特拉普礁及公主邮轮的公主礁和公主湾。私人岩礁或海滩的理念会对游客产生吸引力，能给某些游客带有尊贵和独特的感受。游览这些岛礁的行程安排通常都是早上抵达，傍晚离开。这样可以优化对岩礁的利用，还允许公司建设附加服务设施，如烧烤、水上运动和有组织的游戏与活动，这些活动和设施还能为公司创造收入。此外，有些公司还安排一些特别项目，如迪士尼邮轮公司和荷美邮轮公司在私人房间里安排按摩，科斯塔邮轮则安排"海鲜牛排套餐"。皇家加勒比游轮造了一艘仿制的西班牙大型帆船，在占地 0.567 平方千米（140 英亩）的巴哈马可可湾水域沉没一架小飞机，供浮潜和深水潜水者游玩。

竞争激烈意味着价格会有所下降，各大邮轮公司都会推出优惠的价格吸引游客的眼球。众多邮轮公司的宣传及优惠的价格都是使加勒比海地区成为热销邮轮目的地的原因。

三、地中海地理特征与航线分布

欧洲航线尤其是地中海航线很有特色，全球邮轮公司在地中海地区布置的航线数占全球总航线的 21%。

（一）地中海航线区位地理特征

地中海地区有着发展邮轮产业的得天独厚的条件，地中海沿岸的夏季炎热干燥，冬季温暖湿润，所以地中海地区的邮轮旅游旺季集中在 4、5、6、7、8、9、10 月；地中海作为陆间海，海岸线漫长，拥有许多天然良好的港口；岛屿众多，大岛屿有马霍卡岛、科西嘉岛、萨丁尼亚岛、西西里岛、克里特岛、塞浦路斯岛和罗得岛。其中西西里岛是地中海上的第一大岛，撒丁岛排第二，塞浦路斯排第三，科西嘉岛排第四，克里特岛列排第五。地中海地区分布着很多国家，其中已建有母港的城市都有一定的经济基础，地中海地区的每个国家都有各自的特色文化及美食等。

（二）地中海区域邮轮航线

全球各大邮轮公司几乎都有设计经营地中海航线，其中以地中海邮轮和歌诗达邮轮为代表。2018年有152艘邮轮活跃在地中海区域，地中海地区国家和港口城市密集，既是旅游客源地，又是旅游目的地。地中海的邮轮航线分为西地中海地区和东地中海地区。

1. 西地中海地区航线

西地中海地区以优雅入时的专卖店、展品丰富的美术馆、上好的葡萄酒、美味的菜肴、精致的生活方式等闻名于世。最受欢迎的登船和登港口是西班牙的巴塞罗那和意大利的罗马、巴利阿里群岛、直布罗陀海峡、科西嘉岛及马其他岛等地，处于西班牙南部的非洲国家摩洛哥通常列入该旅游线路。该线路途经西班牙塞利维亚、意大利罗马、土耳其安塔利亚、法国巴黎、苏格兰爱丁堡、意大利佛罗伦萨、希腊雅典、英格兰伦敦、比利时布鲁塞尔。

2. 东地中海地区航线

东地中海拥有千百座迷人的岛屿，邮轮可以在诸岛屿之间穿梭航行，阳光、碧海、蓝天、岛屿、神话和古文明串联出独特魅力。邮轮多从威尼斯（Venice）、雅典、伊斯坦布尔（Istanbul）出发，希腊、科孚群岛（Corfu）、米科诺斯岛（Mikonos）、克里特岛（Crete）、桑托林岛（Santorin）和罗得岛（Rhode Island）等均是受欢迎的邮轮旅游目的地。另外，位于非洲和中东的以色列和埃及也是该航线上经常路过的地区。

在以上经典航线的基础上，各邮轮公司又更具欧洲的邮轮消费特点设计了许多富有特色的地中南海航线。例如，地中海邮轮幻想曲号从奇维塔韦基亚港出发的地中海11晚12日游，途经港口有热那亚（Genoa）、巴塞罗那（Barcelona）、丰沙尔（Funchal）、圣克鲁斯-德特内里费（Santa Cruz de Tenerife）、卡萨布兰卡（Casablanca）、马拉加（Malaga）等地（表2-9）。

表 2-9　地中海邮轮幻想曲号航线之一

始发港	停靠港
奇维塔韦基亚港（Civitavecchia）	热那亚（Genoa）、巴塞罗那（Barcelona）、丰沙尔（Funchal）、圣克鲁斯-德特内里费（Santa Cruz de Tenerife）、卡萨布兰卡（Casablanca）、马拉加（Malaga）

根据携程旅行网 2019 年资料，地中海邮轮辉煌号从巴塞罗那出发，航期为 8 天 7 晚，航线为巴塞罗那—马赛—热那亚—罗马—巴勒莫—瓦莱塔—海上巡游—马拉加—巴塞罗那（表 2-10）。

表 2-10　地中海邮轮辉煌号航线之一

始发港	停靠港
巴塞罗那（Barcelona）	马赛（Marseille）、热亚那（Genoa）、罗马（Rome）、巴勒莫（Palermo）、瓦莱塔（Valetta）、马拉加（Malaga）

根据携程旅行网 2019 年资料，诺唯真邮轮挪威之勇号从巴塞罗那出发，航期为 11 天 10 晚，航线为巴塞罗那—海上巡游—卡萨布兰卡—海上巡游—大加纳利岛拉斯帕尔马斯—特内里费—丰沙尔—海上巡游—马拉加—阿利坎特—巴塞罗那（表 2-11）。

表 2-11　诺唯真邮轮挪威之勇号航线之一

始发港	停靠港
巴塞罗那（Barcelona）	卡萨布兰卡（Casablanca）、拉斯帕尔马斯（大加纳利岛）[Las Palmas (Gran Canaria)]、特内里费（Tenerife）、丰沙尔（Funchal）、马拉加（Malaga）、阿利坎特（Alicante）

根据携程旅行网 2019 年资料，歌诗达邮轮迷人号从巴塞罗那出发，航期为 8 天 7 晚，航线为巴塞罗那—萨沃纳—那不勒斯—巴勒莫—瓦莱塔—海上巡游—马赛—巴塞罗那（表 2-12）。

表 2-12　歌诗达邮轮迷人号航线之一

始发港	停靠港
巴塞罗那（Barcelona）	萨沃纳（Savona）、那不勒斯（Naples）、巴勒莫（Palermo）、瓦莱塔（Valletta）、马赛（Marseille）

这些航线都是中长期的航线，邮轮的吨位相对较高，线路设计大多以异域文化体验为主题，游客多以休闲度假为目的，所以停靠的目的地特点鲜明，文化气息浓厚，有各式各样的美食。价格相对比较昂贵，大多在5000—15000元人民币。游客在这些地方不仅可以领略当地风情，而且可以尽情享受当地美食。

（三）地中海航线主要邮轮母港

由于地中海独特的自然、人文与经济条件，该地区发展起来许多著名的邮轮母港，有巴塞罗那（Barcelona）、奇维塔韦基亚（Civitavecchia）、威尼斯（Venice）、比雷埃夫斯（Piraeus）、萨沃纳（Savona）、热那亚（Genoa）等著名的邮轮母港。最具代表性是巴塞罗那邮轮港、萨沃纳邮轮港、奇维塔韦基亚邮轮港、热那亚邮轮港。这些地方都有发达的商业、便捷的交通、成熟的旅游业和丰富的旅游资源。

1. 巴塞罗那邮轮港（Barcelona）

巴塞罗那是全球著名的旅游城市，坐落于欧洲南部和地中海西岸，地理位置优越，在欧洲邮轮目的地中居于首位，同时巴塞罗那邮轮港也是世界邮轮公司最为青睐的目的地港口之一。巴塞罗那港口共有7个邮轮港，可供9艘邮轮同时停泊。更具特色的是，港口位于城市中心，酒店餐饮服务优良，交通四通八达，游客乘坐公共交通十分便利，以上因素都促使巴塞罗那成为国际邮轮公司纷纷抢占的理想基地，每年游客络绎不绝。

2. 萨沃纳邮轮港（Savona）

萨沃纳的邮轮港规模较大，可以同时停靠三艘邮轮。候船大厅共有三层组成，包括1200平方米的露台，可供乘客上下船的8300平方米的室内大厅。其中包括3500平方米的离境大厅和1300平方米的夹层，以及3500平方米的行李提取区。邮轮港内提供出租车、公交车接驳服务，还有私家车停车场。2012年6月5日萨沃纳邮轮港扩容工程开工，建设了第二个客运码头，此次扩容后的接待能力将是之前的两倍。新建的邮轮港将占地3500平方米，作为卫星码头，它在功能上将与原有的邮轮港相连接，以便利用其服务，但又可以通过独立的候船、通关及行李操作区域独立运营。

萨沃亚处于利古亚大区铁路和公路的重要交界处，交通便利，乘坐火车可以到达意大利各个主要城市去游览风光。此外，萨沃纳位于意大利里维埃拉的核心地带，有美丽的滨海小镇、壮观的海岸线及很多其他旅游吸引物。

3. 奇维塔韦基亚邮轮港（Civitavecchia）

奇维塔韦基亚邮轮港位于距罗马 70 公里的奇维塔韦基亚市，奇维塔韦基亚市交通便捷，离罗马仅有一小时的路程，再加上优良的酒店和旅游设施，该地区已经成为游客旅游的不二选择。从该城市出发，可以到达附近众多旅游景点，游客可以感受到自然风光的美妙与伊特鲁里亚时期（公元前 8—公元前 6 世纪）、中世纪和文艺复兴时期的艺术宝藏。同时，它也是意大利第二大工业区的货物集散点，并且是意大利中心及罗马工商业区的物资供应地，能接收来自所有地中海主要港口的贸易货物。

4. 热那亚邮轮港（Genova）

热那亚港居住人口约为 60 万，它是意大利最大的港口，同时也是仅次于法国马赛的地中海第二大港口，海运业务、交通运输及保险业务是该城市的主要经济来源。它也是造船工业中心，全国 2/3 的船舶在此建造。旅游业发达，多教堂、宫殿等中世纪古迹。自 1962 年开始，每年 10 月份都会在热那亚举办一年一度的世界顶级航海船舶博览会。

（四）地中海航线主要停靠港

在地中海地区航线上的各个停靠港也很有特色，较出名的有 13 个：那不勒斯（Naples）、利沃诺（Livorno）、马拉加（Malaga）、圣托里尼（Santorin）、杜布罗夫尼克（Dubrovnik）、马赛（Marseille）、米科诺斯岛（Mykonos）、巴里（Bari）、巴勒莫（Palermo）、马耳他（Malta）、雅典（Athens）、墨西拿（Messina）和米兰（Milano）。这些城市的经济较发达、社会文化独具特色、旅游业发展成熟，当地饮食也具有特色。其中最具有代表性的港口为巴勒莫、雅典、马赛、米兰。

1. 巴勒莫（Palermo）

意大利西西里的首府巴勒莫位于西西里岛的西北部，形状近似于那只伸向地中海的皮靴上的足球。气候常年温暖适宜，地势宽广平坦，是柑橘、橄榄油和柠檬的生产地。由于有良好自然作物的生长条件，被称为"金盆地"。留存的古迹建筑虽然没有金碧辉煌、富丽堂皇的外观，但它将诺曼、伊斯兰、阿拉伯及拜占庭的建筑物色彩融入其中，从墙壁雕刻和圆柱便可窥探一二。意大利文豪但丁称赞这里是"世界上最美的伊斯兰教城市",歌德曾经称这里是"世界上最优美的海岬"。

意大利饮食文化也十分有趣。意大利人对意大利面的烹饪方式可谓是海阔天空,烹饪方式多样。意大利面在形状、颜色、口味上有多姿多彩的表现方式。例如,水管通心面、卷通心面、斜口通心面、螺旋面、蝴蝶面等。仅是从外观上看,样式形状都超过三百多种;面条的颜色除了原小麦色外,还有红、黄、黑、橙等多种颜色。饮食的制造过程充满新颖,从食物体验中也可体验当地的风土人情。

2. 雅典（Athens）

雅典是希腊共和国的首都,同时也是该国最大的城市,是希腊经济、政治和文化的中心,坐落于巴尔干半岛的南端,属于亚热带地中海气候,常年阳光充足,夏季少雨,冬季温暖湿润,气候温和。雅典作为欧洲哲学的起源地,历史悠久,被称为"西方文明的摇篮"。雅典至今还存留了很多历史文化遗产和艺术作品。如今,雅典已成为国际大都市,它是东南欧地区最大的经济中心之一,也是欧盟商业中心的成员之一。

雅典地理位置优越,雅典是世界上较早拥有地铁的城市之一,于1925年通车。雅典同样也是希腊航空和铁路的重要枢纽,乘坐火车可以直达中欧和西欧。希腊的重要港口比雷埃夫斯港坐落于雅典,该客运港位居欧洲第一,世界第二。比雷埃夫斯港还与铁路相连,可以停泊各种海上邮轮。

雅典的旅游资源也十分丰富,著名的有雅典卫城。雅典卫城（Ακρπολη）是希腊最杰出的古建筑群,为当时宗教和政治的中心地。现存的主要建筑有山门、帕特农神庙、伊瑞克提翁神庙、埃雷赫修神庙等。这些古建筑都是人类遗产和建筑精品,在建筑学史上具有重要地位。

3. 马赛（Marseille）

马赛文化历史悠久,是一座拥有2500年历史的古城,是全球游客向往之地普罗旺斯的首府。它是法国和地中海最大的商业港口。马赛是法国最大的海港,景色秀丽,气候宜人。马赛有着发达的海陆空立体交通网,可以连通整个欧洲地区。

马赛的饮食也是很出名的,最有名的菜首推普罗旺斯鱼汤（Bouillabaisse）。它是将海鱼和虾等煮在一起而熬成的汤,传说是渔民妻子为了给外出下海捕鱼的丈夫暖暖身子,用当日市场售卖剩余的鱼虾熬成的菜汤。

此外，马赛的旅游胜地有伊福岛、贾尔德圣母院、马赛美术馆、马赛旧港，这些地方的建筑都有深厚的文化底蕴。

4. 米兰（Milano）

米兰是意大利最大的都会之一，也是欧洲经济最为发达的地区之一。米兰是世界设计之都、时尚之都、世界文化之都。米兰几乎是世界半数以上奢侈品诞生的摇篮，世界所有著名品牌都在此建立机构。米兰交通极为便利，米兰市区有 3 条地铁、3 个国际机场和 100 多个火车站，每日平均客流量高达 42 万人次，年客流量超过 2 亿人。米兰同时也是美食者的天堂，有着世界各地的著名美食，意大利最大的鱼市也位于此，因此这里专门做鱼的餐饮业十分出名，让全球美食家可以大饱口福。米兰有维托伊曼纽二世拱廊、蒙提拿破仑街和马堤欧地大道等著名的商业大街，在这里可以购买奢侈品，也可以购买较为便宜的实用商品。

（五）地中海航线对游客的吸引力

1. 丰富的旅游资源

地中海地区的邮轮产业发展成熟，邮轮公司在该地区设计的航线所经过的地方都有着丰富的旅游资源，并且旅游资源都是非常有特色的。地中海地区邮轮航线的最大特点是休闲享受、品味生活，这里不仅有美丽的自然风光，而且还有各种历史古迹和具有人文气息的建筑；地中海的饮食也是各式各样的，让游客在领略各地风情的同时，可以享受各地饮食所带来的快乐。这些丰富的旅游资源是对游客的最大吸引。

2. 对游客的充分考虑

地中海地区邮轮航线设计的平均天数为 8.3 天，这是因为欧洲地区完善的带薪休假制度，使得欧洲居民有充足的时间来选择邮轮航线。地中海地区的邮轮航线对游客具有很强的吸引力的另一个原因是，邮轮航线设计能够充分考虑欧洲的文化特点及行为方式，欧洲人进行邮轮旅游的目的是度假休闲，品味慢节奏、多样化的生活。以意大利邮轮在地中海设计的航线为例，其航线都充分考虑了这些因素。

3. 高品质的服务

各大邮轮公司在市场调查方面投入巨大，充分了解乘坐邮轮旅游的游客的需求，充分重视游客的信息回馈，根据顾客需求设计人性化的船上服务。在这方面,目前中国市场做得不太好。此外,打造一支高素质的、了解本地文化的服务团队,以热诚周到的服务让游客真正享受到他们需要的度假生活,这也是非常重要的。但由于东西方文化的差异,中国游客在这方面并未得到满足。

4. 专业化的营销团队

根据欧洲人的文化习惯,邮轮产品设计强调免于路途奔波的辛苦,免于频繁打包行李、变更酒店,强调"慢"生活,逃离喧闹与烦躁,注重"观光旅游+度假休闲"的完美组合。意大利邮轮具有以下特点:自主选择,可控制预算;高品质的餐饮与住宿;适合各年龄段客人;适合不同消费群体的优势,全方位为游客考虑。根据游客群体进行细化,对不同群体设计不同的邮轮航线、邮轮出游天数,真正地满足不同群体的需求。

欧洲的邮轮产业有着专业化的成熟销售。例如在欧洲,船票销售已经成了一个行业,并且是高薪行业。行业内有很多接受过高等教育的销售人员,他们能够真正了解各航线的特色和不同航线适合的人群,能够准确地了解游客需求,真正从游客的角度出发,对不同消费群体进行细分,为游客提供最适合他们的航线。这些优势使得地中海的邮轮航线对欧洲游客具有极大的吸引力。

四、南北极地理特征及航线分布

(一)南北极地理特征

1. 南极地理特征

南极洲被称为人类最难接近的大陆,95%以上的陆地被极厚的冰雪覆盖,放眼望去尽是层层累积的冰山、冰河和奇异的水蓝色,冰山上有美丽的条纹和大理石纹理,大自然的鬼斧神工令人赞叹。每年12月到次年2月光照时间比较长,在这一时间段里,可以看到极昼现象。这段时间是南极温度最高的时候,但船票价格也比较贵,邮轮一般在此时进入南极洲。随着近年来游客数量的不断增多,南极旅游形式逐渐多样,早期有景点浏览及考察站观光,现在又新添了滑雪、攀登冰崖、雪地野营、冰海漂流、直升机历险，刺激的行程体验满足了游客们日益增长的需求。

2. 北极地理特征

北极地区是世界上人口最稀少地区之一，因纽特人世代在这里繁衍。北极和南极一样，绝大部分都是冰封海洋。放眼望去都是闪烁着蓝色光芒的千年冰川。在这里时间好像没有尽头，在午夜的时候，太阳还在云端若隐若现，壮丽的美景尽收眼底。千年冰川的侵蚀造就了美轮美奂的挪威海峡。北极的冬季是从每年11月到次年4月，5、6月和9、10月分属于春季和秋季，而夏季仅为7、8月。北极气温比较低，在最温暖的8月也只达到-8℃，邮轮一般会选择在此时航行。

（二）南北极区域邮轮航线

目前在南极有航线的邮轮公司主要有庞洛邮轮、银海邮轮、荷美邮轮、公主邮轮、瀚海邮轮、精致邮轮和夸克邮轮（表2-13）。在北极有航线的邮轮公司主要有公主邮轮、海达路德邮轮、荷美邮轮、世邦邮轮、精致邮轮和地中海邮轮等。

表2-13 运营南极旅游线路邮轮汇总

邮轮名称	乘客数量	起始年份	类型	类型2
Akademik Ioffe	110	1993	Ship	C1
Akademik Sergey Vavilov	110	1992	Ship	C1
Akademik Shokalskiy	68	1994	Ship	C1
Bark Europa	48	2000	Sailing Vessel	C1
Bremen	164	1991	Ship	C1
Caledonian Sky	—	—	Ship	C1
Celebrity Eclipse	2850	—	Ship	CR
Celebrity Infinity	2449	2010	Ship	CR
Corinthian	100	2007	Ship	C1
Expedition	140	2009	Ship	C1
Fram	318	2007	Ship	C2
Hanseatic	188	1993	Ship	C1
Hanseatic Inspiration	—	—	Ship	C1
Hanseatic Nature	—	—	Ship	C1

续表

邮轮名称	乘客数量	起始年份	类型	类型 2
Hebridean Sky	120	2005	Ship	C1
Island Sky	116	—	Ship	C1
Le Boreal	264	2010	Ship	C1
Legend	26	2016	Ship	C1
Le Lyrial	244	2015	Ship	C1
Le Soleal	264	—	Ship	C1
Midnatsol	500	2016	Ship	C2
MS Roald Amundsen	—	—	Ship	C2
MY Cloudbreak	12	—	Ship	YA
MY Enigma XK	12	2015	Ship	YA
MY Hanse Explorer	12	2007	Ship	YA
MY Hans Hansson	12	2011	Ship	YA
MY Michaela Rose	12	2006	Ship	YA
MY Savannah	12	—	Ship	YA
National Geographic Explorer	150	2008	Ship	C1
National Geographic Orion	106	2003	Ship	C1
Ocean Adventurer	141	1994	Ship	C1
Ocean Atlantic	230	2017	Ship	C1
Ocean Diamond	252	—	Ship	C1
Ocean Endeavour	486	—	Ship	C1
Ocean Nova	85	2006	Ship	C1
Ortelius	125	2005	Ship	C1
Plancius	117	2010	Ship	C1
Polar Pioneer	56	2001	Ship	C1
Prinsendam	830	2005	Ship	CR
Scenic Eclipse	199	—	Ship	C1
Seabourn Quest	478	—	Ship	C2
Sea Spirit	127	2010	Ship	C1
Silver Cloud	248	—	Ship	C1
Silver Explorer	142	2008	Ship	C1
Spirit of Enderby	58	2004	Ship	C1

续表

邮轮名称	乘客数量	起始年份	类型	类型2
S/V Australis	12	2004	Sailing Vessel	YA
S/V Icebird	12	—	Sailing Vessel	YA
S/V Kotick	5	1988	Sailing Vessel	YA
S/V Le Sourire	8	2000	Sailing Vessel	YA
S/V Ocean Tramp	10	2016	Sailing Vessel	YA
S/V Paradise	8	—	Sailing Vessel	YA
S/V Pelagic	6	1988	Sailing Vessel	YA
S/V Pelagic Australis	12	2003	Sailing Vessel	YA
S/V Podorange	12	2008	Sailing Vessel	YA
S/V Santa Maria Australis	10	2005	Sailing Vessel	YA
S/V Selma Expeditions	8	2008	Sailing Vessel	YA
S/V Spirit of Sydney	7	1994	Sailing Vessel	YA
S/V Vaïhéré	10	2005	Sailing Vessel	YA
Ushuaia	90	2002	Ship	C1
World Explorer	176	—	Ship	C1
Zaandam	1805	—	Ship	CR

注：C1 为载客数 13—200 的传统探险游轮；C2 为载客数 201—500 的中型游轮（可登陆）；CR 为载客数超过 500 的大型游轮（无登陆权）；YA 为载客数不超过 12 人的帆船

数据来源：IAATA

1. 南极航线

考虑到南极州的冰川较多，要保证游客的安全，邮轮一般会多半小于 20000 吨，搭载的乘客数量不多于 500 人，通常为破冰船或有坚硬的船体。其出发港口一般在阿根廷的乌斯环亚和布宜诺斯艾利斯、挪威的奥斯陆、巴西的里约热内卢，从阿根廷乌斯环亚出发的居多。邮轮从阿根廷乌斯环亚出发然后穿越德雷克海峡，抵达南极半岛，然后再由德雷克海峡回到阿根廷。还有很多邮轮是从布宜诺斯艾利斯港出发，途径乌拉圭蒙得维多市、阿根廷马德林港、斯坦利福克兰群岛、南雪特兰群岛、威廉群岛、合恩角和德雷克海峡，最后从阿根廷的乌斯环亚返回。在所有的航线中最长的一条线是从巴西的里约热内卢出发途径乌拉圭的蒙得维多市、阿根廷的布宜诺斯艾利斯、福克兰群岛，在穿过麦哲伦海峡到达南极洲的最南端之前绕行至南极洲（表 2-14）。

表 2-14　南极邮轮旅游航线之一

始发港	停靠港
乌斯环亚（Ushuaia） 奥斯陆（Oslo） 里约热内卢（Rio de janeiro）	蒙得维多（Montevideo）、马德林港（Puerto Madryn）、斯坦利港（福克兰群岛）[Port Stanley (Falkland Islands)]、布宜诺斯艾利斯（Buenos Aires）

由于航行时间较长，又要保证游客可以饱览南极风光，所以邮轮行程天数一般 10—15 天、16—20 天、21 天以上三类。因为旅途时间长、航行艰难，所以价格也比较昂贵，一般会在一两万美元，适合富裕的游客。

2. 北极航线

不同于南极，北极航线一般都是深入北冰洋内部的极地探险，而且一般都是由破冰船来执行，不同于传统意义上的邮轮。目前参与北极探险的邮轮公司有银海邮轮、庞洛邮轮等。出发母港一般为荷兰的阿姆斯特丹、格陵兰。从阿姆斯特丹出发的邮轮途径北极圈、霍宁斯沃格、莫尔德、卑尔根，然后回到阿姆斯特丹。从格陵兰出发的邮轮一般会途经康格鲁萨克、伊路利萨特、伊卢利萨特-迪斯科湾、埃奇冰川、乌佩纳维克峡湾、梅尔维尔湾、塞维斯维克港、图勒、加拿大的北臂峡湾、克莱德河、伊莎贝拉湾、康格鲁萨克，最后回到格陵兰。其他航线如表 2-15 所示。和南极洲一样，航行时间比较长，一般也分为 10—15 天、16—20 天、21 天以上三类。价格也比较昂贵，至少需要三四万人民币，适合比较富足的游客。

表 2-15　北极邮轮旅游航线之一

始发港	停靠港
卑尔根 （Bergen）	莫尔德（Molde）、勒尔维克（Rørvik）、特隆赫姆（Trondheim）、博多（Bodo）、斯塔姆松（Stamsund）、斯沃尔维尔（Svolvær）、哈尔斯（Harstad）、特罗姆瑟（Tromsø）、斯克捷沃（Skjervøy）、梅哈恩（Mehamn）

（三）南北极航线主要邮轮母港

1. 南极航线主要邮轮母港

（1）布宜诺斯艾利斯港。在阿根廷最值得一提的就是布宜诺斯艾利斯，布宜诺斯艾利斯是阿根廷的首都和最大的城市，同时布宜诺斯艾利斯港作为第一大港也是大西洋沿岸的重要港口，素有"南方小巴黎"美称。它是中南美最欧化的城市，也是探戈的发源地。这里阳光普照、绿野千里、空气清新，布宜诺斯艾利斯在西班牙语里就有空气好的意思。布宜诺斯艾利斯港沿海岸南北伸展，分北、中、南三个港区，船舶由北港与中港之间的北航道入港。北港是全港最现代化的港区，邮轮一般都停靠在北港。北港区码头总线长 7267 米，有 30 多个泊位。

（2）里约热内卢港。里约热内卢是巴西的第二大城市，充满着桑巴节奏、阳光、丰富色彩和真正的度假气氛。美丽的帝茹卡森林是世界上最大的市区森林，绵延的白色海滩是享受阳光的完美之地。里约热内卢港位于巴西东南纳巴拉湾西南岸，与对岸尼泰罗市对峙，西南至圣多斯港 210 海里（1 海里等于 1.852 千米），至巴拉那瓜港 500 海里，东北至维多利亚港 283 海里，至萨尔多港 747 海里，东至开普敦港 3290 米，是世界三大自然良港之一。港区在跨海湾大桥西端南沿湾岸顺岸布局，全港岸壁码头线总长 7500 多米，共 50 个泊位，各长 150 米左右，大部分通用。邮轮码头位于港湾中小岛上，共有 8 个泊位，能停靠 1.5 万—13.5 万吨的邮轮。

2. 北极航线主要邮轮母港

阿姆斯特丹是荷兰最大的城市，阿姆斯特丹港是荷兰第二大海港和最受游客欢迎的邮轮港口之一，平均每季接待 100000 名的海洋邮轮游客和 60000 名内河游船游客。邮轮码头位于汉德尔斯卡德港区，邮轮码头海域面积 6900 平方米，陆域面积 35000 平方米，岸线长 600 米，深 10.5 米，可以同时接纳 3 艘邮轮进出港，可允许长度为 330 米以下的邮轮自由调转，游客接待室提供餐饮和快速通关等服务。

（四）南北极航线主要邮轮挂靠港

1. 南极航线主要挂靠港

（1）乌斯环亚港。乌斯环亚是世界最南的城市，阿根廷南部火地岛地区的首府。从乌斯环亚出发到南极洲只有 800 公里。从澳大利亚或新西兰等国家出发到达南极洲至少需要两周的时间，而从乌斯环亚出发越过德雷克海峡只要两天的时间，所以乌斯环亚是一个理想的起航和补给基地。

（2）马德林港。马德林港位于阿根廷辽阔的巴塔哥尼亚地区东部，这个深入大西洋的棒槌形半岛，乍看之下是一片荒凉、干燥、多风的冻土草原，但海岸地区是一片野生动物乐园，这里也是全球最重要的海洋哺乳动物保育区，1999年被联合国教科文组织列为世界遗产。位于巴西暖流和马尔维纳斯寒流交汇处，大量浮游生物、海藻、贝类为海洋哺乳动物提供了良好的生活环境，数千只海象、海狮、海豹沿着东部海滩漫游，还有康氏海豚（Commerson's Dolphin）和麦哲伦企鹅（10月—次年3月）等出没。年复一年，上百只鲸鱼在繁殖季节巡游越过这个海岸，幸运的话，还有机会目睹抹香鲸（Sperm Whale，全世界仅存4000—5000头，其中约1/5在瓦德斯半岛越冬繁殖）、南方露脊鲸（Southern Right Whale，6—12月）和虎鲸（又称杀人鲸或逆戟鲸，Orca，2—4月或10—11月）等。

2. 北极航线主要挂靠港

格陵兰岛是全世界最大的岛屿，位于冰岛和美国中间。康格鲁萨克虽然不是格陵兰岛的首府，但却是旅游胜地。其交通比较便利，岛上有一个飞机场，是格陵兰最重要的交通枢纽，其港口到达机场只有20公里。这地方虽然不大，但设施却非常齐全。在康格鲁萨克可以看到很多的陆地野生动物。

卑尔根是挪威第二大城市，卑尔根港是挪威西南海岸的港口，也是航运和商业中心。旅游业发达，有丰富的旅游资源，如布里根拥有很多古老的木屋，大约是在18世纪早期大火之后重新建造的，建造风格趋向于中世纪风格，是城中最老的地方。圣马莉教堂、大教堂、十字架教堂也同样是中世纪风格的。城中有很多有趣的建筑，包括罗森克兰塔、露天鱼市场和著名的哈孔皇家礼堂，环绕着托加曼尼根广场，具有现代艺术和功能性的特色。登上弗洛扬山，可以看见壮丽的卑尔根市和七大山的景观。在弗洛扬山，游客可以走到不少地方，看到平时看不到的景色。

（五）南北极航线对游客的吸引力

1. 难得的独特经历与体验

南北极地区设计的航线所经过的地方都充满着危险的气息，有着非常奇异的景色和一些比较有特色的野生动物。南北极地区邮轮航线的最大特点是探险、欣赏大自然。邮轮上会配备专门的工作人员带领游客到甲板上欣赏南北极风光，或者到附近的岛屿上去探险。这就吸引了一批爱好探险、爱好摄影、想远离城市生活的游客。南北极邮轮之行，是游客一生都难以忘怀的经历。

南北极航线中，所涉及的路线都具有冒险色彩，比如说去南极时穿越德雷克海峡，即被称为"魔鬼的峡湾"的地方，这就让旅途蒙上了浓厚的冒险色彩，在途中还会看到各种奇特的海鸟，使旅途中充满惊喜。

2. 航线船只高端奢华舒适

南北极地区的邮轮航行时间比较长，且周期比较短，一年中也就一两个月的时间有邮轮到达，这就限制了南北极邮轮旅游的发展。但还是有一些正好处于休假、爱好旅游、喜欢冒险的游客会选择去南北极旅游。以意大利的银海邮轮为例，这是一家具有创新意义的奢华邮轮公司，为富有的游客提供私人定制化的环球航海旅行。

银海邮轮的银云号、银风号、阴影号、银啸号都比较精致、宽敞，提供有私人阳台及露天餐台的海景套房供客人选择。外籍员工为游客提供最高级别的私人化服务，同时客人也拥有更大的私密空间。在南北极的长途航行中，这会使得客人感到非常舒适。

3. 相对于其他南北极旅游方式，邮轮航线更加具有安全性和经济性

到达南北极的邮轮公司设计航线时一般会选择离目的地最近的港口作为始发港，如去南极选择乌斯环亚为出发港，只要两天的时间就能到达南极洲。去南北极的邮轮，不同于平常意义上的邮轮，而是破冰船，并且航行的时候要尽量避免比较危险的地方，这就能保证游客的安全。

4. 航线设计多样化

南北极的航线一般分为三种，即 10—15 天、16—20 天、21 天，这样的航线时间能适合各类游客，特别是带薪休假的游客，也适合一些想要尽情欣赏南极风光的游客，以及爱好冒险的游客。

五、亚太地域地理特征及航线分布

除了比较受欢迎的加勒比航线、地中海航线、南北极航线以外，太平洋航线也越来越受到游客的喜欢。在太平洋主要有夏威夷、大溪地及南太平洋航线，如大溪地—汤加—库克群岛—斐济—新西兰、向南环绕新西兰和沿澳大利亚东海岸、悉尼—艾丽海滩（大堡礁）—凯恩斯—约克角—威

利斯岛等主要航线。在这些航线中，夏威夷是太平洋航线中最受欢迎的邮轮目的地，澳大利亚、新西兰也逐渐成为比较受欢迎的国家。

（一）亚太地区的地理特征

太平洋是位于亚洲、大洋洲、美洲和南极洲之间的世界上最大、最深、边缘海和岛屿最多的大洋，约占地球总面积的1/3。它从南极大陆海岸延伸至白令海峡，南北最宽15500千米。为此，太平洋也是邮轮航线最活跃的水域之一。南太平洋位于环太平洋板块的南部，板块边沿有很多火山岛。所以，与南大西洋相比较的话，南太平洋并不是一片汪洋，而集中了星罗棋布的小岛屿。太平洋航线中夏威夷、大溪地（Tahiti）、澳大利亚、新西兰等都是邮轮的热门目的地。

亚洲是一个快速发展的新兴市场，根据国际邮轮协会（CLIA）的数据显示，2018年亚洲市场规模达到424万人次，许多邮轮公司都十分渴望开拓这片区域。特别是随着中国和印度收入水平的提高及人口总数的增加，极具前景。近年来，越来越多的邮轮公司开发新航线以迎合那些想乘邮轮去远东游玩的客人，但更重要的是，他们也在试图开辟亚洲的新兴客源市场。亚洲三大主要区域枢纽港口分别是中国的上海、香港和新加坡。亚洲邮轮市场充满发展潜力，未来各大邮轮公司在这片市场的博弈格局仍是不可预见的。

（二）亚太地区邮轮航线

1. 澳新航线（表2-16）

澳大利亚旅游最好的季节是每年9月到次年4月。邮轮停泊最多的城市是悉尼，悉尼港桥和歌剧院是它的标志。悉尼港桥是世界上最大的拱桥。在悉尼能购买到羊毛制品、澳洲蛋白石、袋鼠皮、绵羊油等澳洲特产。如果想游泳或者冲浪，悉尼有很多被高高的石壁所包围的小海湾和绵延数里的白沙海滩。例如，邦迪海滩（Bondi Beach）和曼利海滩（Manly Beach）。当地最漂亮的棕榈海滩（Palm Beach）在城市的北面，大约有一个半小时车程。如果想看袋鼠、考拉或鸭嘴兽，塔龙加动物园（Taronga Park Zoo）是个不错的选择。悉尼的其他景点还有国会大厦、植物园、海德公园和悉尼歌剧院。如果有时间，邮轮旅客可以去蓝山（Blue

Mountains），那里拥有有石灰石溶洞群和野生生物的珍罗兰山洞。

有些邮轮也前往凯恩斯附近的圣灵群岛（Whitsunday）和大堡礁。在那里，游客可以去看珊珊礁。如果时间允许，还可以去参观一下海曼岛（Hayman Island）度假村，它坐落在大堡礁私人岛屿上，被誉为"世外桃源"。新西兰是一个不同寻常的国度，有绿色的原野、热带植物、峡湾和白雪覆盖的高山。邮轮停泊在奥克兰（Auckland）的怀特玛塔港（Waitemata Harbour），在那里可以看到伊甸山（Mount Eden）和新西兰几维鸟（Kiwi bird）。如果从洲际酒店的屋顶餐厅向外眺望，可以欣赏到奥克兰的全貌，又或者在如诗如画的海滨大道、塔马基高地和艾勒斯利赛马场（Ellerslie Racecourse）漫步，静静地欣赏那里的田园风光。奥克兰最好的海滩是市区以北的塔卡普纳（Takapuna），最值得买的是羊毛制品。如果邮轮停泊在新西兰南岛的基督城（Christchurch），游客可以前往南阿尔卑斯的库克山，参观弗兰兹·约瑟夫冰河（Franz Josef Glacier），游览米尔福德桑德镇。在新西兰最南端的皇后镇，可以搭乘缆车观赏皇后镇附近的瓦卡蒂普湖和南阿尔卑斯，也可以搭乘喷射艇顺流而下，跨越激流和美丽如画的乡村。

表 2-16 澳新航线之一

始发港	停靠港
悉尼（Sydney）	查莫斯港（Port Chalmers）、阿卡罗阿（Akaroa）、惠灵顿（Wellington）、陶朗加（Tauranga）、奥克兰（Auckland）、群岛湾（Bay of Islands）

2. 东南亚航线（表 2-17）

东南亚地区处于亚洲纬度最低的地区，该地区面积约为 457 万平方公里，居住人口约为 5.6 亿。该航线地理位置极其特殊，处于太平洋与印度洋的交接地带，包括交通高度发达、货运吞吐量位于世界前列的中国香港和新加坡地区的国际港口，全球三大海峡之一——马六甲海峡更是被中日韩等众多东亚国家称为"海上生命线"。作为当今世界经济发展浪潮中最具有活力和潜力的地区之一，东南亚地区在未来世界格局中的经济和战略地位将不断提升。

东南亚在地形构造上也颇具特色，主要由较为稳定的印度—马来地块和地壳变动相对活跃的新褶皱山地两大板块组成。东南亚地区属于赤道的一部分，中南半岛的大多区域属于热带季风气候，一年分为旱季和雨季，每年农作物都在雨季播种，旱季收获。马来群岛的大部分地区属于热带雨林气候，常年高温多雨，农作物可以四季随时播种。

谈及"东南亚风情"，在民族服饰、建筑和饮食上体现得尤为明显。东南亚人民的服饰颜色用五彩斑斓来形容最好不过，可能是受到亚热带和热带气候的影响，很多东南亚居民喜欢穿着一些色彩鲜艳的衣服。比如，马来西亚人在服饰穿着上偏好于红橙色等鲜艳的颜色，他们认为黑色具有消极意味。所以，马来西亚的服饰给外地游客的第一印象就是热情奔放。东南亚的建筑风格带有浓郁的宗教色彩，同时也具有自然休闲的特色。神庙建筑风格和缅甸馆亭的展现方式无一不透露着浓厚的中南半岛和马来群岛的神秘色彩。地道的泰国菜具有独特的风味，以酸辣著名，口味上比较油腻，但去到泰国就必须尝试一下用当地新鲜的海鲜烹饪出的美食。马来西亚当地气候炎热潮湿，在饮食上的口味重一些，喜欢在菜品中放入辣椒与咖喱。

表 2-17 东南亚邮轮航线之一

始发港	停靠港
普吉岛（Phuket Island）	新加坡（Singapore）、巴生港（Klang）

3. 国内邮轮航线（表 2-18）

海峡两岸暨香港、澳门的主要港口组成了一条具有代表性的线路。（1）中国香港—中国三亚—越南明港—越南河内。越南著名的海上胜景下龙湾由于地势陡峭，大部分岛屿都了无人迹，因此得以保持其自然风光，联合国教科文组织已授予其"世界文化遗产"称号。下龙湾，意为神龙入水的海湾，在这1500多万平方米的青绿海面上，聚集了3000个石灰岩岛屿，因此又有"海上桂林"的美誉。（2）深圳—香港—台北。宝岛台湾作为世界著名的旅游景点之一，四季如春，阳光明媚，四周环绕着绿色的森林与田野，山川秀丽，沧海环绕，所以早在清代就享有"八景十二胜"的美誉，岛上风光可概括为"山高、林密、瀑多、岸奇"等特征。

表 2-18 国内邮轮航线之一

始发港	停靠港
上海（Shanghai）	厦门（Xiamen）、香港（HongKong）、胡志明市（Hochiminh）、新加坡（Singapore）

4. 日韩航线（表 2-19）

由于地理位置的特殊，日本与韩国之间自然组成了多种日韩邮轮航线，目前最具代表性的有两种：其一，从中国母港出发的日韩邮轮航线。这是目前为止最为方便的邮轮旅游航线，出游天数一般为 5—7 天。其二，从其他港口起航的日韩邮轮旅游航线，如邮轮公司的远东航线或一些邮轮公司的长线产品中经过了日本和韩国的多个邮轮港口。目前所言的日韩邮轮旅游，主要指从中国上海或者天津始发的邮轮航线，环绕日本及韩国的部分观光港口后，返回始发港的航线；或者以日本为始发港口、至中国港口为止的邮轮航线。日韩邮轮旅游主要到达的港口包括：日本的福冈（Fukuoka）、鹿儿岛（Kagoshima）、冲绳（Oki-nawa）、别府（Beppu）、京都（Kyoto）、名古屋（Nagoya）、横滨（Yokohama）；长崎（Nagasaki）、熊本（Kumamoto）、青森（Aomori）；韩国的釜山、济州、仁川等。日韩两地适合邮轮旅行的季节：考虑到海浪和台风的影响，所以每年的 3—10 月是日本和韩国邮轮旅游的最佳时节，3—6 月气温为 10—25℃，7—9 月气温为 30—35℃，10 月份为 25℃左右。该区域的旅游目的地一般为：中国的天津、上海，韩国的济州岛、釜山和日本的福冈、鹿儿岛、冲绳等。主要航线包括：（1）东京—仁川—首尔—仁川—天津—北京。（2）日本—釜山—济州岛—金刚山。（3）日本—济州岛—上海—苏杭等。

表 2-19　日韩航线之一

始发港	停靠港
上海（Shanghai）	济州（Cheju）、佐世保（Sasebo）

5. 夏威夷、大溪地及南太平洋航线（表 2-20）

夏威夷群岛位于美国本土西南偏西。环夏威夷岛屿间的邮轮航线提供夏威夷四个主要岛屿，即瓦胡岛、茂宜岛、可爱岛和大岛间的巡游，通常邮轮在每个岛屿停泊的时间是一到两天。如果搭乘从火奴鲁鲁出发并且返回火奴鲁鲁的邮轮航线，可以在登船前或离船后在火奴鲁鲁多玩几天。只有挪威邮轮公司提供火奴鲁鲁往返的环夏威夷岛屿航线，这是因为根据美国法律规定只有悬挂美国国旗的船只，才能在美国水域航行而不需要经停其他国家，挪威邮轮公司的美国之傲号是邮轮家族中不多的悬挂美国国旗的船只。

表 2-20　大溪地邮轮航线之一

始发港	停靠港
帕皮提（Papeete）	茉莉亚岛（Moorea）、胡阿希内岛（Huahine）、塔哈岛（Taha'a Island）、波拉波拉岛（Bora-Bora）

挪威邮轮公司的环夏威夷岛屿航线分为 7 天、10 天和 11 天三种。7 天的行程包括在可爱岛和茂宜岛各过夜一个晚上，一天在大岛的希洛，还有一天在大岛的柯纳；10 天的行程包括在火奴鲁鲁过一晚，两整天在可爱岛，三天在茂宜岛，两天在卡胡卢伊，一天在拉海纳，以及在希洛和柯纳各一整天；11 天的行程增加了范宁岛的行程，减少了夏威夷港口的停泊时间，增加了海上巡航的时间。还有一些邮轮公司提供了从美国本土到夏威夷的邮轮航线。这些航线的美国本土基地是洛杉矶和圣迭戈，来回航行大概需要两周时间。

（三）亚太航线主要邮轮母港

夏威夷瓦胡岛上的火奴鲁鲁邮轮码头是夏威夷地区最著名的邮轮码头。邮轮码头周围旅游胜地聚集，分别有威基基、珍珠港及火山。港口内有座塔楼市场，经营夏威夷土特产，如今已是标志性建筑之一。

悉尼港是重要的邮轮旅游目的地，并且是澳大利亚唯一的有两个邮轮码头的港口，达令港区的 8 号码头和圆形码头都位于悉尼市中心，并接近主要旅游区。每年 11 月到次年 4 月的邮轮旅游旺季，悉尼邮轮港能接待多艘国际邮轮，其中公主邮轮将其作为邮轮母港。

墨尔本港是澳大利亚最大的港口，距市中心 15 分钟车程，共有 4 个邮轮泊位，最长的达 223 米，深 10.9 米。邮轮码头每年接待海外游客 61000 人次，此外还为邮轮提供了保养、维护等全方位的服务。

另外，中国有上海、天津、厦门、青岛、深圳等邮轮母港，此处不再赘述。

（四）亚太航线主要邮轮挂靠港

布里斯班港是澳大利亚近来发展迅速的港口，布里斯班共有 7700 米的海岸线，27处泊位（其中1个为邮轮专门泊位），交通便利，距机场仅30分钟车程。

奥克兰是新西兰最大的城市，是新西兰国内工商业、交通和海外贸易的重要枢纽。该市地处于新西兰北岛的北部，城市环绕着怀特玛塔港和豪拉基湾，港湾优良，是一座包裹着神奇海洋世界的现代都市，也因此造就了新西兰海岸都市的独特风格。新西兰平均每2.7人就拥有一艘船，奥克兰又有"帆船之都"的美誉。尽管奥克兰港几乎环绕全市，但全市还是被奥克兰海港大桥纵横交错地连接着。港口北面和东面皆被奥克兰地峡包围，南面则与马努考港的浅水区相接。港口占地约181平方千米，连接奥克兰码头和奥克兰海滨，沟通太平洋和豪拉基湾，同时受到北面的北岛城、朗伊托托岛和怀赫科岛的保护，使得怀特玛特成为一个优良的避风港。此处航线具有季节性。澳新地区的季节正好与中国的相反，每年12月到次年2月是夏季，3月到5月为秋季，6月到8月为冬季，9月到11月为春季。冬季比较温暖，夏天比较热，所以邮轮一般会选择4—9月启航。

另外，中国有舟山、广州、三亚、大连等邮轮挂靠港，此处不再赘述。

（五）亚太航线对游客的吸引力

1. 丰富的旅游资源

亚太航线有着丰富的旅游资源，对游客有着很强的吸引力。例如在澳新航线中，基本每个停靠港都各具特色，悉尼的人文和建筑比较出名，但也有海滩；布里斯班有高大的山脉；新西兰有绿色原野、热带植物、峡湾和白雪覆盖的高山。这些都吸引着一大批欧美游客来到这些既陌生又富有冒险色彩的旅游目的地。夏威夷是世界上著名的旅游胜地，也是旅游业最为发达的地区之一。相比名胜古迹，这里更吸引游客的是其得天独厚的自然风景，这里空气清新、山清水秀，还有一望无际的海滩。晴空下，美丽的威基基海滩阳伞如花；晚霞中，岸边蕉林椰树为情侣们轻吟低唱；月光下，波利尼西亚人在草席上载歌载舞。夏威夷的花之音、海之韵，为游客们奏出一支优美的浪漫曲。夏威夷人待客也十分热情、友善和真挚。

瓦胡岛可能是夏威夷群岛中最为独特的岛屿，岛上多种文化相交汇，还有着多彩的景观及有趣的户外活动。岛上有夏威夷的檀香山国际机场，大多数旅客把檀香山当作他们夏威夷之旅的第一站。游客们还可以多留一些时间开车环岛游览，因为这里是阿罗哈精神的开始。

可爱岛被赋予"花园岛"的美称不是没有道理的，其实这还不足以概括它的魅力。可爱岛经常出现在好莱坞大片中，因为在所有群岛中，可爱岛最符合人们对南太平洋的想象。可爱岛面积很小，最宽地方也只有33米，岛上常年下雨，卡约算是岛上最为晴朗的地区。总之，可爱岛是夏威夷最为宁静和具有田园风光的地方，在这里可以忘掉所有的烦恼。

茂宜岛总面积比瓦胡岛大，是夏威夷群岛中的第二大岛，可是总人口却只有瓦胡岛的 1/8。茂宜岛以其山谷的秀丽著称，岛上最著名的旅游胜地是"太阳之屋"和 16 世纪形成的城市"捕鲸镇"[1]。"太阳之屋"海拔超过 3000 米，有成群的火山口，游客可以租车沿公路开到顶上，在这里会有置身于月球之中的感觉。那里还有一种高原花草叫"银剑"，世界上只有茂宜岛的"太阳之屋"和大岛的高山上才有。

2. 独具特色的邮轮航线

夏威夷航线中最主要的是环夏威夷岛旅行，即夏威夷四个主要岛屿——瓦胡岛、茂宜岛、可爱岛和大岛之间的巡游。在所有经营夏威夷航线的邮轮公司中，只有挪威邮轮可以提供火奴鲁鲁往返的环夏威夷岛屿航线，按时间分为 7 天、10 天、11 天三种。

挪威邮轮根据欧美游客的生活习惯首创了"自由闲逸式邮轮度假"，精心将旅游的各种精彩元素与高档度假村的悠闲和奢华气派密切结合。高品质的餐饮和住宿，精心的服务，再加上自由休闲的度假方式，非常适合欧美游客。

参考文献

[1]孙晓东,冯学钢. 中国邮轮旅游产业：研究现状与展望[J]. 旅游学刊，2012，27（02）：101-112.

[2]孙晓东,林冰洁. 谁主沉浮？全球邮轮航线网络结构及区域差异研究[J]. 旅游学刊，2020，35（11）：115-128.

[3]王益澄,方茹茹,马仁锋,等.中国邮轮旅游研究回顾及其人文地理学视域前瞻[J].宁波大学学报:人文科学版,2018,31(05):75-82.

[4]李亮稷.邮轮母港及周边区域的空间组织模式与优化策略研究[D].华南理工大学,2020.

[5]Kodzi Emmanuel and Saeed Naima. Increasing the attractiveness of a cruise port for cargo business: The contribution of stakeholders[J]. Case Studies on Transport Policy, 2021, 9(2): 879-888.

[6]孙根年,马丽君.西安旅游气候舒适度与客流量年内变化相关性分析[J].旅游学刊,2007(07):34-39.

第三章 中国邮轮航线的开发与运营

一、在中国地区运营的邮轮公司

2006年第一艘邮轮来到中国，从零开始，到目前为止已经有16年。2017年下半年中国8大邮轮母港共吸引8大邮轮品牌14艘大型邮轮入驻（表3-1）。中国将有望成为世界最大的邮轮消费市场。因此，中国邮轮市场吸引了国际国内邮轮公司和邮轮资本进入，开创了中国邮轮旅游的蓝海经济时代。

（一）国外邮轮公司

目前，中国市场上的邮轮旅游产品主要由外资邮轮公司供给。近年来，在中国从事国际邮轮业务运营的公司主要有意大利歌诗达邮轮公司、皇家加勒比游轮公司、丽星邮轮公司、地中海邮轮公司、公主邮轮公司等。其中，歌诗达邮轮公司于2011年8月在上海成立了中国内地第一家外商独资邮轮船务公司，皇家加勒比游轮公司在中国开设了代表处，其他邮轮公司也逐步开设了邮轮销售机构[1]。意大利歌诗达邮轮公司、美国皇家加勒比游轮公司、云顶香港有限公司（丽星邮轮）已相继开辟从中国母港出发的邮轮航线。外资邮轮公司在中国市场的竞争格局已初步形成。美国公主邮轮于2014年5月首次进驻中国市场，为中国游客提供从上海出发的高端"公主礼遇"邮轮航次。此外，意大利地中海邮轮正在中国市场以旅行社形式积极销售目的地为欧洲国家的远程航线，水晶邮轮、精致邮轮等外资邮轮公司也对中国市场兴致盎然[1]。特别是2016年2月16日，公主邮轮新建的盛世公主号成功试水，这是世界上第一艘为中国市场量身定制的邮轮。中国香港云顶邮轮旗下有两大品牌——水晶邮轮和星梦邮轮，并致力将星梦邮轮打造为"首个亚洲本土豪华邮轮"，星梦邮轮云顶梦号布局东南亚航线、港澳台航线。以中国香港为母港的丽星邮轮将继续增加航次，投入船只包括处女星号、双鱼星号及宝瓶星号。

表3-1　2017年下半年国际邮轮品牌在我国的航程安排

邮轮/时间	5月	6月	7月	8月	9月	10月	11月	12月
天津港								
赞礼号	-10月11日							
喜悦号				8.26-9.20				
抒情号	-9月5日					10月1日-		
幸运号	-6月8日		7月8日-10月3日					
大西洋号						10月12日-		
青岛港								
邮轮/时间	5月	6月	7月	8月	9月	10月	11月	12月
维多利亚号		6.17-7.16						
大连港								
邮轮/时间	5月	6月	7月	8月	9月	10月	11月	12月
抒情号					9.5-9.20			
维多利亚号		6.6-6.16						
厦门港								
邮轮/时间	5月	6月	7月	8月	9月	10月	11月	12月
蓝宝石公主号					9.28-10.13			
天海新世纪号		6.7-7.11						
幸运号						10.3-11月初		
深圳港								
邮轮/时间	5月	6月	7月	8月	9月	10月	11月	12月
航行者号					9.15-10.8			
大西洋号			7.6-8.1					
广州港								
邮轮/时间	5月	6月	7月	8月	9月	10月	11月	12月
维多利亚号				8.28-10.14				
云顶梦号	-10.13（每逢周日-周五）							
香港								
邮轮/时间	5月	6月	7月	8月	9月	10月	11月	12月
处女星号	-6月底							
蓝宝石公主号							11.13-11.27	
云顶梦号	-10.13（每逢周五-周日）							
赞礼号						10.17-11.14		
航行者号			7.9-9.15					

数据来源：根据公开数据整理

(二)国内邮轮公司

中国本土邮轮公司经历了从无到有的过程。2013年12月,由携程旅行网联合磐石资本等投资机构共同组建了一家本土豪华邮轮公司——天海邮轮公司,并购买了1艘7万吨级规模的邮轮——天海新世纪号。2015年5月15日下午,天海邮轮旗下的天海世纪号邮轮在沪首航日韩。渤海邮轮2014年成立于中国香港,在2014年购买了歌诗达旅行者号邮轮,并将其改造成中华泰山号,成功实现首航。钻石国际邮轮成立于2015年7月,为太湖邮轮管理公司全资子公司,是一家全民营投资的邮轮公司。2015年12月3日,钻石国际邮轮旗下辉煌号豪华邮轮已从德国顺利抵达上海港,辉煌号经过功能区域改造后,于2016年3至4月投入运营。钻石邮轮还计划在5年内投资21亿美元购买5—6艘豪华邮轮。

二、中国邮轮母港与停靠港

中国已形成三大邮轮圈,包括大连港、天津港、青岛港、烟台港、上海港、舟山港、厦门港、广州港、深圳港、香港港、海口港、三亚港、基隆港、台中港、高雄港、花莲港,另有宁波港、张家港港、太仓港、南通港在建。截至2019年,邮轮主要停驻并以此为母港的有上海港、天津港、青岛港、大连港、厦门港、深圳港、广州港、香港港。中国部分邮轮靠泊如表3-2所示。

表3-2 中国部分邮轮港靠泊阵容

邮轮母港	邮轮公司名称及在当地运营的邮轮品牌
上海	皇家加勒比游轮:海洋神话号、海洋航行者号、海洋量子号、海洋水手号 歌诗达邮轮:赛琳娜号、大西洋号、经典号、爱兰歌娜号、维多利亚号 公主邮轮:盛世公主号、蓝宝石公主号 诺唯真邮轮:喜悦号 丽星邮轮:处女星号、幸运号 天海邮轮:新世纪号 地中海邮轮:抒情号、辉煌号

续表

邮轮母港	邮轮公司名称及在当地运营的邮轮品牌
天津	皇家加勒比游轮：海洋赞礼号 歌诗达邮轮：幸运号、大西洋号 公主邮轮：黄金公主号、蓝宝石公主号 诺唯真邮轮：喜悦号 地中海邮轮：抒情号
广州	歌诗达邮轮：维多利亚号 银海邮轮：银影号 星梦邮轮：云顶梦号
香港	皇家加勒比游轮：海洋赞礼号、海洋航行者号、海洋水手号 公主邮轮：蓝宝石公主号 星梦邮轮：云顶梦号 丽星邮轮：处女星号、双鱼星号及宝瓶星号

（一）邮轮母港

中国交通运输协会邮轮游艇分会（CCYIA）报告显示，从2006年中国母港邮轮市场形成，截止到2017年，中国邮轮港口接待邮轮总量达到5807艘次，接待出入境游客量达到1813.54万人次[2]。其中接待母港邮轮3720艘次，母港邮轮出入境游客量达到1482.82万人次，即客源量大约为741.41万人次；接待访问港邮轮总量达到2087艘次，接待访问港游客330.72万人次，即大约接待国外游客125.36万人。我国母港邮轮接待量保持增长趋势，从2006年的18艘次增长到2017年的1098艘次，增长了60倍。访问港邮轮2006—2010年保持了较高数量，但从2011年开始呈现下滑趋势，在2013年下滑到71艘次，经过2014年短暂增长后继续下滑，2017年保持在83艘次（表3-3）。

表3-3 2006—2017年我国邮轮市场发展变化

年份	母港邮轮艘次	母港游客量（万人次）	增长率	访问港邮轮艘次	访问港游客量（万人次）
2006	18	1.8	—	304	36.51
2007	11	3.2	78%	336	34.73
2008	28	5.7	78%	318	43

续表

年份	母港邮轮艘次	母港游客量（万人次）	增长率	访问港邮轮艘次	访问港游客量（万人次）
2009	40	10.3	81%	219	24.08
2010	79	22.2	156%	215	25.88
2011	110	18.8	15.30%	162	29.05
2012	169	41.22	119.20%	106	24.47
2013	335	102.4	148.40%	71	17.75
2014	366	147.9	44.40%	100	24.47
2015	539	222.4	50.40%	90	25.6
2016	927	428.9	93%	83	27.76
2017	1098	478	11.40%	83	17.42
总计	3720	1482.82	77%	2087	330.72

1. 上海邮轮港

上海位于长江的入海口，是中国经济、航运最为发达的地区之一。以上海为中心，以 300 公里为半径可以覆盖长三角的 15 个城市圈。以上海为起点，邮轮可以在 48 小时到达韩国、日本、新加坡、中国香港和中国台湾。目前上海已形成"两主一备"的邮轮码头布局，拥有上海北外滩国际客运中心和上海吴淞口国际邮轮港[3]，其中上海吴淞口国际邮轮港已经成为亚洲第一、世界第四大邮轮港。2008—2017 年上海邮轮市场发展现状如表 3-4 所示。

表 3-4 2008—2017 年上海邮轮市场发展现状

年份	母港艘次	访问港艘次	母港游客量（万人次）	增长率	访问港游客量（万人次）
2008	23	40	4.82	—	5.9
2009	33	47	8.43	74.8%	8.13
2010	61	48	17.02	101.9%	9.65
2011	75	30	14.54	-14.5%	6.89
2012	80	41	26.4	81.5%	9.34
2013	167	31	69.77	164.2%	5.87
2014	243	29	115.35	65.3%	6.45
2015	320	24	159.79	38.5%	4.72
2016	481	28	285.9	78.9%	8.56

上海吴淞口国际邮轮港原址是长航集团，主要停靠拖轮和驳船的炮台湾水域船舶基地。随着上海市"四个中心"建设规划的有序推进，在2010上海世博会召开前夕，上海长江轮船公司和上海市宝山区政府于2009年7月共同成立了上海吴淞口国际邮轮港发展有限公司[3]。上海吴淞口国际邮轮港一期工程于2008年12月20日开工建设，于2010年4月27日成功试靠11.6万吨的钻石公主号，2011年10月正式开港试运营。一期岸线长度774米，建有2个大型邮轮泊位，同时可靠泊1艘10万吨级邮轮和1艘20万吨级邮轮[1]。上海吴淞口国际邮轮港后续工程于2015年6月18日正式开工，2016年11月后续工程客运楼项目正式开工，在原有一期工程基础上向上游延伸380米，向下游延伸446米，新建2个大型邮轮泊位。建成后码头总长度将达1600米，共可布置2个22.5万吨级和2个15万吨级大型邮轮泊位，建筑面积7.9万平方米，达到"四船同靠"的接待能力。年总接待能力将从现在的60.8万人次提升至357.8万人次。吴淞口国际邮轮港母港邮轮情况如表3-5所示。

表3-5 2017年吴淞口国际邮轮港母港邮轮情况

邮轮公司	邮轮名称	总吨位（万总吨）	星级	载客量（人）		船龄（年）
				标准	最大	
皇家加勒比游轮	海洋量子号	16.78	5	4180	4985	4
	海洋水手号	13.8	4	3700	3840	15
歌诗达邮轮	赛琳娜号	11.45	4.5	3780	3780	11
	大西洋号	8.56	4	2680	2680	17
	幸运号	10.3	4.5	3470	3470	14
丽星邮轮	处女星号	7.53	4	1804	2475	18
诺唯真邮轮	喜悦号	16.77	5	3850	4992	1
公主邮轮	盛世公主号	14.3	5	3560	4250	1
	蓝宝石公主号	11.58	5	2670	3168	13
天海邮轮	新世纪号	7.24	4.5	1814	2119	22
地中海邮轮	抒情号	6.55	3.5	1984	2579	14
精致邮轮	千禧年号	9.10	4.5	2076	2454	17
平均值	—	11.16	4.4	2964	3399	12.2

运营几年来，成功接靠国际邮轮1627余艘，接待出入境游客913.8

万人次,一举奠定了"中国第一、亚洲第一、世界第四"的邮轮母港地位。2014 年上海港口(含吴淞口国际邮轮港和上海北外滩国际客运中心)共接待邮轮靠泊 269 艘次,以上海为母港的邮轮 240 艘次。邮轮游客量 120.4 万人次,同比增长 60.6%。2015 年上海接待邮轮 344 艘次,接待游客 164 万人次。2016 年上海共接待邮轮 509 艘次,游客量 294 万人次。2017 年上海共接待邮轮 512 艘次,接待出入境游客量达到 297.73 万人次。图 3-1 列出了吴淞口国际邮轮港近年来接待邮轮及游客的情况,该港口是上海两个邮轮港之一,近年来游客接待量位居全国第一。

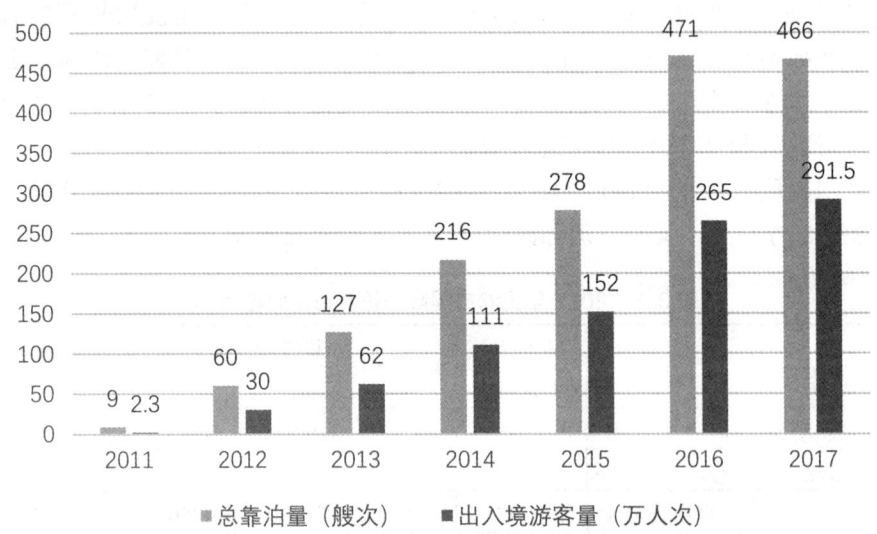

图 3-1 上海吴淞口国际邮轮港近年来接待邮轮及游客情况

2. 天津国际邮轮母港

天津国际邮轮母港是全国唯一坐落于自由贸易试验区内的国际邮轮母港,背靠北京、天津两大核心市场,拥有华北、西北两大地区市场,华北地区旅游资源非常丰富,著名景点十分多,并且高铁、机场、公路等交通十分发达。天津国际邮轮母港总规划面积 120 万平方米,规划岸线 1600 米。依托东疆港自由贸易区的优势地位,规划布局建设集休闲娱乐、商贸会展、购物消费、主体旅游等为一体的以邮轮休闲与航运服务为主的休闲商务区,成为中国北方最大自由贸易区港区。2008—2017 年天津邮轮市场发展现状如表 3-6 所示。

表 3-6 2008—2017 年天津邮轮市场发展现状

年份	母港邮轮艘次	访问港邮轮艘次	母港游客量（万人次）	访问港游客量（万人次）
2008	5	12	0.9	2.6
2009	7	19	1.9	3.9
2010	18	22	5.2	4.8
2011	5	26	1.7	5.5
2012	19	16	7.6	4.4
2013	55	15	21.2	3.8
2014	42	13	18.7	3.7
2015	86	10	41.2	1.9
2016	128	14	68	3.51
2017	160	14	90.9	3.2

目前，天津国际邮轮母港码头 4 个泊位已全部实现正式对外开放，岸线总长 1112 米，年接待游客能力达 92 万人次，可停靠 22 万吨级邮轮。2017 年天津港共接待国际邮轮 175 艘次，进出境游客量突破 94 万人次，双创历史新高。天津母港邮轮情况如表 3-7 所示。

表 3-7 2017 天津母港邮轮情况

邮轮公司	邮轮名称	总吨位（万总吨）	星级	载客量（人）	船龄
皇家加勒比游轮	海洋赞礼号	16.78	5	4180	2
钻石邮轮	辉煌号	2.47	—	1200	15
歌诗达邮轮	大西洋号	8.56	4	2680	17
歌诗达邮轮	幸运号	10.3	4.5	3470	14
丽星邮轮	处女星号	7.53	4	1804	18
诺唯真邮轮	喜悦号	16.77	5	3850	1

3. 广州南沙邮轮母港

南沙区作为广州市唯一城市副中心，它是珠三角的几何中心，目前是"国家新区""自贸试验区"双区叠加的国家战略发展区域。在"一带一路"倡议中，南沙被定位为"21 世纪海上丝绸之路重要枢纽"，是港澳向内地拓展、内地借助港澳通达国际市场的双向通道和重要平台。广州南沙国际邮轮母港按世界标准建设 1 个 22.5 万总吨和 1 个 10 万总吨的邮轮泊位，其中邮轮码头岸线长 770 米，年游客通过能力将达 75 万人次，在 2019 年投用。项目二期三号地占地面积 10 万平方米，建筑面积 36 万平方米，具有免税购物、旅游娱乐、商务办公等功能。

以南沙为中心，周围 60 公里半径内有 14 个大中城市，客源非常丰富。南沙邮轮母港享有完善便捷的交通优势，毗邻多个交通枢纽，包括五大国际机场、高铁、码头及其他公共交通设施。在《关于加快广州国际邮轮产业发展的若干措施》中，广州将打造国际邮轮全球采购船供配送中心和区域性的国际邮轮修造中心，在 2020 年把广州建设成为集邮轮码头、通关口岸、免税商城、观光旅游地和主题酒店于一体的亚洲最大邮轮母港。广州邮轮港母港邮轮情况如表 3-8 所示。

表 3-8　2017 年广州邮轮港母港邮轮情况

邮轮公司	邮轮名称	总吨位（万总吨）	星级	标准载客量（人）	船龄
歌诗达邮轮	维多利亚号	7.51	4	2394	21
丽星邮轮	处女星号	7.53	4	1804	18
星梦邮轮	云顶梦号	15.13	—	3376	1
	世界梦号	15.13	—	3376	2017 年 11 月

2016 年 11 月，广州港共接待邮轮 95 个艘次，出入境游客超过 31 万人次，首航当年就跻身于全国前三甲。2017 年共接待邮轮 122 个艘次，接待出入境游客突破 40 万人次，稳居全国第三大邮轮母港的位置（表 3-9）。

表 3-9　广州港国际邮轮母港接待量变化

年份	母港邮轮艘次	访问港艘次	母港游客量（万人次）	访问港游客量（万人次）
2008	0	0	0	0
2009	0	0	0	0
2010	0	0	0	0
2011	0	2	0	0.16
2012	0	0	0	0
2013	0	0	0	0
2014	0	0	0	0

续表

年份	母港邮轮艘次	访问港艘次	母港游客量（万人次）	访问港游客量（万人次）
2015	1	0	0.26	0
2016	104	0	32.6	0
2017	122	0	40.11	0

4. 厦门邮轮母港

厦门是现代化国际性港口和风景旅游城市，与漳州、泉州并称"厦漳泉"，地处闽南金三角经济区，位于东南沿海核心枢纽位置，是中国综合运输体系的重要枢纽。厦门是中国大陆最早接待国际邮轮的港口之一，是中国第一个有定期国际邮轮航班的港口[4]。交通发达，拥有厦门高崎国际机场、厦门翔安国际机场两大机场，还拥有三大火车站，铁路线涵盖鹰厦铁路、福厦铁路、龙厦铁路、厦深铁路等。厦门港服务范围覆盖整个海峡西岸经济区，是国家综合运输体系的重要枢纽，也是我国沿海主要港口。

母港核心区用地47公顷，规划建筑面积79.4万平方米。目前能够停靠17万吨级亚洲最大邮轮。2016下半年，厦门邮轮母港进入二期泊位改建，工程阶段改造后的邮轮码头岸线长约1432米，改造建设4个泊位，分别为1个15万吨级、2个8万吨级邮轮泊位和1个滚装泊位，并对配套水域进行相应改建，最大可接待22万吨级邮轮或同时接待三到四艘中大型邮轮靠泊作业。新航站楼年吞吐量可达80万人次以上。厦门邮轮港母港邮轮情况如表3-10所示。

表3-10　2017年厦门邮轮港母港邮轮情况

邮轮公司	邮轮名称	总吨位（万总吨）	星级	标准载客量（人）	船龄
渤海邮轮	中华泰山号	2.45	—	900	18
歌诗达邮轮	维多利亚号	7.51	4	2394	21
歌诗达邮轮	幸运号	10.3	4.5	3470	14
天海邮轮	新世纪号	7.24	4.5	1814	22
地中海邮轮	抒情号	6.55	3.5	1984	14

2017年，厦门港接待邮轮77艘次，实现游客吞吐量16.18万人次，其中母港邮轮64艘次，游客吞吐量13.38万人次，母港艘次占比已达

83%（表 3-11）。厦门邮轮母港地位进一步巩固，2019 年邮轮接待量突破 100 艘次，游客量突破 30 万人次。厦门母港出发的日韩邮轮航线访问港情况如表 3-12 所示。

表 3-11　厦门邮轮港接待情况变化

年份	母港邮轮艘次	访问港邮轮艘次	母港游客量	访问港游客量
2008	0	28	0	7.36
2009	0	13	0	2.02
2010	0	19	0	1.81
2011	1	10	0.17	1.08
2012	6	13	1.02	2.56
2013	9	5	0.87	1.61
2014	8	15	2	3.64
2015	47	19	9.8	7.73
2016	66	13	14.37	5.71
2017	64	13	13.38	2.8
总计	201	148	41.61	36.32
加总	349		77.93	

表 3-12　厦门母港出发的日韩邮轮航线访问港情况

出发港	停靠港数量	停靠港名称	航线天数
厦门	1	冲绳	5 天 4 晚
	2	宫古岛、冲绳	6 天 5 晚
	2	济州、长崎	6 天 5 晚
	2	鹿儿岛、冲绳	6 天 5 晚
	2	长崎、冲绳	6 天 5 晚
	2	济州、鹿儿岛	6 天 5 晚

5. 青岛邮轮母港

青岛拥有国际性海港和区域性枢纽空港，是计划单列市、副省级城市、山东省经济中心城市、全国首批沿海开放城市，是国务院批准的山东半岛蓝色经济区规划核心区域龙头城市[5]。青岛国际邮轮母港地处青岛市北区，占地 35 万平方米，总建筑面积约 50 万平方米，投资约 50 亿元[6]，可以接待世界最大邮轮。主体工程投资 8 亿元，包括 1 个 15 万吨级邮轮泊位，码头长度为 190 米，陆域纵深为 95 米，水深 13.5 米，设计年通过能力为 60 万人次。客运中心于 2014 年 3 月底开工建设，总投资 7 亿元。配套服务区将有 70 万平方米的配套工程，包括餐吧、酒吧、茶吧和五星级酒店等；码头作业区主要包括码头泊位建设和综合联检大楼，其设计能力是 4000 人次/小时，年游客吞吐量可达 150 万人次[6]。青岛邮轮市场发展如表 3-13 所示。

表 3-13 2008—2017 年青岛邮轮市场发展变化

年份	母港邮轮艘次	访问港邮轮艘次	母港游客量（万人次）	访问港游客量（万人次）
2008	0	4	0	0.34
2009	0	7	0	0.84
2010	0	12	0	1.51
2011	0	21	0	3.12
2012	0	3	0	0.31
2013	0	2	0	0.54
2014	1	1	0.31	0.19
2015	19	0	3.2	0
2016	52	0	8.6	0
2017	59	4	10.57	0.37

6. 深圳太子湾邮轮母港

深圳地处亚太主航道，是全球第三大集装箱港，与香港、澳门同处粤港澳大湾区，30 公里半径范围内拥有两大国际机场，即香港机场和深圳机场，2 小时交通圈覆盖 6420 万人口，地区经济产值超过 6 万亿元，人均 GDP 水平处于全国前列，具有发展邮轮旅游的良好条件。

太子湾邮轮母港是整个太子湾片区综合开发的首个项目。项目用地面积 42614.78 平方米，建筑面积为 136650 平方米，整个建筑由地下一层、架空一层、地上 10 层，共 12 层构成。22 万吨邮轮泊位 1 个，12 万吨邮轮泊位 1 个，2 万吨客货滚装泊位 1 个，客运码头 3 座，国内线高速客轮泊位 4 个，港澳线高速客轮泊位 6 个。后方港区占地 69.764 万平方米，总建筑面积达 170 万平方米。

太子湾邮轮母港将成为华南地区唯一的集"海、陆、空、铁"于一体的现代化国际邮轮母港,将打造成集国际邮轮客运、商务办公、滨海休闲于一体的国际邮轮母港,成为深圳通连香港、走向世界的"海上门户"。邮轮母港还将成为集客运枢纽、历史文化博览、艺术表演、会议展览、酒店服务、商务办公、商务公寓、餐饮娱乐及海上活动等多功能于一体的现代化海滨国际社区。太子湾邮轮母港邮轮情况如表3-14所示。

表3-14 2017年深圳太子湾邮轮母港邮轮情况

邮轮公司	邮轮名称	总吨位(万总吨)	星级	标准载客量(人)	船龄
丽星邮轮	处女星号	7.53	4	1804	18
银海邮轮	银影号	2.82	6	382	17
皇家加勒比游轮	海洋航行者号	13.72	4	3114	18
歌诗达邮轮	大西洋号	8.56	4	2114	17
	幸运号	10.3	4.5	3470	14
天海邮轮	新世纪号	7.24	4.5	1814	22
地中海邮轮	抒情号	6.55	3.5	1984	14

7. 大连港国际邮轮中心

大连在地理位置上处于东北亚经济圈之首,同时又是泛亚铁路东北亚走廊的口岸城市,距离天津216海里(1海里=1.852千米),距离上海563海里,距离韩国仁川280海里。豪华邮轮均能在48小时之内到达这些地区,从大连出发的豪华邮轮在3—5天内也可抵达中国香港、澳门和台湾。大连大港区是大连国际邮轮中心的选址地,其陆域纵深达500—750米,岸线后方地势平坦,陆域总面积0.67平方千米[7]。

目前大港区有4个突堤码头、3个顺岸码头、3个港池,拥有5583米的优良超长临水岸线,其中4个突堤码头是目前世界上最大的突堤码头群。这里建设了东北亚国际邮轮中心,未来的"国际邮轮中心"将以港口历史传承为特色,以"邮轮基地港"为主体,打造城市旅游文化区、多功能高品质的国际邮轮中心、多产业同步发展的生态型航运总部经济区。2020年后逐渐发展壮大为邮轮母港。

2013年共接待国际豪华邮轮9艘次,接待各国游客3.03万人次。2015年共接待国际豪华邮轮20艘次,接待各国游客2.29万人次。2016年大连港始发邮轮27航次,实现出入境游客通关6万多人次。2017年大连港共接待国际邮轮 31 航次,同比增长 14.8%;接待进出港旅客 6.9 万人次,同比增长 6.6%。大连港 2018 年邮轮季于 4 月 1 日正式开启,10 万吨级大邮轮首次实现始发运营。大连邮轮市场发展现状如表 3-15 所示。

表 3-15　2008—2017 年大连邮轮市场发展现状

年份	母港邮轮艘次	访问港邮轮艘次	母港游客量（万人次）	访问港游客量（万人次）
2008	0	8	0	1.64
2009	0	15	0	2.79
2010	0	11	0	1.97
2011	0	17	0	4.66
2012	0	9	0	2.12
2013	0	9	0	3.03
2014	0	6	0	0.67
2015	10	7	1.36	0.93
2016	27	0	6.48	0
2017	28	3	6.56	0.3463

8. 舟山国际邮轮港

舟山群岛新区处于我国南北海运大通道和长江黄金水道交汇地带,是江海联运的重要枢纽,是我国伸入环太平洋经济圈的前沿地区,也是我国扩大开放、通联世界的门户[9]。建港条件十分优越,适宜开发建港的深水岸线总长 280 公里。舟山群岛国际邮轮港地处亚太邮轮黄金区域的前沿,岸线深,离国际航道近,港口离引航地仅 9 海里(1 海里＝1.852 千米),背靠富庶的长三角地区,拥有庞大的潜在客户群,在邮轮港半径 15 公里内,集中了普陀山、朱家尖、沈家门渔港和桃花岛等国内外知名旅游景区。舟山群岛国际邮轮港在 300—500 海里的半径范围内覆盖了多个港口城市,24 小时内均可抵达。

项目总投资约 6.3 亿元,分两期实施。一期投资约 4.5 亿元,建设内容包括围海 15.67 万平方米(先行围填 4 万平方米海域),建设 10 万吨级(兼靠 15 万吨级)邮轮码头(含引桥)一座,建设隔堤、口岸联检和办公场所,建设福利门航道等四项工程。目前已建成的 10 万吨级(兼靠 15 万吨级)码头,全长 356 米,宽 32 米,引桥长 188 米,设计年客运量约

50万人次。还有用于游客候船及出入境查验的综合联检大厅，占地6200平方米，设有10个双向出入境查验通道。

《浙江舟山群岛新区发展规划》提出将舟山建成浙江海洋经济发展的先导区、长江三角洲地区经济发展的重要增长极、海洋综合开发试验区。舟山国际邮轮港因净空限高政策问题，45米以上邮轮自2016年6月以后再未靠泊，按照逐步解决原则，目前已提升到60米。该问题有望得到有效解决，可实现常态化运营。舟山邮轮市场发展现状如表3-16所示。

表3-16 2008—2017年舟山邮轮市场发展现状

年份	母港邮轮艘次	访问港邮轮艘次	母港游客量（万人次）	访问港游客量（万人次）
2008	0	0	0	0
2009	0	0	0	0
2010	0	0	0	0
2011	4	0	0.49	0
2012	0	0	0	0
2013	0	0	0	0
2014	0	1	0	0.24
2015	12	0	2	0
2016	12	1	1.73	0.04
2017	12	3	2.43	0.63

9. 海口南海明珠国际邮轮港

海口拥有长达131公里的海岸线，海域面积830平方千米，处在泛珠三角经济圈和中国—东盟自由贸易区两大经济区域之间。海口是"中国优秀旅游城市""全国旅游标准化示范城市""中国魅力城市200强"。海口是南海海上交通的咽喉，海上交通十分发达，它还是海南省海运的集散中心，拥有"一横""六纵"的对外交通公路体系。海口南海明珠国际邮轮港建设工程岸线长800米，设置25万吨级邮轮泊位1个，15万吨级邮轮泊位1个，总投入资金约9亿元，工程建设周期约为两年，可满足现今全球最大邮轮的停靠需求，并具备逾100万人次的年接待能力。

海口市规划建成"东南亚区域性邮轮中心"、海上丝绸之路重要节点、国际旅游岛对外门户、国际一流的休闲旅游目的地。海口湾南海明珠规划区将被打造成为"国际邮轮母港"和"世界级的特色旅游度假胜地",拟建设邮轮母港、超星级酒店、免税商业区、国际娱乐城、滨海嘉年华、游艇码头及游艇俱乐部、水上运动、休闲养生度假中心等海洋旅游休闲度假项目。

2014年接待邮轮20艘次,接待游客3.86万人次。2015年接待邮轮26艘次,接待游客3.62万人次。2016年接待邮轮41艘次,其中母港39艘次,访问港2艘次,接待游客6.45万人次。2017年接待邮轮33艘次,接待游客量2.57万人次,较上年大幅下降。海口邮轮市场发展变化如表3-17所示。

表3-17 2008—2017年海口邮轮市场发展变化

年份	母港邮轮艘次	访问港邮轮艘次	母港游客量（万人次）	访问游客量（万人次）
2008	0	0	0	0
2009	0	0	0	0
2010	0	0	0	0
2011	0	1	0	0.1
2012	0	2	0	0
2013	0	0	0	0
2014	20	0	3.86	0
2015	26	0	3.62	0
2016	39	2	6.18	0.27
2017	32	1	2.52	0.05

10. 三亚凤凰岛国际邮轮港

三亚位于海南岛的最南端,地处南海地理区域的"准中心"位置,毗邻南海国际航运主航道,其具备与南海周边国家及整个东南亚地区开展海上交通运输、海上互联互通、海洋旅游和海洋生态保护合作的先天优势。三亚是中国东南沿海对外开放黄金海岸线上最南端的对外贸易重要口岸。从三亚出发1小时内即可进入国际主航道,北向航线可至中国香港、中国台湾和日本,南向航线可达南海、东南亚及印度洋,是环球邮轮航线中东南亚的重要中转站和补给点。三亚也是我国走向深海、开发大洋资源的桥头堡。三亚市海岸线长259千米,管辖海域面积约3500平方千米,浅海（深度小于10米）约191平方千米。由于三亚市位于海南岛最南端，故其具备建设南海资源开发保障基地的得天独厚的条件。

三亚凤凰岛二期将新建4个码头，包括10万吨级码头1个、15万吨级码头2个、22.5万吨级码头1个，并配套建设一座多功能的大型海港城，项目总投资约180亿元。目前，凤凰岛二期工程已建成两个15万吨级的邮轮泊位，两个22.5万吨级的邮轮泊位也正在建设中。二期工程竣工后，可同时停靠7艘世界级豪华邮轮，年接待能力达到200万人次以上，日均接待邮轮游客超过5000人。三亚邮轮市场发展现状如表3-18所示。

表3-18 2008—2017年三亚邮轮市场发展现状

年份	母港邮轮艘次	访问港邮艘次	母港游客量（万人次）	访问港游客量（万人次）
2008	0	66	0	16.9
2009	0	17	0	3.77
2010	0	15	0	3.93
2011	25	20	1.96	4.93
2012	64	22	6.19	5.54
2013	104	9	10.64	2.88
2014	36	35	6.03	9.56
2015	0	30	0	10.33
2016	0	25	0	9.64
2017	2	10	0.1521	3.85

（二）母港航线及岸上旅游

目前中国市场主要母港航线为日韩航线。国内的邮轮旅游产品在开发的过程中，更侧重于对于邮轮航线的开发，而轻视对于邮轮停靠的港口城市岸上旅游产品的开发。国内主要的邮轮旅游产品是以连接中、日、韩三国的东北亚邮轮航线为主，辅以中国港澳台地区及东南亚邮轮航线。在邮轮停靠港的选择上，由于很多客观因素的影响不如欧美航线选择多，因而同样类型的邮轮航线在这方面有着较高的重复率，岸上旅游产品也不具备多样性。

在国内,邮轮母港城市主要有上海、天津、广州、深圳、香港、厦门等。其中,上海全年都有邮轮靠港,也是目的地选择最丰富的城市,航线目的地主要为日本九州。相比之下,广州、深圳、香港出发的邮轮航次少一些,目的地多为日本冲绳和东南亚地区。天津出发的邮轮目的地也集中在日本九州地区(表3-19)。

表3-19 我国始发港的邮轮航线

始发港	停靠港
上海	福冈、长崎、鹿儿岛、大阪、横滨(东京)、八代(熊本)、那霸(冲绳)、高知、广岛、油津(宫崎)、神户、名古屋、佐世保、下关、拉瓦格、马尼拉、别府、北九州、细岛
天津	福冈、长崎、下关、八代(熊本)、佐世保、鹿儿岛、境港、舞鹤
广州、深圳、香港	那霸(冲绳)、宫古岛、八重山群岛、大阪、神户、高知、下龙湾、胡志明、岘港、顺化、芽庄、马尼拉、拉瓦格、长滩岛、基隆(台北)
厦门	佐世保、那霸(冲绳)、宫古岛、八重山群岛、鹿儿岛、马尼拉

1. 日本

目前从国内母港出发往日本方向的航线,其中大部分港口都集中在日本本岛南端的九州地区,如福冈、鹿儿岛、长崎、下关、佐世保。上海、天津开设的航线大多前往福冈和长崎。日本另一个热门邮轮停靠港为冲绳,上海、广州、深圳都开设了前往冲绳的邮轮,八重山诸岛、宫古岛也属于冲绳地区。另外,虽然国内出发的日本航线也覆盖了大阪、横滨、东京等地方,但航次较少。随着国内邮轮市场的逐渐扩大,邮轮游客对于邮轮航线的需求增加,邮轮公司在日本的岸上旅游目的地也日渐丰富。比如,歌诗达大西洋号有从天津出发的釜山—小樽—函馆—福冈的10晚11天的日韩航线,皇家加勒比海洋神话号从天津出发的佐世保—宫崎—别府—釜山7晚8天航线,皇家加勒比海洋水手号从上海出发的札幌—东京—名古屋—大阪—宫崎10晚11日赏樱路线,丽星邮轮天秤星号从厦门出发到宫古岛、冲绳的5晚6日游等。此外,邮轮公司也尝试在小樽、札幌、函馆(北海道,札幌外港)、宫崎、别府、东京、名古屋、大阪、广岛、神户、横滨、熊本等地开发岸上旅游产品。

日本主要的邮轮停靠港及岸上旅游产品如下:

（1）福冈

福冈县是九州岛上最大的县，因在地理上靠近朝鲜半岛和亚洲大陆，自古以来就是"亚洲的大门"，致力于与亚洲各国的交流。福冈县在日本历史上占有重要地位，现代化的福冈亦是个自然风景优美、工业发达的大都会，还有着各种美食，因此有"食在福冈"的美名。

随着邮轮旅游市场的竞争日趋激烈，避免同质化、寻求差异化的策略得到越来越多的邮轮公司和旅行社的认同。福冈的邮轮岸上旅游产品近几年也不断丰富完善，形成多样化的产品线路（表3-20、表3-21）。

表3-20　2015年福冈邮轮岸上旅游产品

类型	地点	产品内容
纯购物游	DRUG ON药妆店—博多运河城	购物（药妆、电器、钟表、时尚杂货等）
岸上观光亲子游	海洋世界海之中道水族馆—福冈塔—博多运河城	海洋世界海之中道水族馆、福冈塔观光、购物
民俗风光游	药妆店—太宰府天满宫—博多运河城	购物、参观太宰府天满宫
温泉美食游	久山温泉—太宰府天满宫—博多运河城/久山温泉—枥田神社—博多运河城	久山温泉（体验正宗日式温泉文化）、枥田神社

数据来源：根据网络信息整理

表3-21　2018年福冈邮轮岸上旅游产品

岸上游类型	邮轮	时长	线路
福冈品质游	诺唯真	约7小时	太宰府天满宫—药妆店—大濠公园—博多运河城
漫步时光	诺唯真	约7小时	九州国立博物馆—药妆店—枥田神社—博多运河城
福冈精品游	诺唯真	约6.5小时	福冈塔—福冈城迹—大濠公园—太宰府天满宫
福冈自助游	诺唯真	约6小时	博多运河城
自然风情之旅	皇家加勒比	约7小时	英彦山
温泉人文之旅	皇家加勒比	约7小时	九山温泉—枥田神社—博多运河城

续表

岸上游类型	邮轮	时长	线路
休闲假日之旅	皇家加勒比	约7小时	海中道公园—博多运河城—寿司体验
拥抱自然之旅	皇家加勒比	约7小时	油山牧场
自然人文之旅	皇家加勒比	约4小时	雷山千如寺—枦田神社—天神三越免税店
历史文化风情之旅	皇家加勒比	约5小时	雷山千如寺—枦田神社—博多运河城
神社和福冈塔之旅	公主	约3小时	太宰府天满宫—福冈塔
小仓城堡、日本园林游	公主	约7.5小时	小仓城堡—日本园林
啤酒畅饮游	天海新世纪号	约8小时	太宰府天满宫—朝日啤酒厂—药妆店—博多运河城
温泉体验游	天海新世纪号	约5.5小时	福冈温泉—太宰府天满宫—药妆店—博多运河城
海洋世界海之中道游	天海新世纪号	约6.5小时	海洋世界海之中道—药妆店—博多运河城
艺伎表演观赏游	天海新世纪号	约6.5小时	太宰府天满宫—艺伎表演—药妆店—博多运河城
闲逸购物游	天海新世纪号	约5小时	福冈奥特莱斯购物店—药妆店—博多运河城

数据来源：根据网络信息整理

（2）长崎

长崎是日本九州岛西岸著名的港口城市，是一个交通枢纽城市。长崎市以长崎港为中心，与众多国家建立了交流往来，因而形成了独特的节日文化、饮食文化和传统。长崎以其美不胜收的自然风光和著名的山地温泉，吸引了大量海内外的游客。长崎邮轮岸上旅游产品如表3-22所示。

表3-22　2018年长崎邮轮岸上旅游产品

岸上游类型	邮轮	时长	线路
多彩长崎游	诺唯真	约6小时	哥拉巴园—长崎中华街—大村公园—免税店
长崎品质游	诺唯真	约6小时	和平公园—出岛博物馆—长崎中华街—荷兰村—免税店

续表

岸上游类型	邮轮	时长	线路
长崎精品游	诺唯真	约5小时	和平公园—原爆资料馆—眼镜桥—荷兰村—免税店
舒心温泉之旅	皇家加勒比	约4小时	云仙地狱谷或嬉野温泉
童趣美景之旅	皇家加勒比	约4小时	稻佐山—企鹅馆
文艺浪漫之旅	皇家加勒比	约7小时	稻佐山—哥拉巴园—诹访神社—滨町商业街
长崎历史之旅	皇家加勒比	约7小时	岛原城—岛原武士之家—鲤鱼街
中西合璧之旅	皇家加勒比	约4小时	孙中山纪念馆—荷兰坂—长崎中华街
长崎浪漫之旅	皇家加勒比	约5小时	哥拉巴园—滨町商业街—长崎美食
神秘异域之旅	皇家加勒比	约7小时	伊王岛灯塔—圣米卡爱露天主教堂—诹访神社
和平公园及原爆博物馆	公主	约3小时	和平公园—原爆资料馆—独腿鸟居门（山王神社）—浦上天主教堂
岛原城堡和武士村游	公主	约7.5小时	岛原半岛城堡小镇—武士村
豪斯登堡一日游	天海新世纪号	约8小时	豪斯登堡主题乐园
长崎市内一日游	天海新世纪号	约5.5小时	和平公园—女神大桥—免税店—滨町商业街
云仙岛原自然风光一日游	天海新世纪号	约6.5小时	云仙地狱谷—鸟原灾难纪念馆—和平公园—免税店
云仙温泉体验游	天海新世纪号	约6.5小时	云仙地狱谷—云仙温泉—和平公园—免税店
城市风光一日游	天海新世纪号	约5小时	哥拉巴园—和平公园—长崎中华街—免税店
休闲购物游	天海新世纪号	约6小时	长崎中华街—滨町商业街—免税店

数据来源：根据网络信息整理

(3) 冲绳

冲绳是一个兼具日本文化、琉球文化与美国文化的地方，这里拥有迷人的海岛风光，人称"日本夏威夷"。那霸是冲绳的首府，邮轮停靠的那霸港距离市区不远，约20分钟车程。冲绳的邮轮岸上旅游产品如表3-23。

表3-23 冲绳的邮轮岸上旅游产品

岸上游类型	邮轮	时长	线路
亲子互动温馨之旅	皇家加勒比	约7小时	琉染体验—金枪鱼解体秀—濑长岛—国际通
海洋深度游	诺唯真	约7.5小时	海洋博物园—古宇利岛—古宇利大桥
新奇观光之旅	诺唯真	约6小时	琉璃船底观光—琉球村—万座毛
琉球文化之旅	皇家加勒比	约6小时	琉球村—波之上神宫—牧志公设市场
古今文化冲击之旅	皇家加勒比	约6小时	琉球村—牧志公设市场—北谷美国村
冲绳文化之旅	皇家加勒比	约5.5小时	首里城—国际通—北谷美国村
冲绳自然风光之旅	皇家加勒比	约6小时	万座毛—福州园—国际通

数据来源：根据网络信息整理。

2. 韩国

（1）济州

济州岛位于朝鲜半岛南部海岸，是韩国最大的岛屿，被称为韩国的"夏威夷"，是韩国最受青睐的蜜月胜地。济州岛有着田园般的美丽风光，还有古耽罗王国特别的民俗文化，是世界新七大奇观之一。济州的邮轮岸上旅游产品如表3-24所示。

表3-24 济州的邮轮岸上旅游产品

类型	地点	产品内容
购物游	宝健路+乐天/新罗免税店	莲洞步行街、新罗免税店、乐天免税店购物
特色博物馆之旅	济州冰灯博物馆+3D 博物馆+乐天免税店（+龙头岩）	冰灯博物馆、3D 艺术绘画主题博物馆参观、龙头岩观光、购物
民俗体验游	济州民俗自然史博物馆+乐天/新罗免税店（+龙头岩）	参观济州民俗自然史博物馆（传统民俗遗物、自然史迹等珍贵物品和资料展示）、购物

续表

类型	地点	产品内容
亲子游	泰迪熊博物馆+乐天免税店	实感交互式体验展示主题乐园
踏青摄影	城山日出峰赏油菜花+乐天免税店	世界自然遗产城山日出峰观光
美食游	乐天免税店+晚餐（韩式烤肉/人参鸡汤）	购物+韩式料理的产品组合

（2）其他目的地

仁川位于韩国西北部，是韩国第二大港口城市，距离首尔 28 公里（约 1 小时车程）。首尔是韩国首都、朝鲜半岛最大城市、亚洲主要金融城市之一，也是整个韩国政治、经济、科技、文化的中心。仁川的邮轮岸上旅游产品如表 3-25 所示。

表 3-25 仁川的邮轮岸上旅游产品

类型	地点	产品内容
购物游	青瓦台（外观）+景福宫+乐天免税店+明洞	外观青瓦台和景福宫、购物
民俗观光购物游	南山谷韩屋村+南山公园+乐天免税店+东大门市场	韩屋村参观传统韩式老屋、了解韩式文化习俗、购物
小清新特色游	南山公园+梨大时尚购物街+梨花壁画村+乐天免税店	南山公园观光（首尔塔）、梨花村观光留影、购物
韩式汗蒸体验游	南山谷韩屋村+韩式汗蒸+乐天免税店	参观韩屋了解韩式文化习俗、体验韩式汗蒸
亲子游	乐天世界+乐天世界水族馆+乐天免税店	室内外娱乐主题公园

釜山是韩国第一大港口和第二大城市，也是韩国热门邮轮停靠港。釜山所处的地理位置优越，不仅是天然的良港，在海岸线上也有着美丽的沙滩和海滨风景。城市的周围环抱着连绵的群山，城市中的温泉星罗棋布。釜山的邮轮岸上旅游产品有太宗台、海云台海水浴场、APEC 世峰楼、南浦洞、札嘎其市场和乐天免税店等。

3. 中国台湾及其他地区

主营去往中国台湾的邮轮有海航邮轮海娜号，而随着其 2015 年达到强制报废年限结束对外运营后，去往中国台湾的邮轮旅游产品进一步减少，只有少数不定期航线。从厦门始发的邮轮航线的主要产品特色是"环海峡"。去往中国台湾的邮轮航线主要停靠点有台中、基隆、高雄。

我国的广州、深圳、香港均有前往越南的邮轮，主要目的地为岘港、顺化、胡志明、芽庄、下龙湾等。下龙湾被越南人称为"世界第八大奇观"，更有"海上桂林"的美称。下龙湾的岸上旅游产品如表 3-26 所示。

表 3-26 下龙湾的岸上旅游产品

类型	内容	行程时间	费用	人数
海上游	下龙湾海上风景区、下龙湾夜市	约 5.5 小时	¥410/成人、¥350/儿童	35—600 人
海上洞穴游	下龙湾海上风景区天宫洞、下龙湾夜市	约 7 小时	¥490/成人、¥420/儿童	35—400 人
文化表演+海上游	鸿基市、广宁博物馆、文化音乐表演、下龙湾海上风景区	约 8 小时	¥490/成人、¥420/儿童	35—300 人
岸上活动+文化表演	鸿基市、文化音乐表演、广宁博物馆	约 7 小时	¥290/成人、¥240/儿童	35—300 人
水上飞机体验之旅	团洲岛、水上飞机体验、下龙湾夜市	约 3 小时	¥2200/人	6—11 人

除下龙湾外，其他旅游目的地多集中在越南中南部。很多人都说"越南越美"，这些越南南部的小城混合了东南亚特色与法国风情，别有特色。越南岘港是越南的第三大城市，是可媲美印度尼西亚巴厘岛的度假胜地。岘港的岸上旅游产品如表 3-27 所示。

表 3-27 岘港航线的部分岸上旅游产品

类型	内容	行程时间	费用	人数
岘港市内游	岘港市、岘港博物馆、山水海滩、灵应寺、乐天大型超市	约 6.5 小时	¥299/成人、¥239/儿童	35—600 人
特选顺化市内游	顺化京城（外观）、特产店	约 6.5 小时	¥399/成人、¥339/儿童	35—200 人

续表

类型	内容	行程时间	费用	人数
会安古城之旅	会安古城、特产店	约6.5小时	¥399/成人、¥339/儿童	35—200人
岘港市及占婆文化之旅	灵应寺、占婆雕刻博物馆、山水海滩、乐天广场	约6.5小时	¥430/成人、¥450/儿童	35—400人
会安古城及文化音乐表演之旅	占婆文化音乐表演、会安古城	约6.5小时	¥500/成人、¥400/儿童	35—200人
大理石山及会安市之旅	会安古城、大理石山（五行山）、会安古城、乐天广场	约7小时	¥500/成人、¥400/儿童	35—200人
会安单车之旅	会安市茶桂村、单车体验、会安古城	约7小时	¥710/成人	35—80人
岘港市及占婆文化之旅	灵应寺、占婆雕刻博物馆、山水海滩、乐天广场	约6.5小时	¥430/成人、¥450/儿童	35—400人

（三）邮轮岸上产品的完善

我国国内的邮轮岸上旅游产品一般都是由包船旅行社同目的地国家的旅行社联系，双方协商制定岸上观光游览行程，计算成本，统一加入邮轮的报价当中。这种形式就相当于将一个全包价的旅游产品售卖给游客。虽然旅行社一般都会设计多套岸上旅游观光行程给游客选择，但游客还是相对被动地选择岸上游览，而不是像西方邮轮游客一样可以按照自己的意愿在船上选择自己喜欢的岸上观光行程，完全不用担心旅行社在行程中安排大量购物点等问题。在这样的现状之下，对于岸上邮轮产品的改进其实是有一定的限制性。

目前，国内外邮轮岸上旅游产品可分为20类，表3-28根据现状罗列了各地区主要岸上旅游产品的类型。通过表格可以直观地看到，国外的邮轮市场相对成熟，邮轮岸上旅游产品的类型也更加丰富。通过后文中的整体比较，不难发现，国外的邮轮航线以中长航线为主，而国内的邮轮航线以中短航线为主。对于更长的航线，停靠的岸上目的地也更多，岸上旅游产品也会出现更大的差异,形成更多的类别。

此外,国内外的邮轮岸上旅游产品,都以休闲观光、城市观光为主要类型。然而,虽然同样是以休闲观光、城市观光为主要类型,国外的邮轮岸上旅游产品仍有很大一部分是包含休闲观光、城市旅游这一类型在内的复合型旅游产品,国内则多为单一型的城市观光类旅游产品。目前,国内缺少沙滩水上活动的岸上旅游产品类型,自然探险、野生动植物探索类活动也颇为罕见。

表 3-28　国内外邮轮岸上旅游产品主要类型

地区			主要岸上旅游产品类型
国外邮轮	欧洲	地中海地区	1、2、5、6、13
		北欧和波罗的海地区	1、5、6、13
	美洲	阿拉斯加地区	1、5、7、8、13、19
		加勒比海地区	1、2、3、9、10
	亚太		1、2、5、6、13
	极地	南极地区	1、4、7、8、11、14、15
		北极地区	1、4、7、8、11、14、15
国内邮轮	日韩航线		1、5、6、13
	中国台湾及其他地区航线		1、6

1. 休闲观光/城市旅游	13. 休闲观光/城市旅游、演出与娱乐、美食之旅
2. 休闲观光/城市旅游、沙滩与水上活动	
3. 沙滩与水上活动	14. 休闲观光/城市旅游、探险之旅、野生动植物探索
4. 休闲观光/城市旅游、野生动植物探索	
5. 休闲观光/城市旅游、演出与娱乐	15. 野生动植物探索
6. 休闲观光/城市旅游、美食之旅	16. 沙滩/水上活动、野生动植物探索
7. 探险之旅	17. 休闲观光/城市旅游、沙滩与水上活动、野生动植物探索
8. 休闲观光/城市旅游、探险之旅	
9. 沙滩/水上活动(浮潜与潜水)、探险之旅	18. 休闲观光/城市旅游、沙滩与水上活动、探险之旅
10. 沙滩/水上活动、探险之旅	
11. 探险之旅、野生动植物探索	19. 飞行观光
12. 沙滩/水上活动、探险之旅、野生动植物探索	20. 高尔夫

根据分析比较，国内邮轮航线主要是日韩航线，而各大邮轮公司的不同航次在日韩的访问地点差别不大，岸上观光地点也多有重复。另外，受限制于岸上活动时间与港口周边交通路程等问题，在开发旅游产品时，景点选择上也有很大的局限性，造成了产品的单一性。通常情况下，岸上的活动时间大概为6—8小时，除去购物、交通和下船、登船的时间，分摊到景点参观和其他岸上活动的时间被进一步压缩。因此，邮轮岸上游经常因行程紧凑被诟病，而且目前岸上产品多以观光、参观的形式参与静态旅游产品，缺少具有更多参与性、体验性、互动性的旅游产品。

1. 增加岸上观光目的地

由于各邮轮公司航线的重复、单一的产品模式，以及在产品中的大量购物点，使得邮轮游客认为岸上旅游产品单一无趣。100%的中国游客希望到达目的地后能下船上岸感受他国风情，显然目前的岸上旅游产品是无法让他们满意的。而且，许多邮轮游客普遍认为邮轮旅游航行时间过短。对于这样的情况，还是建议在设计航线时增加岸上观光目的地。在不改变航线长度、不改变目前一些单调的旅游产品性质的情况下，也可以增加访问港、增加岸上观光目的地，实现"以量取胜"。

2. 增加复合型、综合型旅游产品

在前文的分析中已经提到过，目前我国国内的邮轮岸上旅游产品以静态观光为主，呈现单一化，而国外邮轮岸上旅游产品更多的是多种产品性质相结合的复合型、综合型旅游产品。虽然国内岸上旅游产品也有类似休闲观光/城市旅游+美食之旅这样的模式，比如在韩国济州岛带美食游的岸上旅游产品，其实质为乐天免税店购物加一顿韩式晚餐，这样所谓的美食游和纯购物游无甚区别。

3. 增加产品参与性

许多所谓的民俗体验之旅，实则与走马观花似的参观无异，没有亲身参与，并在参与的过程中有所体会，又怎么能称得上是一次真正的体验之旅呢？邮轮岸上旅游产品的开发应当注意增加游客与产品之间的互动性，为旅游者提供参与的空间。以日本著名的葡萄酒酿造中心山梨县为例，在这里游客可以有当一回果农的体验。在交纳2000日元后，便可领取相应劳动工具，在园内采摘三大箱葡萄后，游客可以凭此换取一瓶葡萄酒。这种活动的性质与国内的农家乐类似，然而比单纯带领旅游者参观葡萄酒酿

4. 打造特色产品

邮轮公司在设计邮轮和邮轮上的旅游活动时，都会讲求特色，以其特色产品吸引不同客户群。邮轮岸上旅游产品也是同样的。除了蜜月产品、亲子产品、商务产品等特色产品外，近年来出现了文化创意产品的概念。例如，英国斯坦纳邮轮公司将英国本土文化的象征——《哈利·波特》融入了邮轮产品之中，形成了既新颖又充满本土气息的文化创意项目，吸引了不少慕名而来的游客。现有邮轮公司在日本航线上推出了春季赏樱路线，这其实也是文化创意产品的一类。对于这种类型的旅游产品，可以进一步增加体验项目，既具有地方特色，对于旅游者而言又是一项更好的旅游体验、文化体验。

5. 强调岸上旅游产品与邮轮本身的互补性

邮轮旅游产品是由邮轮本身及多个港口城市的岸上旅游产品构成的，港口城市岸上旅游产品应该与邮轮本身和其他港口提供的旅游产品形成互补。目前，国内邮轮岸上旅游产品具有重复性，强调互补性可以使一趟旅程的体验更为完整和丰富，使得邮轮产品更加有趣和完整。

三、疫情前后中国邮轮航线运营变化及对比

（一）疫情前后中国邮轮航线运营变化

2020年新型冠状病毒肺炎疫情暴发之前，我国邮轮旅游主要以日本、韩国为目的地。邮轮航线多以连接中、日、韩三国的东北亚邮轮航线为主，辅以中国港澳台地区及东南亚邮轮航线。在邮轮停靠港的选择上，由于很多客观因素的影响，也不如欧美航线选择多，因而邮轮航线之间有着较高的重复率，岸上旅游产品也不具备多样性。在国内，邮轮母港城市主要有上海、天津、广州、深圳、香港、厦门等。上海全年都有邮轮靠港，目的地选择最丰富，以日本九州为主。广州、深圳、香港出发的邮轮目的地多为日本冲绳和东南亚地区。天津出发的邮轮目的地也以日本九州为主。总体来看，新冠肺炎疫情暴发之前我国邮轮航线从数量上来看是较

多的（表 3-29）。

表 3-29 新冠肺炎疫情前我国主要港口邮轮航线

始发港	停靠港
上海出发	福冈、长崎、鹿儿岛、大阪、横滨（东京）、八代（熊本）、那霸（冲绳）、高知、广岛、油津（宫崎）、神户、名古屋、佐世保、下关、拉瓦格、马尼拉、别府、北九州、细岛
天津出发	福冈、长崎、下关、八代（熊本）、佐世保、鹿儿岛、境港、舞鹤
广州、深圳、香港出发	那霸（冲绳）、宫古岛、八重山群岛、大阪、神户、高知、下龙湾、胡志明、岘港、顺化、芽庄、马尼拉、拉瓦格、长滩岛、基隆（台北）
厦门出发	佐世保、那霸（冲绳）、宫古岛、八重山群岛、鹿儿岛、马尼拉

2020 年新冠肺炎疫情暴发之后，由于疫情暴发、持续时间和影响范围的不确定性，以及公主邮轮红宝石公主号、荷美邮轮赞丹号、银海邮轮探险号、歌诗达邮轮维多利亚号等多艘邮轮均出现了确诊病例，国际邮轮协会在 2020 年 3 月 13 日发布公告宣称，自愿暂停运营以美国为停靠港的邮轮。2020 年 3 月 14 日，迪士尼邮轮公司也宣布暂停所有航班运营。众多邮轮响应国际邮轮组织的号召，自愿暂停邮轮航运服务。由于我国几乎全部的出境邮轮航线都是由外资邮轮公司运营，外资邮轮航线的停航导致我国出境邮轮航线也按下了暂停键。

截止到目前，我国尚未有目的地为境外的邮轮航线复航。在新冠肺炎疫情暴发之后，我国内河邮轮在此次疫情中探索出属于自己的路。疫情形势下我国内河邮轮旅游主要集中在长江和漓江水域。漓江以小游船居多，长江邮轮占据我国内河邮轮的主体，三峡黄金邮轮、世纪邮轮、美国维多利亚邮轮等常驻长江三峡邮轮市场。在疫情背景下，我国仍在运营状态下的内河邮轮航线如表 3-30 所示。

表 3-30 新冠肺炎疫情背景下在运营内河邮轮旅游航线

邮轮公司	目前运营邮轮数量	目前运营航线	定位	性质
黄金邮轮	6 艘	重庆⇌宜昌	大众	国资 重庆旅游投资集团有限公司

续表

邮轮公司	目前运营邮轮数量	目前运营航线	定位	性质
世纪邮轮	5艘	重庆⇌万州 重庆⇌宜昌 重庆⇌武汉 重庆⇌上海	中高端	私营 重庆冠达世纪邮轮有限公司
美国维多利亚邮轮	4艘	重庆⇌宜昌 重庆⇌武汉 重庆⇌上海	中高端	私营 重庆江东实业有限公司
总统邮轮	4艘	重庆⇌宜昌 重庆⇌武汉 重庆⇌上海	中高端	私营 武汉扬子江游船有限公司
长海邮轮	2艘	重庆⇌宜昌	大众	私营 长江海外邮轮旅游有限公司
重庆大美邮轮	2艘	重庆⇌宜昌	大众	私营 重庆大美长江三峡邮轮股份有限公司
皇家英国A&K	1艘	重庆⇌宜昌 重庆⇌九江 重庆⇌南京	奢华	私营 湖北东方皇家旅游船公司

数据来源：携程网

从上表相关信息中可以看到，所列举出的7家长江主要内河邮轮公司中定位为大众级别的有3家，定位为中高端级别的有3家，定位为奢华级别的有1家。首先，3家定位为大众级别的长江内河邮轮公司分别是黄金邮轮、长海邮轮和重庆大美邮轮。它们最大的共同点是只运营从重庆往返宜昌的这条经典线路。其中，黄金邮轮目前在运营的邮轮数量为6艘，长海邮轮和重庆大美邮轮只有2艘。这三家邮轮公司的重庆往返宜昌邮轮游均价在2000元左右，较为大众。其次，定位为中高端的邮轮公司有3家，它们分别是世纪邮轮、美国维多利亚邮轮和总统邮轮。相较于第一种大众级别的长江内河邮轮公司，这三家邮轮公司最大的特点就是增加了许多航线，如世纪邮轮增加了重庆往返万州、重庆往返武汉、重庆往返上海的航线；美国维多利亚邮轮和总统邮轮都增加了重庆往返武汉和重庆往返上海的航线。作为 7 家长江内河邮轮公司中唯一的一家奢华级别的邮轮公司——皇家英国 A&K，无论是其服务品质还是其价位都远远超过了上述其他邮轮公司。这家邮轮公司自诞生之初就只运营高端长江内河邮轮。比尔·盖茨、巴菲特、基辛格、洛克菲勒家族成员和美国众多议员均乘坐过皇家英国 A&K 旗下的邮轮。尽管该公司目前仅有一艘邮轮——长江探索号正在运营，但其运营的航线并不单一。通过对目前我国内河邮轮主要航线进行分析可知，现有航线基本上能够满足不同层次游客的消费需求，且呈现出较好的发展态势。可见新冠肺炎疫情背景下我国内河邮轮旅游市场在积极探索新的发展路径，有利于推动我国邮轮旅游市场更全面地发展。

（二）疫情给中国邮轮航线运营带来的冲击与挑战

邮轮旅游是旅游行业的重要组成部分，就国际邮轮产业历经 50 年的成长而言，现今已经为旅游业创造了突出的经济效益，成为旅游业中增长速度最为迅猛的行业之一。邮轮业历经半个世纪左右的快速成长，已然成为国际旅游业中增长最快的利基市场之一，被称为"黄金水道上的黄金产业"[9]。突如其来的新冠肺炎疫情使得邮轮旅游危机演变成史诗级危机，一些邮轮公司甚至濒临破产[10]。2020 年 4 月 14 日，国际货币基金组织发布的《世界经济展望报告》宣称 2020 年全球经济将萎缩至少 3%。邮轮公司受到了疫情的巨大影响，邮轮公司每取消一次航线，损失金额就高达 300—400 万元。嘉年华邮轮集团 2020 年第一季度净收入约为 1.5 亿美元，与前一年同期相比减少 55.62%，净支出约为 9.32 亿元，比前一年净支出增加了 465 倍；皇家加勒比游轮集团 2020 年第一季度总收入为 20.33 亿元，同比下降了 16.7%，净亏损高达 14 亿元，每股亏损为 7.83 美元；诺唯真邮轮集团在 2020 年第一季度的总收入为 1690 万美元，净亏损为 7.152 亿美元，每股亏损为 2.99 美元；云顶邮轮集团 2020 年上半年净亏损为 6 亿美元，金融负债为 33.7 亿美元，面临破产重组的风险。瑞典比尔卡（Birka）、西班牙伯曼（Pullmantur）、英国 CMV（Cruise & Maritime Voyages）等公司纷纷申请破产。可见，此次疫情为邮轮航线的运营带来了一个巨大的挑战。中国的邮轮旅游业原本在全球邮轮旅游业的发展浪潮中应运而生、迅速发展，而在2020年春节前后暴发的新冠肺炎疫情对世界经济、产业及贸易都产生了巨大的影响，并且已经通过全球产业链传导到邮轮产业，造成了全球邮轮产业的停滞。就中国邮轮航线运营而言，2020年的新冠肺炎疫情也给其带来了前所未有的打击。

1. 中国邮轮航线运营进入停滞期

邮轮旅游业作为旅游行业的重要组成部分，相较于传统旅游行业更加脆弱。由于邮轮旅游是在一个人员集中且密闭的环境中进行，所以对于健康及安全的要求会远高于传统旅游行业。新冠肺炎具有高度的传染性，使得邮轮旅游具有较大风险。为了支持疫情防控工作的开展，保障游客和船员的健康安全，全球各大邮轮公司纷纷暂停了邮轮航线的运营，这意味着中国邮轮旅游业也将进入一个漫长的停滞期。在邮轮航线运营的停滞期内，中国邮轮航线运营基本暂停，需要凭借邮轮航线运营创收的各大停泊港口也将面临着亏损运营的处境。

2. 疫情导致各大邮轮公司进行战略调整

疫情的暴发使得各大邮轮公司纷纷调整其战略布局，部分邮轮公司将原本布局在亚洲市场的邮轮调整至欧美邮轮市场以达到优化经营的目的。比如2020年2月17日，公主邮轮发布声明决定暂停运营蓝宝石公主号2020年6月3日至9月30日从上海出发的所有航次。此外，诺唯真邮轮公司也取消了在亚洲地区运营的所有航线。伴随着各大邮轮公司对亚洲邮轮旅游航线的取消，以中国港口作为母港或访问港的邮轮航线运营均被按下暂停键。但长远来看，中国作为亚洲最大的邮轮旅游客源市场，各大邮轮公司不会轻易放弃中国市场，只是在新冠疫情背景下，为了更好地配合防疫工作，对中国区域的邮轮航线运营布局进行暂时性调整，布局欧美市场，待新冠肺炎疫情完全被控制后再重返中国邮轮市场。

3. 新冠肺炎疫情导致人们对邮轮旅游有恐慌心理

疫情对中国邮轮航线的运营造成了较大的不良影响。2020年初，钻石公主号邮轮疫情的传播，与邮轮业一直宣传的"邮轮是最为安全的海上旅游设施，邮轮行业是装备完善、经验丰富的行业之一"相悖。伴随着部分媒体在进行报道时将钻石公主号邮轮冠以"恐怖邮轮""海上牢笼""邮轮噩梦"等称谓，使得邮轮旅游在大众心理上产生了一定的阴影，这是不利于邮轮旅游业发展的。从长远来看，疫情对邮轮航线运营的影响是暂时的。随着疫情的消散，游客们对邮轮旅游的需求也会不断地增大，但这需要一段时间进行自我修复，不断提高邮轮旅游业市场的信心，增加游客对邮轮旅游的信任。

参考文献

[1]刘艳. 中国邮轮休闲旅游市场产品开发问题研究[J]. 经济研究导刊, 2014（09）：225-227.

[2]李靖青. 厦门市邮轮旅游市场现状分析及政策建议[D]. 厦门大学, 2013.

[3]李玫萱. 基于结构方程的邮轮游客满意度影响因素研究[D]. 上海工程技术大学, 2016.

[4]骆培聪, 张莹莹, 佘赛芬. 海峡西岸经济区邮轮旅游SWOT分析[J]. 重庆师范大学学报：自然科学版, 2011, 28（01）：82-87.

[5]2016年山东经济金融运行分析[M]//孙国茂. 山东省上市公司市值管理评价报告（2017）. 北京：中国金融出版社, 2017：27.

[6]金世源. 基于中日韩比较的釜山邮轮港竞争力研究[D]. 上海社会科学院, 2017.

[7]赵岩, 李悦铮, 江海旭. 大连市邮轮旅游开发SWOT分析及策略探讨[J]. 海洋开发与管理, 2014, 31（01）：79-83.

[8]管亮亮, 宫敏丽. 舟山现代化港口物流的SWOT分析[J]. 北方经济, 2013（18）：36-37.

[9]孙晓东, 林冰洁. 谁主沉浮？全球邮轮航线网络结构及区域差异研究[J]. 旅游学刊, 2020, 35（11）：115-128.

[10]Radic Aleksandar, et al. Apocalypse Now or Overreaction to Coronavirus: The Global Cruise Tourism Industry Crisis[J]. Sustainability, 2020, 12(17): 6968.

第四章　邮轮市场格局、风险感知与开发策略

近年来，全国邮轮经济从高增长向高质量转变，市场已经进入了波动性调整阶段，2017年参与邮轮旅游的游客数量将近300万。伴随着具有中国特色的包船、切舱模式的逐渐完善，以及相关部门对邮轮产业的大力推动，中国邮轮旅游产业正日渐走上正轨，并为消费者所接受。我国邮轮旅游正处于初级发展阶段，了解当前居民对邮轮的认知状况和邮轮旅游产品的需求状况更为重要。2005年，第一艘国际豪华邮轮停靠上海港，自此之后，这种在世界上风靡了数十年的"海上流动度假村"旅行模式，开始在国内迅猛发展。

虽然2017年以来，中国邮轮市场增速放缓，但也应看到中国邮轮市场经过长期的高速增长进入到调整期，并不违背产业发展的一般性规律，属于正常的市场自我调整。在此背景下，邮轮经济逐渐从卖方市场转向买方市场，在价格机制作用下邮轮市场价格将更加合理，加上国际邮轮市场积极向好的大环境，以及国内邮轮产业逐渐迈向全产业发展的利好背景，上海邮轮产业将会从爆发式的增长迈向平稳可持续的发展。中国已经具备了邮轮经济快速发展的条件，故很多沿海口岸城市将邮轮旅游作为发展高端旅游的重要方向。北美和欧洲的邮轮市场发展已比较成熟，每年的增长有限。虽然当前我国邮轮旅游发展不足，但是随着邮轮旅游消费观念的日益普及和中国居民可任意支配收入的不断增加，中国邮轮市场发展潜力巨大。因此邮轮旅游必将发展成为一种重要的旅游业态。

一、邮轮市场格局划分

疫情前邮轮行业是全球旅游业中发展最为迅猛、经济效应最为显著的行业之一[1]。而随着全球邮轮产业的逐步东移,亚洲邮轮市场成为全球最具有潜力且发展最为迅猛的市场[2]。中国在几十年的经济高速发展过程当中,中产阶级不断崛起,也为当代邮轮旅游业带来了巨大的发展机会[3],2014年到2019年,中国在亚洲邮轮市场占据着主导地位,市场份额达到了51.6%[4]。当前我国的邮轮产业已进入第二个十年发展期,正处于向高质量转变的关键阶段[5]。但在国内邮轮旅游十多年的迅猛发展之后,邮轮旅游增长率却开始停滞不前,甚至出现了下降的态势,产业发展也逐步进入调整期[6]。2018年,我国沿海邮轮港口共接待955艘次邮轮,同比下降19.1%,邮轮接待游客共计487万人次,同比下降1.7%;而到了2019年,国内13个沿海邮轮港共接待邮轮804艘次,同比下降15.8%,接待出入境游客共415.4万人次,同比下降达14.7%[7]。我国邮轮旅游的发展现状与邮轮行业具有的市场空间和经济价值远不相符[8]。这一现象进一步将该问题推上关注热点。

疫情期间我国又低价收购多艘邮轮,而这一举措能否解决我国邮轮供给开发与需求客源市场不足的矛盾?同时,我国邮轮旅游国内客源市场是否还有拓展空间?这必然将目光聚集于我国邮轮客源市场开发上。鉴于目的地竞争的加剧、资源的限制及各地旅游资源的异质性[9],制定面向整个市场的营销战略对目的地提高长期竞争力来说至关重要[10]。而邮轮旅游市场空间结构研究也正成为投资规划与决策的先决条件,下面将展示该项研究,揭示国内邮轮旅游客源市场份额,深化对邮轮旅游客源市场结构的研究,助力国内邮轮旅游持续发展。

(一)上海、武汉、三亚港情况分析

2018年中国邮轮市场增长速度明显放缓,2018年1-10月中国邮轮市场接待邮轮790艘次,同比下降13%,接待出入境游客量423.5万人次,同比增长仅2%,全国母港邮轮游客接待量为408.9万人次,同比增长增长仅3%，上海、天津等地邮轮靠泊量和接待游客量均有一定程度下降。

根据中国交通运输协会邮轮游艇分会（CCYIA）数据统计，2017年我国11大邮轮港包括上海、天津、大连、青岛、舟山、温州、厦门、广州、深圳、海口、三亚共接待邮轮1181艘次，同比增长17%。在接待邮轮类别中，接待母港邮轮达到1098艘次，同比增长18%，接待访问港邮轮量达到83艘次，与2016年持平。在邮轮游客接待量方面，中国11大邮轮港口共接待出入境游客达到495.4万人次，同比增长18%，其中母港出入境中国游客量达到428.97万人次，是自2006年以来第一次超过200万人，比2015年增长93%。进入中国的国外邮轮游客量达到27.75万人次，同比增长8%。

虽然2017年我国尤其上海邮轮市场增速放缓，但也应看到上海邮轮市场经过长期的高速增长后进入调整期，并不违背产业发展的一般性规律，属于正常的市场自我调整。在此背景下，邮轮经济逐渐从卖方市场转向买方市场，在价格机制作用下邮轮价格市场将更加合理，加上国际邮轮市场积极向好的大环境，以及国内邮轮产业逐渐迈向全产业发展的利好背景，上海邮轮产业将会从爆发式的增长迈向平稳可持续的发展。随着上海吴淞口国际邮轮港邮轮和游客接待量的不断增加，对邮轮港口的各项服务提出了更高的要求。

选择上海吴淞口国际邮轮港、武汉港及三亚凤凰岛国际邮轮港这三个港口主要有以下三点考虑：第一，在地理位置上，这三个港口分布于不同的地理位置，上海吴淞口国际邮轮港位于长三角区域，武汉港位于江汉平原地区，三亚凤凰岛国际邮轮港位于我国南端。三个案例分布于不同地域，更加有利于揭示邮轮旅游市场特征规律。第二，从投资规模与级别上看，三个港口均是大型邮轮港口，规模与级别较为一致。第三，上海为国内首个邮轮旅游发展示范区，武汉为国内内河邮轮代表，三亚为公海邮轮旅游代表，各有各的特点，其客流研究对中国邮轮产业客流分布特征有较好的解释。

（二）邮轮旅游客源市场吸引力模型构建

建模量化的前提是严谨、科学的概念体系，如何科学选择解释变量是构建模型的关键，只有通过系统、科学、完备的考虑，模型才能够发挥出实际的应用价值。综合已有研究，文章将目的地"吸引力"、客源地"出游率"及两地距离作为影响邮轮旅游地客源市场空间分布的三大决定性因素，构建出有关邮轮旅游客源市场空间结构的旅游引力模型：

$$T_{jk} = KA_k P_j W_{jk} F_j C_{jk}^\alpha exp(-\beta r_{jk}) \tag{1}$$

式（1）中，T_{jk}表示客源地j到目的地k的空间相互作用强度，即客源地j到目的地k的旅游人次；K表示归一化参数；A_k为目的地k的吸引力；P_j表示j地人口规模；W_{jk}表示客源地j到目的地k的出游意愿，用百度指数表征；F_j表示客源地j出游率；C_j表示客源地j的人均收入水平，这里用人均可支配收入替代；α表示收入水平参数；β表示非负的空间阻尼系数；r_{jk}表示客源地j到目的地k的广义距离；$P_j W_{jk} F_j C_{jk}^\alpha$表示客源地$j$到目的地$k$的出游力；$P_j W_{jk} F_j$表示客源地$j$到目的地$k$中具有出游意愿的旅游人口规模；$C_{jk}^\alpha$表示客源地$j$到目的地$k$的人均出游力。

对邮轮旅游客源市场空间结构的预测过程涉及对收入水平参数α及空间阻尼系数β这两个核心参数的计算。而在实际中，人地关系系统的运行往往要复杂得多，故此旅游引力模型的参数并非具有普遍性，通常这些参数适用于某些特定的作用系统。故文章在进行具体实际的实证研究过程当中，鉴于一手资料和数据难以获取，本书选择通过计算估计出各目的地邮轮旅游收入和邮轮旅游人均花费。

①收入水平参数α

依据旅游的修正引力模型可知，客源地j的"出游力"，即EE_{jk}受到客源地人口、客源地出游力、客源地出游意愿及客源地人均可支配收入这四个因素的影响，即$E_{jk} \propto P_j F_j W_{jk} C_{jk}^\alpha$，而从上式能够看出$P_j F_j W_{jk}$为对客源地邮轮旅游具有偏好的旅游人口，而人均出游力EE_{jk}则表示为：

$$EE_{jk} = \mu C_{jk}^\alpha \tag{2}$$

其中，式（2）的μ为系数项。为有效估算出国内邮轮旅游游客对上海、三亚及武汉地区的邮轮旅游的收入水平系数，文章选择用各地区旅游者人均消费支出表征邮轮旅游人均出游力，并以国内游客人均 GDP 表征人均收入水平。而目前尚未有公开的各地邮轮旅游收入的统计数据，鉴于邮轮旅游业是旅游业的重要组成部分，文章选择通过以上海、三亚及武汉的国内旅游者人均消费支出替代邮轮旅游人均花费。用各地区国内旅游总收入除以各地的国内旅游总人数，即邮轮旅游人均出游力。其中，上海、武汉的国内旅游总收入及国内旅游总人数均来源于当地文旅局官网，而三亚市数据来源于当地《国民经济与社会发展统计公报》，鉴于目前三亚市只有 2018 年有国内旅游总人数，而其余年份数据均为国内过夜旅游总人数的统计，故本书通过 2018 年国内旅游总人数与国内过夜游客总数占比的概率测算方式大致计算出两者之间的比率为 1.065，后通过占比测算出其余年份的三亚市国内旅游总人数。

$$各地国内旅游人均花费 = \frac{各地国内旅游总收入}{各地国内旅游总人数} \tag{3}$$

各地收入水平参数估计如表 4-1 所示。

表 4-1　各地收入水平参数估计

年份	收入水平参数 α	R^2	Adjusted R^2	显著性
上海	-0.1864	0.4266	0.3788	0.0506
三亚	0.4785	0.8324	0.8184	5.9141e-07
武汉	0.3126	0.9279	0.9219	5.8638e-08

以人均花费为因变量、人均 GDP 为自变量进行拟合，通过分析发现该函数符合幂函数关系。上海、三亚、武汉这 3 个地区的 R^2 分别为 0.4266、0.8324、0.9279，调整后的 R^2 分别为 0.3788、0.8184、0.9219。参考前人研究[11][12]，可以发现拟合结果较好，尤其是三亚和武汉，拟合结果均大于 0.8。模型估计结果如式（4）—式（6）所示。上述方程具有较好的拟合度，且参数估计结果均在 0.1 的显著性水平下。3 个地区的邮轮旅游需求的收入弹性 α 分别为-0.1864、0.4785、0.3126。通过分析能够发现这 3 个地区整体对邮轮旅游价格缺乏弹性。上海地区整体呈现负敏感，随着经济的增长，大多数邮轮的游客会减少，但游客也并不会轻易放弃对邮轮旅游体验的追求；而三亚、武汉由于邮轮旅游的独特性与知名度，即使邮轮旅游价格过高，游客也并不会放弃追求邮轮旅游的独特体验，而随着经济的增长，这些地区的邮轮旅游人数会增长，但增长趋势并不十分明显。由于邮轮旅游独特的吸引力，游客并不会轻易放弃对邮轮旅

游的独特体验的追求，邮轮旅游巨大的影响力和独特的旅游资源使得游客在目的地选择上呈现出不易变更的特征，故 3 个地区的弹性均较小。

各地人均花费与人均 GDP 之间的回归方程为：

$$EE_{上海} = 9221 C_{jk}^{-0.1864} \tag{4}$$

$$EE_{三亚} = 10.44 C_{jk}^{0.4785} \tag{5}$$

$$EE_{武汉} = 33.73 C_{jk}^{0.3126} \tag{6}$$

②空间阻尼系数 β

空间阻尼系数能够对空间相互作用强度的衰减速度进行有效度量，同时它作为旅游引力模型的重要标志能够随着尺度的不同而发生改变。目前对空间阻力模型的计算方法有口粒子模式法、出游量积分法和到访量积分法 3 种。本书参考陆林的"到访量积分法"原理，假定各客源地分布在均质的空间上，能够使得目的地空间从"球面分布"转化为"线性分布"，并对上海、武汉和三亚的邮轮旅游的空间阻尼系数 β 进行测算。目的地 K 到访客源总量 T_k 由离散求和形式转为连续积分形式：

$$\begin{aligned} T_k &= \sum_j T_{kj} = \int_0^R T_{kx} dr_x \\ &= \int_0^R KA_k P_x F_x W_x C_x^a \exp(-\beta r_x) dr_x \\ &= A \int_0^R \exp(-\beta r_x) dr_x \end{aligned} \tag{7}$$

其中 $A = KA_k P_x F_x W_x C_x^a$，依据式（2）论述可知，邮轮旅游的吸引力 A_k 恒定。

设在半径为 r_x 的范围内目的地到客源地的累计客源为 T_x，且 T_x 与总客源量 T_k 的比值为 p（即 $p = \frac{T_x}{T_k}$）。可得到访半径为 r_1 和 r_2，则有：

$$\begin{cases} T_1 = A \int_0^{r_1} \exp(-\beta r_x) dr_x = p_1 T_k \\ T_2 = A \int_0^{r_2} \exp(-\beta r_x) dr_x = p_2 T_k \end{cases} \tag{8}$$

将被积函数 $f(r_x) = exp(-\beta r_x)$ 的一个原函数 $F(r_x) = -\frac{1}{\beta}exp(-\beta r_x)$ 带入，可解得：

$$p_2 \, exp(-\beta r_1) - p_1 \, exp(-\beta r_2) + p_1 - p_2 = 0 \qquad (9)$$

在对各邮轮旅游目的地空间阻尼系数 β 进行计算时，首先需要获取国内各省区市市场份额数据。鉴于数据获取的科学性与有效性是以市场调研为基础和前提的，目前尚未有公开的各省区市邮轮旅游市场份额的官方数据，加之各地邮轮旅游游客规模巨大、时间分布不连续等特点，选择抽样问卷调查的方式获取各省区市市场份额数据易失真。与之相较，网络数据较为可信，易获取。截止到 2020 年 11 月，新浪微博月活跃度用户已达到 5.23 亿，日活跃用户更是达到了 2.29 亿。同时，新浪微博作为国内最具有代表力和影响力的社交工具，集合了用户所处地理位置和签到信息，具备较高的可信度，同时能够折射出用户不同行为轨迹，为旅游行为研究提供了可行性。故本书选择数据更为可靠的新浪微博获取上海、武汉和三亚等地的邮轮旅游客源数据，分析国内各省区市邮轮旅游市场份额。

本书通过新浪微博用户签到，爬取数据。在选取研究对象上，考虑到微博搜索定位的准确性，文章选择以"地点"+"邮轮"的方式进行微博关键词搜索，挖掘上海吴淞口国际邮轮港、上海北外滩国际客运中心、武汉港和三亚凤凰岛国际邮轮港及周边的微博签到地点数据，并爬取相应签到地点网址的签到用户、用户地址、签到文本、签到时间等信息。最后筛选出原创微博内容，上海爬取了 2043 条签到数据，武汉爬取了 2792 条签到数据，三亚爬取了 2473 条签到数据，最终获得 7308 条有效签到文本信息。

经过式（2）计算可知，除去新疆乌鲁木齐到三亚凤凰岛国际邮轮港的球面距离外，各省会城市到各邮轮港的球面距离均小于 3500 公里，故可以认为各邮轮旅游国内客源市场 99% 分布在距邮轮港口 3500 公里范围内。同时，包括邮轮旅游在内的旅游业也吸引整个 500 公里内的客源市场。因此这里将 3000 公里和 500 公里作为参照的游客到访距离半径，以计算空间阻尼系数。

将 r_1、p_1、r_2、p_2 带入公式（9），运用 Matlab 软件，在实数范围内，求解得 $\beta_{上海}=0.0019$，$\beta_{武汉}=0.0017$，$\beta_{三亚}=-0.0003$。考虑到空间阻尼系

数具有现实意义，故求得国内各省（市区）到上海邮轮旅游客源市场的空间阻尼系数为 0.0019，武汉港邮轮旅游客源市场的空间阻尼系数为 0.0017，三亚凤凰岛国际邮轮港的空间阻尼系数为-0.0003。可以看出，目前国内邮轮旅游客源市场正逐渐向周边各地区扩散（表 4-2、表 4-3）。

表 4-2　客源市场份额及空间阻力

邮轮港口	p_1	p_2	β
上海吴淞口国际邮轮港	0.6200	1.0000	0.0019
武汉港	0.5830	1.0000	0.0017
三亚凤凰岛国际邮轮港	0.0926	0.9867	-0.0003

表 4-3　上海邮轮旅游客源市场在不同球面距离的分割

各省会城市到各个邮轮港的球面距离（r,km）	上海国内邮轮旅游客源市场分割（p_1）	武汉国内邮轮旅游客源市场分割（p_2）	三亚国内邮轮旅游客源市场分割（p_3）
200	0.5280	0.4780	0.0000
500	0.6200	0.5830	0.0926
1000	0.7640	0.8770	0.1836
2000	0.9940	0.9900	0.6514
3000	0.9940	1.0000	0.9284
3500	1.0000	1.0000	0.9867

（三）上海、武汉和三亚客源市场结构及差异

将求得的 α 和 β，带入式（2）中，由此计算出 2011—2019 年各地邮轮旅游国内各省份客源市场份额（表 4-4）。以省域为客源地分布的基本地理单元，计算上海、武汉及三亚邮轮客源市场分布。

客源市场占有率及占有率临界值计算公式为：

$$\alpha_i = \frac{\sum_{j=2011}^{9} X_{ij}}{9} \qquad （10）$$

$$\alpha_{临界} = \frac{\sum_{i}^{31} \alpha_i}{31} \qquad （11）$$

其中，客源市场占有率为 α_i，$\alpha_{临界}$ 表示客源市场占有率临界值，X_{ij} 表示 i 地 j 年的邮轮旅游市场份额。

表 4-4　2011—2019 年全国邮轮客源市场份额

省份	上海市场份额	武汉市场份额	三亚市场份额
安徽	7.14%	5.52%	2.86%
北京	1.54%	2.06%	5.38%
重庆	0.47%	1.45%	1.51%
福建	3.58%	3.05%	3.05%
广东	5.18%	10.92%	11.25%
广西	0.43%	0.94%	1.23%
甘肃	0.10%	0.19%	0.44%
贵州	0.28%	0.65%	0.69%
河北	3.14%	3.14%	4.53%
黑龙江	0.44%	0.21%	2.88%
河南	5.89%	7.93%	5.62%
湖南	3.02%	6.60%	2.90%
湖北	4.43%	11.83%	3.57%
海南	0.05%	0.10%	0.17%
吉林	0.39%	0.20%	1.88%
江苏	18.24%	13.14%	10.34%
江西	2.79%	3.55%	1.52%
辽宁	1.58%	0.90%	4.95%
内蒙古	0.26%	0.39%	1.15%
宁夏	0.01%	0.03%	0.07%
青海	0.00%	0.01%	0.03%
上海	12.87%	4.38%	5.39%
四川	1.12%	3.05%	4.63%
山东	8.11%	7.31%	9.20%
山西	1.00%	1.18%	1.63%
陕西	0.96%	2.20%	2.13%
天津	0.81%	0.91%	2.04%
西藏	0.00%	0.00%	0.00%
新疆	0.01%	0.02%	0.89%
云南	0.20%	0.52%	1.17%
浙江	15.94%	7.61%	6.90%
临界值	3.23%	3.23%	3.23%

1. 上海客源市场结构

上海邮轮旅游客源市场分布主要集中于长三角地区、华北地区、华中地区及珠三角地区，总体呈现出以上海为中心带状递减的"长三角核心区—环长三角外围区—点状分布边缘区"格局。其中，长三角游客居多，占 54.19%。

2. 武汉客源市场结构

武汉客源市场游客来源主要集中于长三角地区和华中地区。具体而言，武汉市是呈"喇叭"状的"一核心两弧多岛"格局。"一核"是以武汉为核心客源市场，占比达 11.83%。"两弧"是以武汉为参照，形成近鄂（由河南、湖南、安徽、江西、重庆、陕西构成）及东南沿海市场（由山东、江苏、浙江、上海构成）。

3. 三亚客源市场结构

三亚地区邮轮旅游客源市场游客主要集中于华东地区、珠三角地区及华中地区，总体呈现"一核一弧多岛"分布格局。"一核"是以广东为核心客源市场，占比达 11.25%。"一弧"为东部沿海地区（山东、江苏、上海、浙江）。

4. 客源市场结构分析

初步判断长三角与珠三角地区为我国邮轮旅游接待主要客源地。距离对以上海、武汉为邮轮旅游目的地的客源市场游客起到了阻力作用，而对以三亚为邮轮旅游目的地的客源市场游客在一定范围内起到吸引作用。

（四）上海、武汉及三亚客源市场增长率（表 4-5）

计算客源市场增长率，并参考孙根年等学者对旅游市场的划分[13][14][15]，按照客源市场的增长率与占有率，将当前邮轮旅游客源市场划分为一级客源市场、二级客源市场、三级客源市场及四级客源市场。

表 4-5 2011—2019 年全国邮轮旅游客源市场增长率

省份	上海市场增长率	武汉市场增长率	三亚市场增长率
安徽	5.21%	5.40%	6.79%
北京	-2.25%	-2.12%	-1.52%
重庆	7.43%	7.25%	8.71%
福建	-0.70%	0.02%	0.99%

续表

省份	上海市场增长率	武汉市场增长率	三亚市场增长率
广东	1.41%	0.81%	1.39%
广西	2.84%	1.73%	2.05%
甘肃	16.05%	15.48%	15.36%
贵州	4.40%	6.32%	7.93%
河北	2.58%	0.32%	0.10%
黑龙江	0.96%	−2.82%	−3.39%
河南	2.30%	1.62%	2.57%
湖南	2.32%	1.84%	2.63%
湖北	−0.48%	0.30%	1.48%
海南	2.02%	1.97%	2.36%
吉林	3.47%	−0.16%	−0.61%
江苏	0.16%	0.22%	0.89%
江西	4.82%	4.95%	5.67%
辽宁	0.03%	−3.23%	−3.74%
内蒙古	9.59%	6.33%	5.81%
宁夏	9.66%	8.35%	8.34%
青海	28.16%	25.15%	25.55%
上海	−2.55%	−2.92%	−2.46%
四川	1.64%	1.48%	2.67%
山东	1.16%	−0.57%	−0.57%
山西	3.50%	1.26%	1.28%
陕西	0.52%	0.41%	1.13%
天津	1.37%	−2.10%	−2.82%
西藏	19.59%	19.76%	21.80%
新疆	11.93%	10.52%	10.60%
云南	4.50%	5.71%	7.15%
浙江	−0.39%	−0.86%	−0.42%
临界值	3.23%	3.63%	4.94%

（五）客源市场划分

本书借鉴其他学者研究，将邮轮旅游客源市场划分为四个等级（表

4-6）。其中，空间上有各客源市场邮轮旅游市场份额，时间上有各客源市场邮轮旅游增长率。以省域为单位分别绘制出上海、武汉和三亚的邮轮旅游客源市场分类的基本地理单元。

表 4-6 客源市场基本特征及战略方向

市场类型	划分依据	基本特征	战略方向
一级客源市场	$\alpha_i \geq \alpha_{临界}$ $\beta_i < \beta_{临界}$	市场占有率较高、增长率低，市场目前趋于饱和	收获性战略
二级客源市场	$\alpha_i \geq \alpha_{临界}$ $\beta_i \geq \beta_{临界}$	市场占有率、增长率都较高，市场目前发展潜力巨大	发展性战略
三级客源市场	$\alpha_i < \alpha_{临界}$ $\beta_i \geq \beta_{临界}$	市场占有率低、增长率高，新兴发展市场	选择性战略
四级客源市场	$\alpha_i < \alpha_{临界}$ $\beta_i < \beta_{临界}$	市场占有率、增长率都较低，发展不景气	撤退性战略

1. 上海客源市场分析

在以上海为邮轮旅游港口的客源市场体系中，上海、江苏、浙江、山东、河南、广东、湖北和福建为一级客源市场；安徽为二级客源市场；青海、西藏、甘肃、新疆、宁夏、内蒙古、重庆和江西为三级客源市场；云南、贵州、山西、吉林、广西、河北、湖南、海南、四川、天津、黑龙江、陕西、辽宁和北京为四级客源市场。

2. 武汉客源市场分析

在以武汉为邮轮旅游港口的客源市场体系中，上海、江苏、浙江、山东、湖南、河南、广东和湖北为一级客源市场；江西和安徽为二级客源市场；青海、西藏、甘肃、新疆、宁夏、重庆、内蒙古、贵州和云南为三级客源市场；海南、广西、山西、四川、陕西、河北、福建、吉林、天津、北京、黑龙江和辽宁为四级客源市场。

3. 三亚客源市场分析

以三亚为邮轮旅游港口的客源市场体系中，湖北、四川、河北、河南、北京、上海、辽宁、浙江、山东、江苏和广东为一级客源市场；没有二级客源市场；青海、西藏、甘肃、新疆、重庆、宁夏、贵州、云南、内蒙古、安徽和江西为三级客源市场；海南、广西、山西、陕西、湖南、福建、吉林、天津和黑龙江为四级客源市场。

4. 客源市场比较分析

上海和武汉的一级客源市场大部分距离目的地较近，而三亚的一级客源市场，除广东外，大部分距离三亚较远，位于更为寒冷的北方。这些一级客源市场，往往市场增长率较低，经济发展水平较高，邮轮旅游市场发展趋于饱和。故发展此类市场时，可考虑采用收获性战略，适当减少市场投入，以实现客源市场收益最大化。

上海和武汉的二级客源市场同样距目的地都较近，有着巨大的发展潜力，能够看出此类客源市场占比较高且客源市场增长率较高，具有极大的发展机会。故而在发展此类市场时，可考虑采取发展性战略，大量投资，来提高市场占比与增长率。而三亚在邮轮旅游客源市场上并不存在二级客源市场，未来更应注重开拓此类市场，拓宽邮轮营销渠道。

国内的邮轮旅游三级客源市场大部分位于我国西北、西南地区，少部分位于我国内陆地区。此类市场占有率较低，但增长率较高，作为邮轮旅游客源市场发展的新兴市场潜力巨大，但发展方向目前尚未明确，故可采用选择性战略对极具发展潜力的市场进行培育。例如江西，距离上海较近，且经济发展较其他三级客源市场而言较好，有着极大的培育潜力。

国内的邮轮旅游四级客源市场的占有率和增长率都较低，且大部分距上海、武汉和三亚较远。此外，如福建等，相较于武汉和三亚，自身也已有一定邮轮旅游发展的基础，其他地区的邮轮旅游相较而言吸引力较小。市场发展并不景气，故可采用撤退性战略，缩小投资规模，并可将有限的资源投入其他市场进行发展。

二、邮轮风险感知变化

现代邮轮历经五十余年发展，现已成为全球旅游业中发展最为迅猛、经济效益最为显著的行业之一[16][17]，邮轮旅游业也受到越来越多旅游者的青睐[18][19]。虽然邮轮旅游规模在不断扩大，但作为环境高度敏感型产业，邮轮行业的发展却极易受到政治、经济、环境、外交等诸多因素的影响[7]，邮轮行业也因此面临着巨大的风险压力[20]。一方面，随着全球气候变暖和海平面上升，极端自然灾害频发，将进一步威胁邮轮旅游的可持续发展[21]；另一方面，随着科学技术的全球化发展，区域性风险也将通过邮轮旅游巨大的人口规模流动扩展到世界各地，进而可能提高流行病传播等的风险[22]。由于风险因素具有突发性、认知偏见性、难以复原性等特点，故邮轮事件的发生会使得邮轮品牌形象"污名化"[23][24]，而人们的风险感知也将会直接影响他们对邮轮产品的购买意愿[25]。

那么国内网民对于不同类型邮轮事件的关注点究竟有何不同？风险感知度的强弱如何？当前的国内邮轮行业又面临着怎样的危机呢？带着这些问题，本研究尝试探索国内网民对于不同邮轮事件的感知风险，挖掘邮轮事件风险感知的影响因素，以及各地风险感知度强弱，以期加深学界对邮轮风险内涵的理解，并对邮轮旅游的风险预防应急管理与协同治理有所启发。

本书选用知乎平台有关邮轮事件评论数据构建实验语料库，首先对邮轮事件风险感知文本内容进行分析，具体操作如下：在 Python 环境下，调用 Jieba 库，基于词频分析和 TF-IDF 模型对文本特征进行分析，提取风险感知关键词，然后调用 cnsenti 中文情绪情感分析库分析网民对邮轮事件的风险感知情感倾向，并采用社会网络分析的手段分析高频词之间的内在关系，并对邮轮事件风险感知进行主题挖掘。通过空间自相关模型对各地风险感知度的空间分布聚集状况与类型进行分析，然后运用自然间断点法，揭示国内网民对邮轮事件的风险感知度，并用空间视域挖掘各省区市对邮轮事件的风险感知度的空间分布具体情况。

（一）邮轮负面事件风险感知高频词提取

文本特征分析作为文本挖掘及信息检索领域中的基本问题之一，能够有效量化文本中的特征词，显示文本信息[34]。本研究首先通过词频分析网民对各国邮轮事件的风险感知，然后将词频分析与 TF-IDF 模型进行对比，进一步提取关注热点，初步挖掘网民关注重点。

根据国内网民对邮轮事件的关注进行词频统计，并通过 python 绘制词云图实现特征可视化，能够看出"乘客"一次出现的频次最高，反映了出人们对乘客的关注。同时"中国""日本""韩国"这三个词出现的频次也较高，体现出国内网民对周边邻近国家及邮轮产业发展较好的国家的邮轮事件风险感知较高。

然后将词频分析和 TF-IDF 算法进行对比分析，挖掘特征词，探究公众对邮轮事件的风险感知。对特征词进行提取可以发现，排名前 10 的特征词分别为乘客、日本、中国、隔离、韩国、船员、感染、救援、疫情、船长。而 TF-IDF 算法中，TF-IDF 值越大，说明这个特征词对总文本的重要性越高，其计算结果中排名前 10 的特征词分别为乘客、日本、隔离、船员、韩国、救援、感染、疫情、船长、确诊。

表 4-7 中列出了词频统计与 TF-IDF 算法中排名靠前的特征词。其中，乘客、日本、隔离、韩国、船员、感染、救援、疫情、船长等是词频统计与 TF-IDF 算法中均较为重要的词语。值得注意的是，新闻、国家、政府、死和希望在词频统计中占据前 20 的位置，而在 TF-IDF 排序中却难觅踪迹。而钻石公主号、口罩、新冠病毒等词汇，在排名前 20 的词频统计中难寻踪迹，而在 TF-IDF 排序中却很靠前。由此能够发现，国内网民认为新冠肺炎疫情对邮轮行业冲击巨大，他们对邮轮疫情格外关注。

表 4-7 词频统计与 TF-IDF 值排名前 10 的文本特征词

序号	词频统计	TF-IDF	序号	词频统计	TF-IDF
1	乘客	乘客	6	船员	救援
2	日本	日本	7	感染	感染
3	中国	隔离	8	救援	疫情
4	隔离	船员	9	疫情	船长
5	韩国	韩国	10	船长	确诊

（二）邮轮负面事件风险感知情感倾向分析

在分析邮轮事件风险感知情感倾向现状时，调用 cnsenti 中文情绪情感分析库补充情感词典，为准确分析文本，并未剔除文本常用停用词。计算公众情感得分，当评论中正向情感得分大于负面情感时，则判定为正向情感；当评论中负面情感大于正向情感时，则判定为负面情感；而当正向情感同负面情感得分一致时，则判定情感中立。从表 4-8 中能够看出，公众对邮轮事件风险感知持有正向情绪共 1511 条，占 24.2%；态度情感中立的共 1867 条，占 29.8%；怀有负面情绪的占比最多，共 2879 条，占 46.0%。总体看来，国内网民对邮轮事件的风险感知态度以负面情绪居多,但也不乏中立和正向情绪。

表 4-8　各情感倾向占比

情感倾向	评论数目统计	占比
正向情绪	1511	24.2%
中立情绪	1867	29.8%
负面情绪	2879	46.0%
总计	6257	100%

(三) 邮轮负面事件风险感知高频词社会网络分析

本书在提取特征词后,得到了国内网民对邮轮事件风险感知的初步认知,但无法找寻这些因素间的关联,故本书通过社会网络分析发现特征词之间的关联。借助 Ucinet 和 Netdraw 软件对文本提取出的高频词进行社会网络风险,将已分词、停用词进行汇总,并对它的网络密度及关联度、中心性、核心—边缘结构及高频词凝聚子群进行分析。

1. 网络密度

网络密度是社会网络中表示各节点间紧密联系的指标,密度值越接近 1 则表明各节点间关系越紧密[35]。知乎上公众对邮轮事件讨论的特征词之间的网络密度为 0.9771,从整体来看,网络密度大,高频词间的联系程度很强,总体呈现出多核心、多边缘、差异不显著的特征。

2. 核心—边缘结构

通过 Ucinet 软件对高频词进行可视化分析,得到各要素成员间的关系图谱(图 4-1)。其中节点的符号越大,则表示其对网络越重要,对其他要素的影响也就越大。社会网络结构呈现出明显的核心—边缘结构,进一步反映了国内公众对邮轮事件的风险感知度。通过对知乎评论数据的社会网络分析能看出,国内民众对邮轮事件的风险感知呈现多样化分布。参考丛海彬等学者的研究,结合核心—边缘算法将邮轮事件风险感知的核心—边缘结构划分为核心层、半边缘层及边缘层[36]。

(1) 核心层出现了日本、感染、病毒、疫情、政府、安全、乘客、希望等词汇,疫情的发生加剧了人们对邮轮旅游安全的顾虑,同时人们也更加关注疫情对邮轮业的影响;(2) 半边缘层出现了报道、韩国、救援、媒体、国际、船长等词汇,这些词汇展现了国内网民对邮轮事件发生后政府部门、邮轮公司、邮轮船员如何应对,以及各界如何开展合作救援的关注;(3)边缘层出现的词汇较为广泛,包括东方之星、船舱、沉没等具体邮轮事件类词汇,口罩、孩子、检查、海警等邮轮安全防护类的词汇。

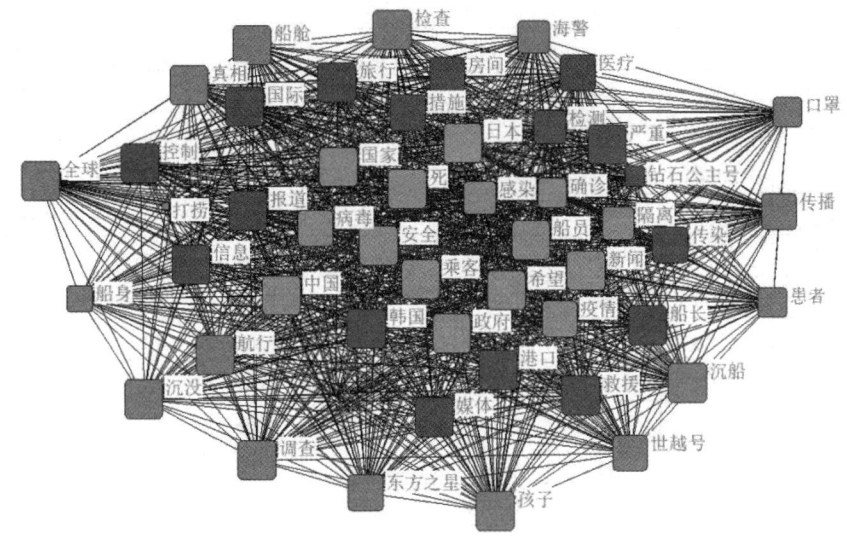

图 4-1 邮轮事件风险感知可视化网络图

3. 中心性

中心性包括了中心度和中心势,它反映了节点在网络中的地位,故在对邮轮事件风险感知网络中,要掌握节点在网络中的重要程度,以及需要重点识别哪些节点对公众的风险感知起到了引导作用,就需要分析网络的中心性。在网络中心性分析中,常见的中心度包括点度中心度、接近中心度和中介中心度。

运用 Ucinet 对各要素点度中心度进行分析,以确定各要素对风险感知的影响力大小(表 4-9)。点度中心度越大则表明该节点与其他节点的联系越多,在网络中的影响力也就越大。比较点度中心度大于 3000 的节点为"乘客""日本""中国"这三个节点,与其他节点有着密切的联系。同时网络中存在若干关键节点,"国家""政府""行为""隔离"等节点有着较大的点度中心度。而整体网络的点度中心度(Network Centralization)为 24.57%,表明网络整体并不存在明显的网络集中性、向心性,同时也表明邮轮风险感知的影响因素也较为分散。

表 4-9 邮轮事件文本关键词中心度

节点	点度中心度	接近中心度	中介中心度	节点	点度中心度	接近中心度	中介中心度
乘客	4180	49	0.719	控制	1350	49	0.719
日本	3245	49	0.719	媒体	1341	49	0.719
中国	3006	49	0.719	港口	1311	49	0.719
船员	2842	49	0.719	国际	1303	49	0.719
国家	2654	49	0.719	房间	1264	50	0.453
感染	2506	51	0.187	沉船	1256	49	0.719
隔离	2379	51	0.187	医疗	1250	50	0.453
政府	2293	49	0.719	航行	1215	49	0.719
死	2286	49	0.719	船舱	1207	49	0.719
病毒	2264	50	0.453	钻石公主号	1196	55	0
新闻	2070	49	0.719	调查	1186	49	0.719
安全	1958	49	0.719	传播	1176	50	0.453
希望	1944	49	0.719	全球	1112	49	0.719
疫情	1891	50	0.453	口罩	1108	52	0.092
韩国	1824	49	0.719	检查	1086	49	0.719
救援	1737	49	0.719	患者	1065	52	0.092
确诊	1696	52	0.092	沉没	1023	49	0.719
船长	1681	49	0.719	孩子	952	49	0.719
报道	1676	49	0.719	真相	755	49	0.719
严重	1555	49	0.719	海警	645	51	0.517
传染	1490	50	0.453	东方之星	497	50	0.565
措施	1473	50	0.453	打捞	454	59	0.125
信息	1426	49	0.719	船身	387	53	0.333

接近中心度考虑的是节点不受其他行动者控制的程度，一个节点距离其他节点越近则越接近中心。通过测算，能够发现排名靠前的节点包括"乘客""日本""中国""韩国"等多个节点，同点度中心度有一定的相似性。

在中介中心度能够反映节点居于其他两个节点间作为中介角色的程度，即对其他节点的控制能力。其中，0.719 是中介中心度方面较高的值,表明乘客、日本、中国等多个节点的被依赖程度比其他节点的被依赖程度要高,但总体来说中介中心度偏低。就整体网络而言,中介中心度也很小,即在网络中大部分节点并不需要其他节点作为桥接点,便能够直接得到信息。同时中介中心势(Network Centralization Index)为0.01%,很低,说明各影响因素间呈现出分散性、分布式特征。

(四)邮轮负面事件风险感知空间格局分析

本书要进一步从空间视域挖掘国内不同区域网民对邮轮事件的风险感知。首先,利用空间自相关分析方法对各地风险感知度空间分布聚集状况及聚集类型进行分析。其次,通过自然间断分级法对各省区市网民进行划分,得到风险感知度空间分布,对风险感知度分布进行具体分析。

1. 空间自相关方法分析

通过空间自相关模型中的全局空间自相关及局部空间自相关,对各地风险感知度的空间分布的聚集情况进行分析。

(1)全局空间自相关

运用空间自相关来检验不同地域对邮轮事件风险感知空间差异的显著情况。将置信区间设置为95%,并根据式(1)计算得到风险感知的莫兰指数值,为-0.026417,为负值,z值为0.050574,但P值为0.959665,超出已设定好的置信区间范围。这表明风险感知空间分布呈现随机分布的状态,区域间的空间相关效应极弱,且各省区市对邮轮事件风险感知受到周边地区影响较小。

(2)局部空间自相关

为更进一步探究国内网民对邮轮事件风险感知度的空间格局,运用ArcGIS中的局部空间自相关对邮轮事件风险感知度聚集类型进行分析可知,江苏、上海、浙江为"H-H"型聚集区,也表明这些地区网民对邮轮事件风险感知较高,且邻近区域网民对邮轮事件风险感知也较高;而广东为"H-L"型聚集区;此外"L-H"型和"L-L"型聚集区并没有呈现出来。由此可以得出苏浙沪一带及周边省份网民对邮轮事件风险感知度较高,呈现"H-H"型聚集现象。广东省网民表现出对邮轮事件超高的风险感知度。

2. 空间分异特征

通过空间自相关分析能够说明国内各省区市网民对邮轮事件风险感知在空间上呈现随机分布的情况及聚集类型，但不能直接说明具体聚集分布构成，无法排除具体特殊状况的可能。如在局部空间自相关分析中，广东省为"H-L"型，广东省对邮轮事件的风险感知度要高于邻近省份，但却无法将广东省及邻近省份风险感知度数据放到全国范围内进行比较。故本书采用自然点断点分级法将各省区市网民划分为低水平风险感知区、中等水平风险感知区、较高水平风险感知区和高水平风险感知区四个等级。

新疆、西藏、甘肃、青海、宁夏、山西、内蒙古、吉林、云南、贵州、广西、江西、海南、台湾、香港和澳门为低水平风险感知区域；黑龙江、辽宁、天津、河北、陕西、河南、安徽、湖北、重庆、湖南、福建为中等水平风险感知区；四川、山东、江苏和浙江为较高水平风险感知区；北京、上海和广东为高水平风险感知区。从空间视域能够看出，除个别区域外，低、中和较高水平风险感知区均较为聚集，而高水平风险感知区域较为分散。

三、疫情后邮轮旅游市场开发

（一）邮轮市场格局

1. 邮轮客源市场结构

不同邮轮旅游客源市场呈现不同的分布格局。上海邮轮旅游客源市场空间分布是主要以上海为中心带状递减的"长三角核心区—环长三角外围区—点状分布边缘区"格局，武汉客源市场是呈"喇叭"状的"一核心两弧多岛"格局，三亚地区邮轮旅游客源市场总体呈现"一核一弧多岛"分布格局。

2. 邮轮客源市场空间分布特征

在邮轮旅游客源市场空间结构上，存在明显的东部指向和近域指向特征。一级客源市场地大多位于长三角以及珠三角地区，经济、交通、地理位置方面都具备一定的发展优势，应采用收获性战略，适当减少市场投入,以实现客源市场收益最大化,顺应市场发展同时保持市场活力。二级客源市场是具有一定客源基础的市场,可考虑采取发展性战略,用大量投资来提高市场占比与增长率,并不断向该市场推出更多创新的邮轮旅游产品,吸引更多潜在消费者。三级客源市场据目的地较远,大部分位于我国西北或西南地区,且有人口、经济等方面的发展限制,市场份额占比没有前两类市场大,但仍旧具备广阔的市场发展前景与潜力,故可采用选择性战略对极具发展潜力的市场进行培育,引导当地居民关注和了解邮轮旅游。四级客源市场大部分据上海较远,同时在当地已有一定邮轮发展的基础,对上海邮轮旅游的竞争较大,故可采用撤退性战略,缩小投资规模,并可将有限的资源投入其他市场进行发展。

(二) 邮轮游客感知变化

随着网络与信息技术的迅速发展,在线用户评论已成为人们获取信息的重要渠道。对风险感知在线评论数据进行挖掘分析,能够把握当下人们对邮轮事件风险感知的具体情况,对推动邮轮业健康持续发展具有极为重要的现实意义。本书基于国内最大的中文问答平台数据,运用词频分析、词云图、社会网络分析、空间分析等方法对疫情发生前后国内民众风险感知进行系统分析。首先,疫情前后国内民众评论高频词的转变反映了国内民众整体风险感知的转变,由原先对邮轮事件发生后船长、船员等人员操作及自然天气更为敏感转变为对邮轮暴发传染性疾病更为敏感,对于邮轮上的公共卫生也更为关注。其次,通过社会网络分析构建疫情前后国内民众对邮轮事件风险感知的语义网络能够发现,不管是疫情发生以前还是疫情发生以后,国内民众风险感知的影响因素均受到多方影响,同时风险感知也呈现出分散化的特征,疫情前民众风险感知会受到船长、船员及救援工作开展的影响,而疫情发生后民众的风险感知受邮轮疫情的严重情况影响。但从总体上能够看出人们在关注事件发生的同时,对于邮轮员工如何应对事件的发生及多方合作开展救援活动确保乘客安全也更为关注。最后,在空间分析上发现国内民众在风险感知度空间结构上呈现出明显的结构性差异,疫情后民众对邮轮事件的风险感知敏感度更高,且经济更为发达,信息通达程度越高的地区的民众的风险感知度也就越高。这是因为邮轮作为一种刚起步的新兴旅行方式,在国内一些经济发达、信息通达程度高的地区率先发展,而我国中部及内陆地区,由于邮轮产业的发展较东部地区更为缓慢,还无法跟上产业发展脚步,对邮轮也知之甚少,故而风险感知度要比东部地区低。

(三)相关建议

1. 完善法律体系,营造安全环境

邮轮事件频发而导致民众的风险感知敏感性更强,而政府修订有关邮轮安全的管理办法,成立应急预案处理领导组,对邮轮安全卫生突发事件进行应急处理和保障邮轮安全卫生及正常运转有着重要的作用。一定程度上,邮轮安全相关法律法规的颁布与修订能够有效推进行业规范和邮轮旅游风险方法规程,同时限制船员或乘客的不当行为,为邮轮旅游营造出一个良好的环境与安全管理氛围。

2. 强化安全投入,构筑保障体系

通过词频分析及绘制词云图发现,出现频率较高的词涵盖了人员、环境、设施、管理等方面,这些因素均会对民众的风险感知产生影响。同时,对疫情发生前后进行比较分析也能够发现,疫情前自然天气事件、邮轮员工应对等方面对风险感知的解释力度较大;而疫情发生后,如何积极有效应对突如其来的邮轮疫情成为人们风险感知的关注重点。因此,在邮轮企业层面上应有针对性地对船员开展安全教育培训,提高船员服务及安全管理意识;在乘客层面上,应增强安全意识,做好行前防范,关注邮轮风险信息,配备相应防护用品,并且掌握一些必要的急救知识;在政府层面上,应加强对突发性邮轮事件的发生,例如邮轮公共卫生、恶劣天气等,并加强对此类事件的防治与投资;而邮轮主管部门、邮轮企业及其他利益相关者间应加强合作,共同构建防范、应急处理、检测预警及善后恢复体系,为乘客安全作保障。

3. 关注网络舆论,客观报道事件

在社交媒体高度发达的今天,极少数邮轮事件往往会对邮轮旅游品牌形象造成巨大打击,邮轮旅游受此次疫情影响,成为被严重"污名化"的产业之一。如何有效加强舆情管理,修复邮轮旅游品牌形象,成为当下迫切需要解决的问题。一方面,邮轮公司应运用新技术手段,对相关舆情进行监测管理,当出现负面言论时,做好公关工作,及时应对,客观报道事件,避免社交媒体恶意传播。另一方面,对于邮轮旅游而言,现今国内民众风险感知的敏感程度极高,品牌修复是一项长期而又艰巨的任务,若采用说教式的手段便可能难以去除民众对其产生的形象偏差,故应采用移动媒体向全面宣传邮轮品牌正面形象,作为修复邮轮形象的重要手段。

4. 构建正面形象,积极宣传应对

面对已经发生的各类邮轮事件,行业只有坦然面对已经发生的错误,以积极主动的恣态去面对才能够被公众所认可。从空间分析中能够看出,不同区域的民众对风险感知的强度也是不同的,故邮轮公司在宣传方面要针对不同区域开展差异化宣传策略。例如,针对邮轮事件风险感知度高的"北上广"及一些东部经济发达的地区,这些区域的民众作为邮轮旅游消费的主力军,公司要加强邮轮安全宣传,消除高风险感知地区人们对邮轮事件的顾虑;对于低风险感知地区的民众,这类地区大部分位于我国中部或内陆地区,对邮轮旅游本身可能并不十分了解,邮轮公司可在宣传邮轮安全的基础上宣传邮轮旅游,以此来提升民众对邮轮旅游的认知。

目前邮轮旅游产品的销售主要以网站直销和旅行社代销为主。但由于网站直销价格较贵、预定时间长等,大部分国内游客购买旅游产品仍通过旅行社进行购买的。但是从目前情况来看,邮轮旅游产品的销售并未达到预期,因此要改变营销方式,推动邮轮旅游产品的消费。

5. 积极发挥旅行社的作用

目前选择邮轮旅游产品出游的中老年女性占大多数,她们通常选择通过旅行社订购邮轮旅游产品,因此旅行社成为邮轮旅游发展的一个关键环节。但由于上海邮轮旅游市场需求并不是很大,大型豪华邮轮并未将上海作为停靠港或始发港,造成部分中老年女性选择去其他地方乘坐豪华邮轮,而选择上海出发的游客乘坐的多为价格低廉的邮轮,使得旅程结束后部分中老年女性不愿再次乘坐邮轮出游。以上情况的发生对上海邮轮旅游的长远发展造成了不利影响。针对这一现象,上海邮轮港口应加强与邮轮公司合作,开发适合上海邮轮旅游者的航线。同时发挥旅行社在销售方面的作用,开发适合中国中老年女性消费的邮轮产品,提供优质的邮轮旅游服务。

6. 积极发挥口碑效应的作用

中老年女性对邮轮旅游的了解来自亲朋好友的介绍。因此,亲朋好友的评价就成了邮轮旅游宣传最关键、最重要的一个环节。而亲朋好友的评价就来自邮轮旅游过程中的亲身体验及感受。切实提高邮轮旅游服务质量，增加更多的岸上游览观光环节，让游客在船上玩得舒心，在岸上玩得开心。将邮轮旅游的经营模式与传统陆地游览模式相结合，让游客获得多重的感受与体验。采用口碑营销的方式，通过老客户推荐新客户等模式，吸引更多的中老年游客参与到邮轮旅游过程中来。

7. 整合资源，强化营销

从目前对邮轮旅游的认知情况来看，虽然已经有很多中老年女性了解邮轮，但部分人对邮轮旅游的认知还停留在20世纪80年代的邮轮旅游产品或内陆河运邮轮旅游上。因此要深化邮轮旅游宣传，与旅行社、邮轮公司合作，强化营销效果。第一，我们可以拍摄宣传片，通过电视媒体、借助广场的大荧幕等进行宣传，也可以考虑将邮轮旅游植入影视作品、提供邮轮场地举办老年广场舞赛事活动等，吸引中老年女性。第二，适当开发邮轮旅游体验项目。可以邀请中老年女性在工作日等时间来邮轮和港口进行参观。她们闲暇时间较多，可与年轻人、儿童分开安排，使其获得更好的邮轮体验。让她们近距离接触、感受邮轮，她们购买邮轮旅游产品时也会更加放心。第三，针对老年人团体出游的情况，可以设计相应的邮轮旅游产品优惠，吸引她们购买邮轮旅游产品。将"对邮轮旅游很感兴趣"的中老年女性转化为消费者，并由其拉动"对邮轮旅游兴趣一般"的中老年女性参与到邮轮旅游中。

8. 设计特色航线，提供特色产品

邮轮航行于海上，可提供给游客不一样的海上旅游体验，同时因为邮轮本身就是一个休闲度假的目的地，可以增加游览的乐趣。从国外邮轮旅游产品来看，邮轮旅程多注重海上巡游，邮轮所提供的各种服务设施可满足游客休闲度假的需求。航线设计时要充分考虑国内居民的习惯偏好和收入水平，在船上安排丰富多彩活动的同时，应适度延长登岸活动的时间，使岸上游览活动更加充实。设计相应的邮轮特色服务，推出相对应的旅游产品，提高服务质量，以"口碑"吸引国内游客参加邮轮旅游。

参考文献

[1]Sun, Kwortnik, Gauri. Exploring behavioral differences between new and repeat cruisers to a cruise brand[J]. International Journal of Hospitality Management, 71: 132-140.

[2]Chen, Lijesen, Nijkamp. Interpretation of cruise industry in a two-sided market context: an explora-tion on Japan[J]. Maritime Policy & Management, 2017, 44(6): 790-801.

[3]Sun, Feng, Gauri. The cruise industry in China: Efforts, progress and challenges[J]. International Journal of Hospitality Management, 2014(42): 71-84.

[4]Clia. 2019 Asia Market Report[R]. Cruise Lines International Association, 2020.

[5]丁金学，樊一江. 顺应消费形势 谋划邮轮经济发展[J]. 宏观经济管理，2018，417（9）：43-48.

[6]曾庆成，向惠，曲晨蕊. 邮轮供应链销售渠道选择与定价策略研究[J]. 运筹与管理，2021，30（5）：140-146.

[7]汪泓. 邮轮绿皮书：中国邮轮产业发展报告[M]. 北京：社会科学文献出版社，2020.

[8]孙晓东. 中国邮轮旅游业：新常态与新趋势[J]. 旅游学刊，2015，30（1）：10-12.

[9]Line, Wang. Market-Oriented Destination Marketing: An Operationa-lization[J]. Journal of Travel Research, 2017, 56(1).

[10]Knežević Cvelbar L, Dwyer L, Koman M, Mihalič T. Drivers of destination competitiveness in tourism: a global investigation[J]. Journal of Travel Research, 2016, 55(8): 1041-1050.

[11]李山，王铮，钟章奇. 旅游空间相互作用的引力模型及其应用[J]. 地理学报，2012，67（4）：526-544.

[12]丁镭，张琼，方雪娟. 基于修正旅游引力模型的横店影视城客源

市场空间结构划分[J]. 地理与地理信息科学，2020，36（3）：124-132.

[13]李景宜，孙根年. 旅游市场竞争态模型及其应用研究[J]. 资源科学，2002（6）：91-96.

[14]蔡卫民，彭晶，覃娟娟. 韶山的全国网络关注热度矩阵及推广策略研究[J]. 旅游科学，2016，30（4）：61-72.

[15]张立生. 旅游客源市场等级划分理论的应用及比较[M]//构建和谐社会背景下的中国区域旅游开发研究——第十一届全国区域旅游开发学术研讨会文选. 沈阳：辽宁大学出版社，2006：233-238.

[16]张言庆，马波，刘涛. 国际邮轮旅游市场特征及中国展望[J]. 旅游论坛，2010，3（4）：468-472.

[17]Sun, Kwortnik, Gauri. Exploring behavioral differences between new and repeat cruisers to a cruise brand[J]. International Journal of Hospitality Management, 2018(71): 132-140.

[18]孙晓东，侯雅婷. 邮轮旅游的负效应与责任性研究综述[J]. 地理科学进展，2017，36（5）：569-584.

[19]Pavlic I. Cruise tourism demand forecasting—the case of Dubrovnik[J]. Tour. Hosp. Manage, 2013, 19(1): 125-142.

[20]Radiæ A. Crisis Management in Cruise Tourism: A Case Study of Dubrovnik[J]. Academica Turistica—Tourism and Innovation Journal, 2015, 8.

[21]Shi, Wen, Xi, et al. A Study on Spatial Accessibility of the Urban Tourism Attraction Emergency Response under the Flood Disaster Scenario[J]. Complexity, 2020 (2020): 1-9.

[22]石勇，姚前，王文华，等. 基于Web of Science的旅游风险研究进展[J]. 资源科学，2021，43（5）：1038-1050.

[23]Link, Phelan. Conceptualizing Stigma[J]. Annual Review of Sociology, 2001, 27 (6): 363-385.

[24]许峰，李帅帅，牛文霞，等. 旅游目的地如何有效管控风险——来自南疆地区的证据[J]. 南开管理评论，2019，22（1）：66-75.

[25]Baker, Stockton. Smooth sailing!Cruise passengers demographics and health perceptions while cruising the Earnest Caribbean[J]. Int. J. Bus. Social Sci, 2013, 4 (7): 8-17.

[26] 米国伟, 先祖权, 王琳, 等. 新冠肺炎疫情期间公众心理健康信息需求研究——以社会化问答平台"知乎"为例[J]. 现代情报, 2021, 41 (6): 108-117.

[27] 佟德志. 计算机辅助大数据政治话语分析[J]. 国家行政学院学报, 2017, 106 (1): 31-33, 126.

[28] 孙晓东, 倪荣鑫. 国际邮轮港口岸上产品配备与资源配置——基于产品类型的实证分析[J]. 旅游学刊, 2018, 33 (7): 63-78.

[29] Shahid Nabila, Ilyas Muhammad, Alowibdi Jalal, et al. Wordcloud Segmentation for Simplified Exploration of Trending Topics on Twitter[J]. IET Software, 2016, 0307.

[30] 常城扬, 王晓东, 张胜磊. 基于深度学习方法对特定群体推特的动态政治情感极性分析[J]. 数据分析与知识发现, 2021, 5 (3): 121-131.

[31] 杨奕, 张毅. 复杂公共议题下社交媒体主题演化趋势与社会网络分析——以中美贸易争端为案例的比较研究[J]. 现代情报, 2021, 41 (3): 94-109.

[32] 孙晓东, 林冰洁. 谁主沉浮? 全球邮轮航线网络结构及区域差异研究[J]. 旅游学刊, 2020, 35 (11): 115-128.

[33] 米歇尔·渥克. 灰犀牛: 如何应对大概率危机[M]. 王丽云, 译. 北京: 中信出版社, 2017.

[34] 张公让, 鲍超, 王晓玉, 等. 基于评论数据的文本语义挖掘与情感分析[J]. 情报科学, 2021, 39 (5): 53-61.

[35] 吕连琴, 陈天玉. 旅游目的地宣传形象与游客感知形象对比研究——以河南省为例[J]. 地域研究与开发, 2020, 39 (6): 98-102, 107.

[36] 丛海彬, 邹德玲, 高博, 等. "一带一路"沿线国家新能源汽车贸易网络格局及其影响因素[J]. 经济地理, 2021, 41 (7): 109-118.

[37] 李彪. 霸权与调适: 危机语境下政府通报文本的传播修辞与话语生产——基于44个引发次生舆情的"情况通报"的多元分析[J]. 新闻与传播研究, 2019, 26 (4): 25-44, 126.

[38] 孙晓东, 徐美华. 邮轮属性评价与品牌定位——基于专业型游客的感知研究[J]. 地理科学, 2020, 40 (10): 1688-1697.

第五章 不确定因素对邮轮航线运营的影响

一、邮轮航线运营的不确定因素分析

(一) 不确定性的内涵

对不确定性的研究最早可追溯到 1921 年,奈特在其著作《风险、不确定性和利润》(*Risk, Uncertainty and Profit*)中明确指出"风险"和"不确定性"的差异,他认为风险是一种能够推导出结果的概率分布的状态,而不确定性是一种并不存在这种概率分布的状态[1]。随后经管领域从基于交易成本和契约的不确定性理论[2]与基于知识和能力的不确定性理论[3]两方面展开研究,即研究机会主义行为不确定性和客观环境不确定性,旅游业包括邮轮航线运营所关注的不确定性本质上也属于客观环境不确定性。

旅游业本身是一个复杂的巨系统,"牵一发而动全身"在全球化网络系统尚不发达的过去难以实现,现如今我们进入了全球"蝴蝶效应"的大时代,全球范围内的不确定性导致旅游发展的不确定性已经引起学者的广泛关注。首先是全球化与去全球化对旅游业的影响。传统观念认为各个国家的开放程度越来越高,全球范围内的流动性会愈加频繁,但现实中却出现了相反的趋势,从去全球化到逆全球化再到反全球化,贸易保护、贸易封闭的趋势正在蔓延,一些国家走向了封闭,流动性的减少势必对旅游业产生影响。此外,国际关系对旅游业的发展产生一定阻碍,对于邮轮产业来说,国家对外政策的改变可能会导致邮轮航线的改变,进而影响邮轮产品的出售。其次是全球气候变暖带来的安全管理挑战。旅游业一向被看作无烟工业,但随着可持续发展的观念深入人心,旅游的环境负效应已引发广泛关注,尤其是邮轮旅游的环境负效应,旅游业的高碳排放使其变相成为全球气候变暖的推动者,比如旅游时我们乘坐的交通工具、住宿,以及用餐时所消耗的一次性服务产品不仅造成环境污染,还导致资源浪费。航空和自驾作为旅游业中最重要的交通工具,一直是碳排放的主要贡献者,但如果用气候变暖的规则要求减少交通碳排放,将对旅游业的整体结构产生冲击。同时气候变暖带来的海平面升高、极端天气增加、自然灾害频发,如洪水、飓风、火灾或火山爆发等不确定因素都会对旅游业造成冲击。最后是公共卫生事件对旅游业的冲击。SARS、MERS、寨卡、埃博拉等都曾经对旅游大国和世界旅游业造成极大的影响,加上此次新冠肺炎疫情,在过去十五年间世界卫生组织已启动六次 PHEIC 警报机制[4]。专家表示新冠肺炎疫情或将预示着第四次旅游经济衰退,因为新冠肺炎疫情已经演变为全球性的健康和人道危机,消费者出游尤其是出境游的信心难以在短期内恢复,同时旅游企业面临诸多困难,部分企业陷入破产使得旅游供给陷入长期萎缩[5]。公共卫生事件的突发使得旅游业重新洗牌,而新型冠状病毒也成为近年来对旅游业影响最大的不确定因素。

(二)邮轮产业的特性

邮轮业是非常敏感和脆弱性的产业,与其他产业相比,邮轮更加依赖自然环境和气候条件,更容易受气候变化的影响[6]。气候变化会导致极端天气的增加,例如风暴、热浪或强烈而长时间的降雨,维贾业等(Wijaya, Furqan)指出暴风雨和洪水是对游客滨海旅游活动影响最大的天气灾害[7]。由于邮轮船舱空间相对密闭,为病毒传播提供了环境,此外邮轮上人员高度密集,尤其是在船只大型化趋势下,有时仅船员就有 1000 余人,在遇到自然灾害和突发事件时,很容易遭受人身和财务风险损失[8]。而体质较弱、抵抗力较低的"银发族"正日益成为邮轮旅行的"主力",他们往往患有各类慢性疾病,邮轮上虽然配有船医,但其所提供的救治能力有限,很难满足高龄旅客的医疗需求。因此流行病毒对邮轮业的作用很强,2019 年末开始的新冠肺炎疫情使全球邮轮业陷入停滞状态。时至今日,由于疫情的反复邮轮业仍未实现全面复航。数据显示,截至 2021 年 5 月,已经复航的邮轮共计 23 艘,合计载客量 6.27 万人,占全球邮轮总运力的 8.7%,其中 7 艘为 1000—2999 床位的中型邮轮,8 艘为 1000 床位以下的小型邮轮。下半年复航运力占比将进一步增加至26%，运营邮轮数量可达72艘，大部分部署在地中海区域。同时邮轮旅游作为跨国、跨地区的旅游产品，其运营模式十分复杂，邮轮业的发展往往涉及多个国家的协同作用，因此国际关系对邮轮业的影响很大。

（三）邮轮航线运营中的不确定因素

邮轮产品是指某一具体航次的旅游行程，完整的邮轮行程由海上巡游和目的地岸上活动两部分组成，需要游客空间位移才能完成一次完整邮轮旅游的生产和消费。每个邮轮航程都有明确的起止时间，具有明显的时效性。邮轮港口是航线的重要节点，邮轮能否准时到达和离开港口对整个航线航程节奏产生影响。虽然邮轮产业售卖航线而非目的地，邮轮公司在停靠港上选择更加灵活[9]，但是随着游客越来越看重目的地行程[10]，邮轮公司需要在市场偏好和运营成本上进行更多平衡。根据邮轮行程的特殊性，邮轮航线运营作为典型的复杂的非线性系统，涉及多个环节，存在诸多不确定性，"蝴蝶效应"也更加明显。

按照不确定性的形成范围可分为港口的不确定性和海上航行的不确定性。首先，邮轮在港口区域常会遇到意想不到的问题，如大雾、台风、航行意外、航道管制等，随着全球气候变暖的加剧，极端天气频发，海平面升高将导致有些港口国家不复存在，使邮轮旅游的岸上观光产品受到威胁，从而影响邮轮公司的航线安排；并且由于客运港口可能会临近货运港口，还会遇到漏油、火灾、航道堵塞等问题[8]。如果遇到邮轮港口国家暴发传染性疾病，蚊虫、爬行动物及游客等可能将有关病毒带入邮轮，从而导致邮轮上呼吸系统传染病、蚊媒传染病的发生，而且有些疾病的症状不明显，在邮轮航行一段时间后才可能被发现。此外，邮轮乘客与目的地港口国家的国际关系也会影响邮轮航线运营，有些港口国家的邮轮接待政策、国际立场则会影响邮轮公司对邮轮航线的布局，进而影响邮轮航线运营。

其次，邮轮在海上航行时也存在许多不确定因素。虽然有关海盗的消息已经越来越少，但在加勒比地区海盗对邮轮航线运营而言仍是一个不确定因素；邮轮在海上航行时，可能发生触礁、抛锚等一系列航行事故，天气也是邮轮在海上航行过程中的一个很大的不确定因素；此外邮轮作为"海上漂浮城市"，时常因为食品安全问题而产生一些胃肠道感染病。例如，2020年2月2日至3月1日一艘公主邮轮连续两次暴发胃肠道疾病，第一次船上共403人感染，主要症状为呕吐和腹泻，为应对疫情，该船于2月13日返回港口进行超级卫生清洁，并于2月16日恢复原定的行程。但邮轮再次起航后，又有259名乘客及船员发生呕吐和腹泻，船上船员于2月21日及2月23日完成对船只的密集清洁，并根据疫情防控和应对计划加强清洁和卫生程序以防止疫情的进一步发展，最终该邮轮顺利完成计划航线。

按照不确定性的来源，可分为内生不确定性和外生不确定性，其中内生不确定性指形成于系统自身，但对系统运行结果产生影响的不确定性，反之则是外生不确定性。其中，邮轮公司自身航线设置的不合理、邮轮产品同质化、因食物安全而引发的健康问题等均为内生不确定性，而天气、航道管制、传染性疾病的暴发等则为外生不确定性。按照不确定性的时间维度可分为短期、中期和长期不确定性。短期不确定性指仅对邮轮航线产生一次影响，包括台风、海啸、地震、大雾、航道管制、航行事故、火灾及胃肠道感染病、蚊媒传染病等；中期不确定性指对邮轮航线产生五次及以下影响，包括国际关系、突发政治事件、某些呼吸系统疾病等；长期不确定性指对邮轮航线产生五次以上影响，包括全球性流行病毒的暴发，如新型冠状病毒、埃博拉病毒、SARS，以及全球气候变暖带来的海平面升高等。

二、多变天气如何导致邮轮延误
——以吴淞口邮轮港为例

吴淞口邮轮港自2011年开港，现已经成长为中国游客接待量最大的邮轮港口，占全国邮轮游客接待量的50%以上，全球位列第四。随着其客运规模不断扩大，天气带来的航班延误也上升为多方利益相关者关心的问题。从地理位置上看，吴淞口国际邮轮港位于上海吴淞口长江岸线的炮台湾水域，是长江、黄浦江交汇入海的地方。其所处的长江口地区地形南北较长，东西较窄，冬季强冷空气造成的寒潮和大风对海上船只影响较大，船舶航行频繁地受到风暴潮的影响。春夏两季温带气旋（锋面气旋）和热带气旋带来的大风和台风天气也对船舶航行影响很大。大风带来的大浪也会影响船舶航行的安全和稳定。由于靠近环太平洋地震带，地震、海啸等偶尔也会影响海上航行。陈琛等将长江干线船舶延误的主要风险因素分为 4 大类共 18 种，通过实证分析发现天气是影响船舶延误最主要的因素之一[11]。

邮轮延误可分为两种：延迟到达和延迟出发。通常延迟到达伴随着延迟出发，因为邮轮在港口的上下客、补给和后勤都需要特定时间长度才能完成，更何况延误还有可能伴随着航道拥堵、游客分流、港口配合等其他方面的问题。杰米等（Jamie, Nijkamp）从邮轮航线运营视角指出，邮轮港口停靠时间长短需要考虑邮轮船舶吨位、港口类型、港口间距离、游客数量、邮轮公司性质、母港的特殊性和停靠港的吸引力等多方面因素[12]。

邮轮延误和飞机延误非常相似，都是向游客提供客运服务；同时邮轮涉及海上交通航行，与货运船舶延误也有相同之处。当前一些对飞机延误和船舶延误的成本研究发现，延误会直接增加航运公司的运营成本和潜在的经济损失，并且延误会带来港口员工加班成本上升、游客时间和精力的浪费、机会成本损失，以及行程变更的转换成本上升等[13]。另外，因为邮轮提供的是旅游产品，邮轮延误可能会因为目的地取消或行程变更带来旅游赔偿问题，增加旅行社的运营风险。

目前在中国开展的邮轮旅游多是环形航线，其基本模式就是在母港上客，然后在一个或多个停靠港下客上岸游览，最后再将游客运回母港结束邮轮旅游行程。因为邮轮提供的某一时权的邮轮产品，具有价值易逝性，因此邮轮公司一般提前一到两年规划邮轮航线，确定始发及停靠港口，和邮轮港口预定泊位，确认行程起止时间，最后知会销售部门和旅行代理商帮助销售该航次邮轮产品。因此，时间在邮轮运营中是非常重要的节点，一旦发生时间上的错位，不仅会影响邮轮航次后续行程安排，也会带来航道拥堵、港口加班、游客投诉等连锁反应。

从邮轮实际运营看，邮轮延误通常受天气、航道管制和突发事故（如航行事故、传染病、火灾、突发政治事件或地震海啸）的影响。但从上海长江航道管制看，当地海事部门针对邮轮专门制定了优先使用航道通航的政策，创新国际邮轮"五优先"和"3A"工作法，实行超宽交会，落实"利用边坡交会"，尽可能消除了潮汐和航道拥挤对邮轮靠泊的影响，全力保证邮轮安全率和准点率。另外上海每年邮轮突发事故只有 1—2 例，可以作为异常值在研究中排除。所以，天气是影响邮轮能否准时靠泊上海吴淞口邮轮港的最主要原因。邮轮经常会因为天气变化更改既定航程，出现到达延误或出发延误，延长港口的靠泊时间。

2018 年 3 月 27 日下午，诺唯真喜悦号因为大雾黄色预警无法从上海吴淞口港码头正常启航，一直滞留码头直到 29 日 22 时，致使原日本两日岸上行程取消，改成无目的地海上巡游。此次事件中，邮轮公司一方面因为出发延误全额返还游客船票费用，并免费提供该航次海上巡游的所有费用；另一方面也因为无法离港承担了 3 天的靠泊费用。由此可见，邮轮能否准点靠泊和靠泊多长时间会直接影响邮轮运营成本。首先，邮轮准点靠泊，有利于邮轮企业经营活动有序开展、游客旅行计划如期开展、邮轮港口合理安排客流、边检海关等工作正常运转。准点率越高，延误和航程缩短的赔偿越少，邮轮企业收益越大。其次，邮轮停靠时间越长，靠泊成本越高，增加了邮轮公司的运营成本。停靠时间越短，对邮轮公司来说越好，既可以减少靠泊费用，又可以尽可能增加游客船上消费提升海上盈利。

因此，天气和空气质量会影响准点率和邮轮在码头的停靠时间，对邮轮公司的盈利和成本产生直接影响，对港口的有序经营和盈利也有很大关系。更重要的是，影响游客对邮轮旅行的体验，对邮轮产品的后期营销产生长远影响。有鉴于此，本节尝试以上海吴淞口国际邮轮港为实证，研究天气变化对邮轮准点率和靠泊时间的影响，理清天气对邮轮延误的影响机制。

（一）影响因子选择

在根据影响邮轮延误的实际情况和相关国内外研究的基础上，筛选了以下可能影响邮轮延误的气象要素：

1. 温度

温度是形成海雾的重大原因，而海雾又是造成海上事故的重要因素，海雾发生的区域大致限于表面水温低于 20℃ 的冷海面，根据上海的气候特征和地理区位，上海沿海易出现海雾的时间在每年的 3 月到 7 月中旬，雾期大概为 4—5 月，且上海沿海因海雾造成的海上事故大约占海上各类事故总数的 48%，因此应将温度因素纳入影响邮轮延误的气象要素中[14]。

2. 降水量

根据国内外相关文献的研究，降水量超过 25 毫米时会对船舶航行造成一定的影响,根据所获取的数据区间来看,上海市2017年1月1日到2019年6月30日日降水量大于25毫米的天数一共有34天,其中有25天都出现了延误,占比达到了73.5%。因此将降水量纳入研究影响邮轮延误的气象要素。降水量等级如表5-1所示。

表5-1 降水量的等级划分表

降雨等级	评判标准
小雨	1d(或24h内)降雨量小于10mm者
中雨	1d(或24h内)降雨量10—25mm者
大雨	1d(或24h内)降雨量25—50mm者
暴雨	1d(或24h内)降雨量50—100mm者
大暴雨	1d(或24h内)降雨量100—200mm者
特大暴雨	1d(或24h内)降雨量在200mm以上者

3. 风速

风力大小对船舶航行有着相当重要的影响,蒲福风级[15](Beaufort scale)是根据风对炊烟、沙尘、地物、渔船、渔浪等的影响程度而定出的风力等级,是目前世界气象组织所建议的分级,如表5-2所示。根据吴淞口邮轮港口的风速数据,在432次航次延误中,海上风力在5—6级的频次是最多的,一共327次。另外,海上风力大于6级时一共有81次延误,占18.75%,故将海上风速纳入影响邮轮延误的气象要素中。同时,由于这里涉及邮轮的停港时间误差,因此也需要考虑陆上风速。

表5-2 蒲福风级表

蒲福风级	名称	高出地面10公尺之相当风速		海面情形说明
		m/s	km/h	
0	无风	0—0.2	—	海面如镜
1	软风	0.3—1.5	1—5	海面有鳞状波纹,波峰无泡沫
2	轻风	1.6—3.3	6—11	微波明显,波峰光滑未破裂
3	微风	3.4—5.4	12—19	小波,波峰开始破裂,泡沫如珠,波峰偶泛白沫
4	和风	5.5—7.9	20—28	小波渐高,波峰白沫渐多
5	清风	8.0—10.7	29—38	中浪渐高,波峰泛白沫,偶起浪花
6	强风	10.8—13.8	39—49	大浪形成,白沫范围增大,渐起浪花

续表

蒲福风级	名称	高出地面 10 公尺之相当风速		海面情形说明
		m/s	km/h	
7	疾风	13.9—17.1	50—61	海面涌突,浪花白沫沿风成条吹起
8	大风	17.2—20.7	62—74	巨浪渐升,波峰破裂,浪花明显成条沿风吹起
9	裂风	20.8—24.4	75—88	猛浪惊涛,海面渐呈汹涌,浪花白沫增浓,减低能见度
10	暴风	24.5—28.4	89—102	猛浪翻腾波峰高耸,浪花白沫堆集,海面一片白浪,能见度减低
11	狂风	28.5—32.6	103—117	狂涛高可掩蔽中小海轮,海面全为白浪掩盖,能见度大减
12	飓风	32.7—36.9	118—133	空中充满浪花白沫,能见度低劣

4. 能见度

能见度是反映大气透明度的一个指标,海面能见度分为 0—9 级,但在气候资料和世界各国发布的天气预报中,通常不用等级而是用能见度术语表示,如表 5-3 所示,能见度有能见度低劣、能见度不良、能见度中等、能见度良好、能见度很好和能见度极好之分。在所获取的数据中三种延误均发生的情况下,能见度中等及以下的频次为 147 个航次,占总数的 34%。因此将能见度作为影响邮轮延误的因素之一。

表 5-3 能见度等级表

等级	能见距离		能见度鉴定	海上可能出现的天气现象
	n mile	km		
0	<0.03	<0.05	能见度低劣	浓雾
1	0.03—0.10	0.05—0.2		浓雾或雪暴
2	0.10—0.25	0.2—0.5		大雾或大雪
3	0.25—0.50	0.5—1	能见度不良	雾或中雪
4	0.50—1.00	1—2		轻雾或暴雨
5	1—2	2—4	能见度中等	小雪、大雨、轻雾
6	2—5	4—10		中雨、小雪、轻雾
7	5—11	10—20	能见度良好	小雨、毛毛雨
8	11—27	20—50	能见度很好	无降水
9	≥27	≥50	能见度极好	空气澄明

5. 空气污染物

随着工业化和城镇化的持续推进，以 PM2.5 和 PM10 为主要构成的大气气溶胶污染日趋严重，导致雾霾天气频繁出现[16]，一定程度上影响游客活动和旅游业发展。根据邮轮港运营的实际情况及上海的大气环境现状，将空气污染物确定为 PM2.5、PM10、SO_2、CO、NO_2、O_3。

通过计算邮轮预期到达时间和实际到达时间、预期出发时间和实际出发时间的差距来判断邮轮是否延误。将延误界定为三大类（如表5-4）：靠泊延误、出发延误、停港误差。三种延误都发生的航次一共有 432 次。注意这里界定的延误与港口实际界定的延误是有区别的，港口将超出预期到达时间或预期出发时间 1.5 小时才界定为邮轮航次延误。

表 5-4 延误类型的界定与计算方式

延误类型	界定方式	计算方式
靠泊延误	实际到达时间晚于预计到达时间	实际到达时间-计划到达时间
出发延误	实际出发时间晚于预计出发时间	实际出发时间-计划出发时间
停港误差	实际停港时间长于预计停港时间	实际停港时间-计划停港时间

（二）邮轮航线运营数据的特征

1. 邮轮航线运营延误数据特征

本书选取了上海吴淞口邮轮港 2017 年以后有航期计划的 960 条数据。

如表 5-5 所示，2017 年的数据共 466 条，2018 年的数据 380 条，2019 年上半年的数据 114 条。其中，靠港延误 2017 年发生 446 次，占全年的 95.7%；2018 年发生 102 次，占全年的 26.8%；2019 年上半年发生 42 次，占上半年的 36.8%。出发延误 2017 年发生 434 次，占全年的 93.1%；2018 年发生 165 次，占全年的 43.4%；2019 年上半年发生 66 次，占上半年的 57.9%。停港时长大于计划停港时长的情况共发生了 836 次，2017 年发生 416 次，2018 年发生 328 次，2019 年上半年发生 92 次。根据数据显示及上海吴淞口邮轮港实际管控的情况来看，吴淞口国际邮轮港口从 2017 年开始监测邮轮延误的情况以来，2017 年全年出现延误的情况在全年的航期计划中是非常多的，从 2018 年年初吴淞口邮轮港采取一定的措施以来，降低了邮轮延误的情况，这与实际是相符合的，证明港口的管控做得较好。

表 5-5 发生延误次数分布表

年份	航期计划条数	靠港延误次数	出发延误次数	实际停港时间大于计划停港时间次数
2017	466	446	434	416
2018	380	102	165	328
2019（上半年）	114	42	66	92

2. 邮轮靠港延误的数据特征

根据获取的航期数据，在 2017 年 1 月 1 日—2019 年 6 月 31 日中，邮轮晚于航期计划停靠在吴淞口邮轮港共发生了 590 次，如图 5-1 所示，横坐标表示发生靠港延误的次数，并根据发生靠港延误的先后来排序的，纵坐标表示靠港延误的分钟数。

经观察，发生延误的情况整体波动具有随机性和周期性，每隔一段时间延误情况就会出现一个周期性的变化。图中出现了若干延误时间激增的情况，经核实，主要是由于极端恶劣天气所造成的。将由于极端天气延误超过 12 小时（720 分钟）的数据删除后，再随机选取连续发生的 100 次靠港延误数据，并对其做一阶差分处理后发现，自相关图呈现出明显的正弦波动规律，表明这是具有周期变化规律的非平稳序列，这与图 5-1 显示出的周期波动性质是非常吻合的。

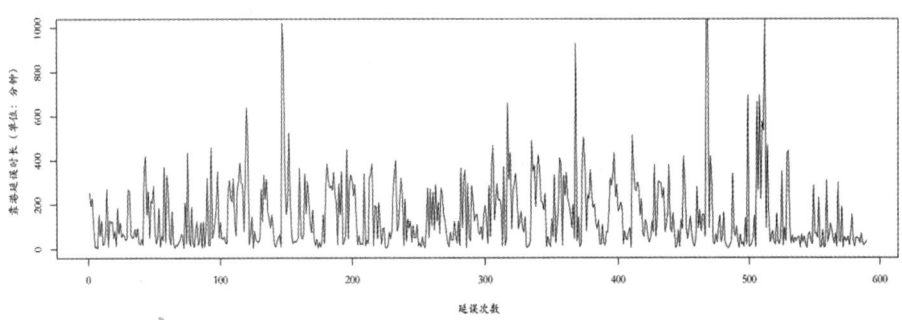

图 5-1 靠港延误时长波动图

3. 邮轮出发延误的数据特征

根据获取的航期数据，在 2017 年 1 月 1 日—2019 年 6 月 31 日中，邮轮晚于航期计划停靠在吴淞口邮轮港共发生了 665 次，其中出发时间延误 12 个小时（720 分钟）的情况共发生 19 次，出发时间延误 6 小时（360 分钟）的情况共发生 53 次。如图 5-2 所示，横坐标表示发生出发延误的次数，并根据出发延误的先后来排序的，纵坐标表示出发延误的分钟数。

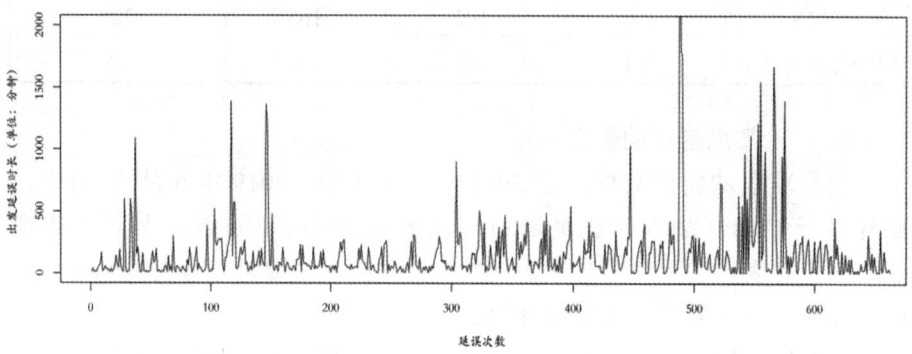

图 5-2　出发延误时长波动图

从图 5-2 可以看出，出发延误也存在突变值，这便是前述提到的超过 12 小时的 19 次延误。从第 435 次出发延误发生于 2018 年可以得知，出发延误超过 12 小时的情况多分布于 2018 年到 2019 年上半年，再根据实际的天气情况，这也说明极端天气对邮轮航线运营的影响是很大的。为了清楚地观察邮轮出发延误的随机性强度和相邻出发延误的波动幅度，将受极端天气影响和原定计划下停于港口不及时出发的航期计划数据删除后，再随机选取连续发生的 100 次出发延误的数据，相邻出发延误时长的一阶差分分布图表明该序列具有周期性。

（三）天气因素对邮轮航线运营的影响分析

邮轮航线运营受天气的影响主要体现为直接影响和间接影响两种情况。其中直接影响主要分为两方面：一是由于极端恶劣的天气情况导致的航道结冰，或者台风过境及海雾弥漫的情况，促使邮轮无法出行；二是天气因素在一定情况下影响邮轮出行安全或者靠港速度减慢，从而导致邮轮无法正常按计划出发或靠港，进而导致邮轮延误或者变更航期计划。间接影响则是指由于天气原因导致邮轮游客变更行程，或者取消行程，这来源于乘坐邮轮的旅客对天气的感知。这是指邮轮游客在天气不良的情况下，选择临时取消邮轮出游行程，由于邮轮出行计划属于提前预定制，因此这种情况几乎很少，可以忽略不计。

但邮轮航线运营到底会受到哪些天气因素影响，且影响的方式和强度如何？本研究将通过对历史邮轮航期计划数据和天气因素数据的定性和定量分析，试图给出这些问题的答案。

1. 样本数据的描述性统计分析

通过做出数据的直方图，可以更为直观地观察到延误发生时的风速分布、日平均温度分布、NO_2浓度分布、SO_2浓度分布、降水量分布、能见度分布、PM2.5浓度分布、PM10浓度分布、CO浓度分布及O_3浓度分布，如图5-3、图5-4所示，图中的曲线为拟合的正态分布曲线。

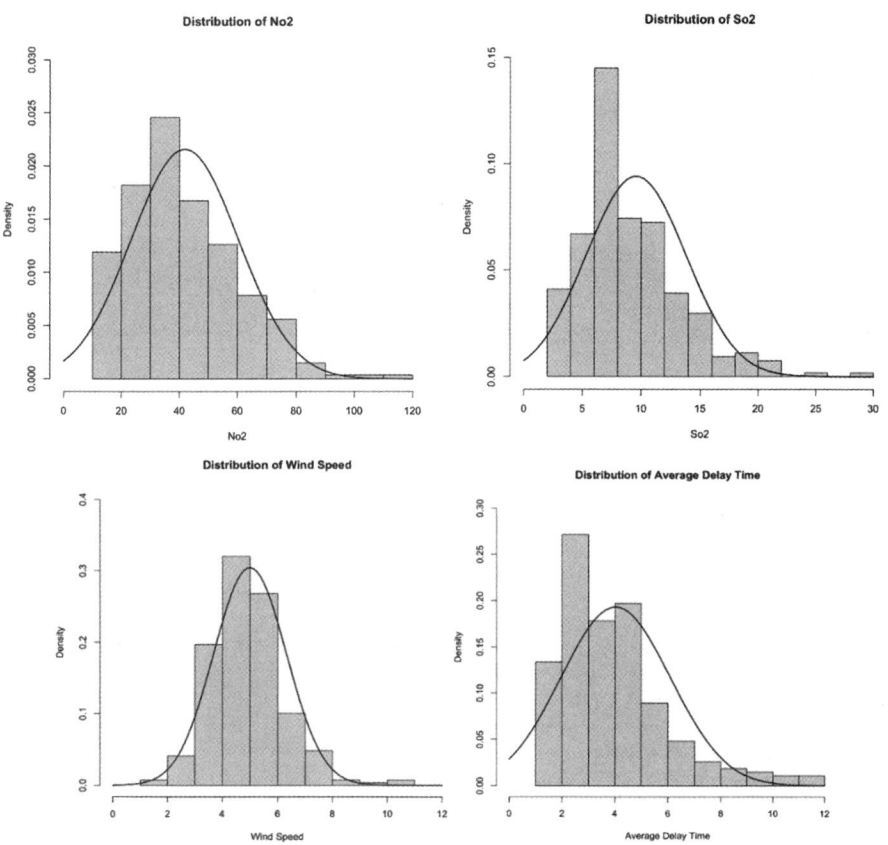

图5-3　NO_2浓度分布、SO_2浓度分布、风速、日平均气温分布图

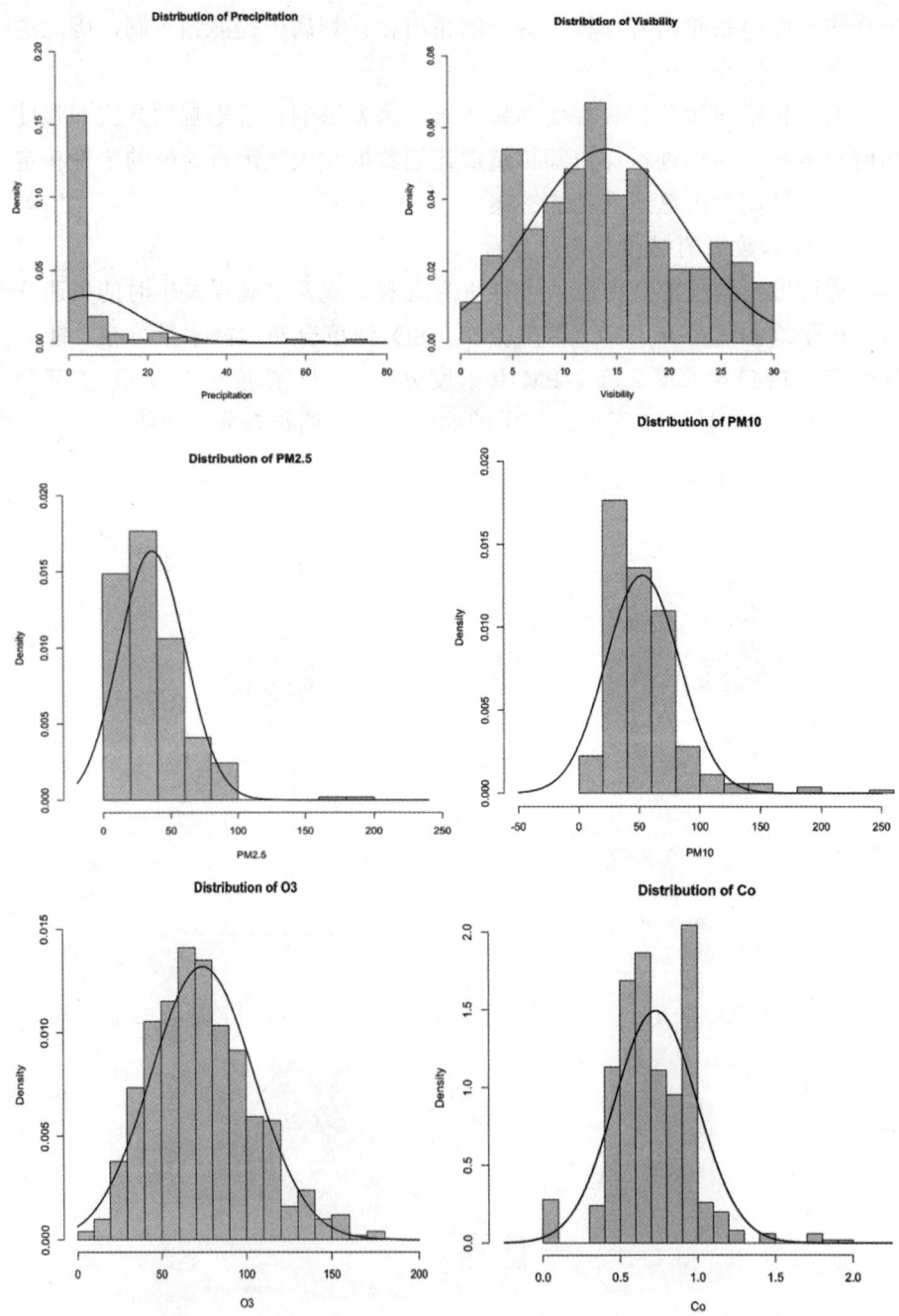

图 5-4　降雨量、能见度、PM2.5、PM10、CO、O_3分布图

从直方图和正态分布曲线的比较来看，相对于正态分布曲线，大气污染物曲线存在明显的尖峰形态，说明上海的大气污染物在均值附近聚集了大量的浓度值。而平均温度和能见度曲线则更多呈现出胖尾形态，说明在直方图的左右两侧的尾部仍存在着一些极值，证明延误发生时温度差别不大，能见度极好的情况下延误情况差别也不大。

结合样本数据的算数均值数、标准差、峰度、偏度四种基本统计参量和 Lilliefors 统计量，检验样本数据的正态性。如果 Lilliefors 统计量的值大于临界值，则拒绝数据服从正态分布的原假设，即说明该序列不服从正态分布，计算结果如表 5-6 所示。

表 5-6　各统计量数据情况及分析

类别	风速 (m/s)	能见度 (km)	平均温度 (℃)	降水量 (mm)	PM2.5 (μg/m³)	PM10 (μg/m³)	SO_2 (μg/m³)	NO_2 (μg/m³)	CO (μg/m³)	O_3 (μg/m³)	邮轮延误时间 (h)
最大	10.3	30	35.8	70.6	183	244	29	116	1.92	166	12
最小	1.9	1.7	0.1	0	7	9	3	11	0	9	1.5
均值	5	14.03	17.33	4.897	36.472	52.799	9.558	41.851	0.747	72.223	4.026
标准差	1.309	7.382	8.75	12.059	24.344	30.363	4.233	18.471	0.253	30.012	2.062
峰度	1.753	0.062	-0.952	14.578	7.909	8.409	2.11	0.794	3.56	0.037	2.084
偏度	0.898	0.324	0.01	3.653	2.049	2.226	1.235	0.828	1.01	0.511	1.378
KS 检验 P 值	2.20E-16	3.40E-05	0.008	0.036	5.30E-14	2.20E-16	1.60E-09	0.005	0.1466	1.60E-13	2.20E-16
正态性	不服从	不服从	不服从	不服从	不服从	不服从	不服从	不服从	不服从	不服从	不服从

由上表数据可知，延误数据下的统计量中，风速最小值为 1.9m/s，最大值为 10.3m/s，均值为 5m/s；能见度最小值为 1.7km，最大值为 30km，均值为 14.03km；日平均温度最小值为 0.1℃，最大值为 35.8℃，均值为 17.33℃；降水量最小值为 0mm，最大值 70.6mm，均值为 4.897mm；PM2.5 浓度最小值为 7μg/m³，最大值 183μg/m³，均值为 36.472μg/m³；PM10 浓度最小值为 9μg/m³，最大值 244μg/m³，均值为 52.799μg/m³；SO_2 浓度最小值为 3μg/m³，最大值 29μg/m³，均值为 9.558μg/m³；NO_2 浓度最小值为 11μg/m³，最大值 116μg/m³，均值为 41.851μg/m³；CO 浓度最小值为 0μg/m³，最大值 1.92μg/m³，均值为 0.747μg/m³；O_3 浓度最小值为 9μg/m³，最大值 166μg/m³，均值为 72.223μg/m³；平均延误时间最小值为

1.5h，最大值 12h，均值为 4.026h。

从峰度和偏度来看，风速、能见度、平均温度、降水量、PM2.5 浓度、PM10 浓度、SO_2 浓度、NO_2 浓度、CO 浓度、O_3 浓度、平均延误时间偏离正态分布，且偏度均大于 0，属于右偏态，表明统计量实际数值比均值小的居多。PM2.5、PM10 和降水量的峰度均大于 3，具有过度的峰度，表明这三个统计量在某一范围内的值占据主导地位。进一步运用 KS 正态性检验法对各组序列进行正态性检验，统计量均拒绝零假设，即均不服从正态分布。

2. 邮轮延误时间变化的单影响因素 GAMs 模型分析

在进行单因素分析中将邮轮延误时间作为响应变量，风速、能见度、平均温度、降水量、PM2.5、PM10、SO_2、NO_2、CO 和 O_3 共 10 个天气因素作为解释变量，每次仅选取一个影响因子作为解释变量，采用自然立方样条平滑函数构建邮轮延误时间变化的单影响因素 GAMs 模型。通过 GAMs 模型给出的 F 统计值、P 值、R^2 和方差解释率来判断不同解释变量对邮轮延误时间变化的影响显著性及模型的拟合优度。表 5-7 展示了邮轮延误时间与单影响因素的 GAMs 模型假设检验结果。其中，邮轮延误时长做了对数处理。

表 5-7 邮轮延误时间与单影响因素的 GAMs 模型假设检验结果

参数	估计自由度	参考自由度	F	P	调整判定系数 R^2	方差解释率（%）
风速	8.303	8.87	53.44	<2e-16 ***	0.436	44.4%
能见度	3.224	4.013	13.13	<2e-16 ***	0.0791	8.4%
平均温度	3.159	3.954	1.48	0.194	0.00781	1.3%
降水量	7.824	8.596	31.88	<2e-16 ***	0.308	31.7%
PM2.5	2.663	3.334	6.494	0.000167 ***	0.0355	3.97%
PM10	5.509	6.652	3.375	0.00191 **	0.0328	4.16%
SO_2	2.651	3.339	3.293	0.0156 *	0.018	2.23%
NO_2	5.387	6.502	1.458	0.187	0.012	2.07%
CO	2.219	2.793	5.24	0.0017 **	0.0235	2.7%
O_3	5.476	6.633	2.287	0.0336 *	0.0202	2.9%
浪高	7.836	8.57	25.91	<2e-16 ***	0.264	27.3%

由表 5-7 可知，所有解释变量的自由度均大于 1，即所有解释变量与邮轮延误时长之间均呈非线性关系，其中天气因素风速、能见度、PM10 和 SO_2 均在 P＜0.05 水平下对邮轮延误时间变化影响显著，表明这些因子单独作为邮轮延误时间变化的解释变量均有统计学意义。综合 F 统计值、P 值、R^2 和方差解释率可知，单一解释变量对邮轮延误时间变化的影响程度由高到低依次为：风速＞降水量＞能见度＞PM10＞PM2.5＞O_3＞CO＞SO_2＞NO_2＞平均温度。其中，天气因素对邮轮延误时间影响的调整判定系数（R^2）有明显差异，风速和降水量相对较高，方差解释率较高，模型拟合度效果可信。

3. 邮轮延误时间化的多影响因素 GAMs 模型建模

初步将单影响因素分析中有统计学意义和经过显著性检验的 7 个天气因素（风速、降水量、能见度、PM10、PM2.5、O_3、CO）同时作为解释变量，将邮轮延误时间作为响应变量，构建邮轮延误时间变化的多气象因子 GAMs 模型。模型拟合结果如表 5-8 所示，这 7 个解释变量均在 P＜0.05 水平下对邮轮延误时间变化影响显著。

表 5-8　邮轮延误时间变化的多气象因子 GAMs 模型（1）

指标	风速	降水量	能见度	PM10	PM2.5	O_3	CO
估计自由度	8.358	4.707	1	1	2.865	1	1
参考自由度	8.886	5.697	1	1	3.615	1	1
F	44.008	29.550	2.203	4.212	2.760	0.261	6.206
P	＜2e-16 ***	＜2e-16 ***	0.06748	8.77e-06 ***	0.0421 *	0.6095	0.0130 *

模型的 R^2=0.595，方差解释率 60.8%，模型拟合度较高，但是还不够好，因此，还不能确定风速、降水量、能见度、PM10、PM2.5、CO、O_3 共同作用对邮轮延误时间变化有显著影响。在此基础上，进一步删除能见度和 O_3，重新构建多影响因素的 GAMs 模型，如表 5-9 所示。

表 5-9 邮轮延误时间变化的多气象因子 GAMs 模型（2）

指标	风速	降水量	PM10	PM2.5	CO
估计自由度	8.364	4.636	1	2.866	1
参考自由度	8.888	5.609	1	3.581	1
F	47.293	31.274	7.8	3.797	8.101
P	<2e-16 ***	<2e-16 ***	0.00368**	0.00885 **	0.00458 **

重新构建的邮轮延误时间变化的多影响因素 GAMs 模型结果如表 4-3 所示，所筛选的风速、降水量、PM10、PM2.5、CO 这 5 个解释变量的 P 值均<0.05，具有统计学意义，表明上述 5 个解释变量与邮轮延误时间之间存在较强的关联。值得注意的是，风速、降水量、PM2.5 这 3 个解释变量均与邮轮延误时间呈复杂的非线性关系，PM10 和 CO 呈现线性关系。最终构建的邮轮延误时间 GAMs 模型为：

$$g(DT)=s(风速)+s(降水量)+s(PM2.5)+a(PM10)+b(CO)+\alpha$$
$$=\log(DT)=s(WS)+s(RF)+s(PM2.5)+a(PM10)+b(CO)+\alpha \qquad (5-1)$$

调整后的 $R^2=0.628$，方差解释率为 63.7%，由此说明该 GAMs 模型拟合度提高了，高于单一天气因素对邮轮延误时间变化的拟合效应，这也从侧面印证了邮轮延误时间的变化受多种天气因素的共同作用。多天气因素 GAMs 模型中对邮轮延误时间的影响程度由高到低依次为：风速>降水量>PM2.5>PM10>CO，符合邮轮航线运营的实际情况。

选择与邮轮延误实际变化密切相关的 5 个解释变量（风速、降水量、PM2.5、PM10、CO），分析对应的邮轮延误时间变化影响效应（图 5-5）。其中，横坐标为解释变量的观测值，纵坐标为解释变量对邮轮延误时间的平滑拟合值，纵坐标括号中表示天气因素及其对应的估计自由度，黑色实线为解释变量对邮轮延误时间的平滑拟合曲线，虚线为 95% 的置信区间，黑色实心点为实测样本点。

从图 5-5 中可直观地看出，邮轮延误时间与风速、降水量和 PM2.5 呈非线性关系，而与 PM10 和 CO 均呈线性关系。具体而言，邮轮延误时间随风速的增大而逐渐增大，在 80km/s 附近呈现出猛增趋势；邮轮延误时间随降水量的增加而呈现非线性波动增强趋势；邮轮延误时间随 PM2.5 的变化呈现出曲线变化，在 PM2.5 浓度为 50 左右出现拐点，当浓度大于

50 后，PM2.5 浓度越大邮轮延误时间则越长；邮轮延误时间随着 PM10 和 CO 的浓度增加，不断地以线性趋势增加的形式增加。

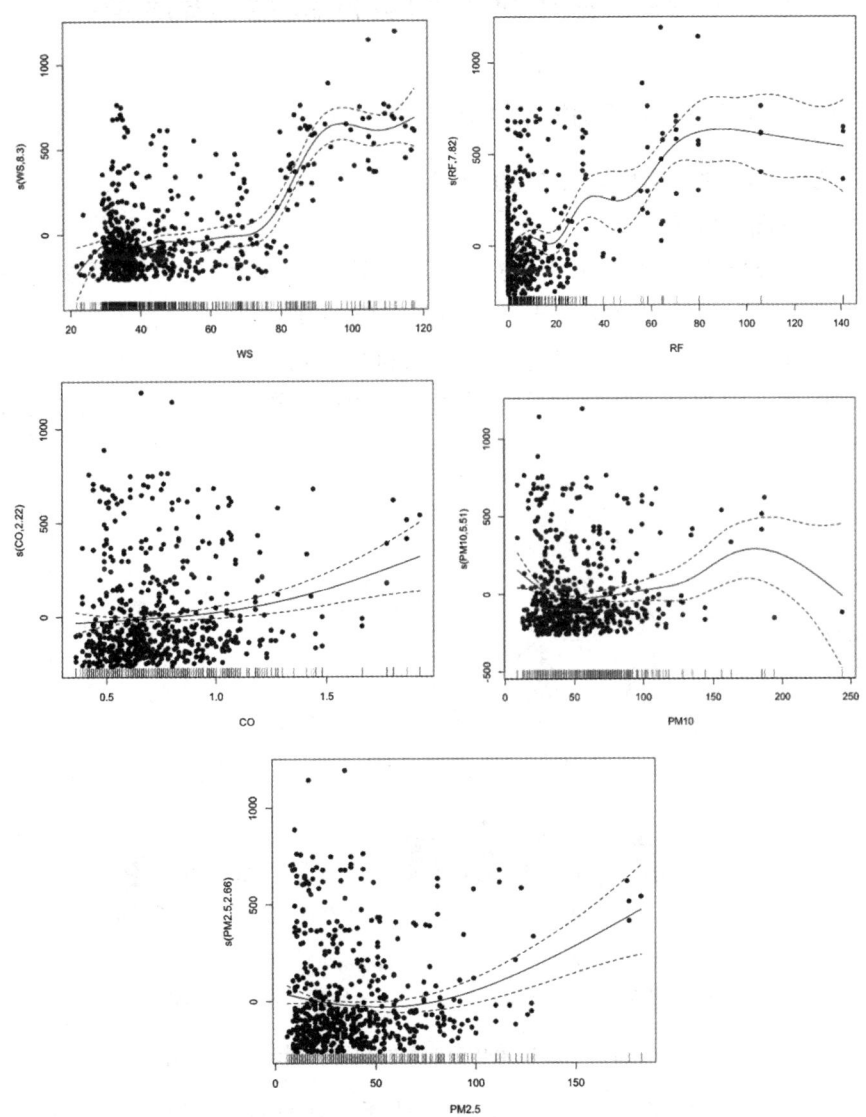

图 5-5　多天气影响因素对邮轮延误时间变化的影响效应

三、公共卫生事件对邮轮航线运营的影响

（一）邮轮旅行常见的健康风险

邮轮上的常见疾病如表 5-10 所示。

1. 胃肠道疾病

本节分析中只包括航程为 3—21 天的数据，因为与 3 天以下航程有关的疾病在下船后更有可能出现，而在航程超过 21 天的航行中（如全球航行），报告数据往往是不完整的。从 2008 年到 2019 年，持续航行 3—21 天的旅客中胃肠道疾病患病率最高为 7.42%，最低为 4.63%，如图 5-6 所示。

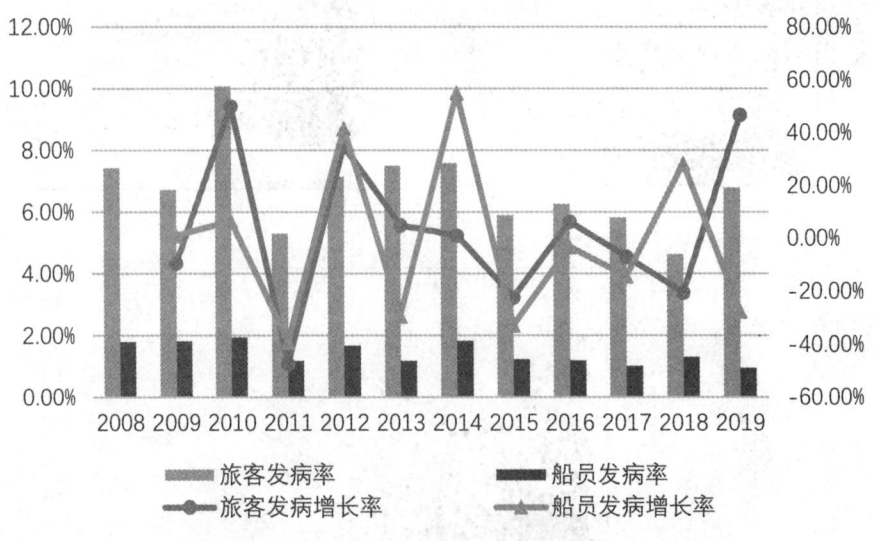

图 5-6 旅客和船员胃肠道疾病发病率及增长率趋势图

尽管如此，胃肠道疾病的暴发仍在继续，诺如病毒是引起急性肠胃炎暴发的主要原因。维万科斯（Roberto Vivancos）研究发现诺如病毒在邮轮上的传播模式很复杂，经常存在于船舱里，由于船舱人多、空气不流通且难以清洁，更有助于病毒的传播[17]。邮轮上诺如病毒的暴发只占暴发

总数的1%，然而诺如病毒却和邮轮上90%腹泻症状有关。诺如病毒在邮轮上非常难以控制，因为居住空间狭小，就餐区域共用，乘客流动迅速。当船靠岸时，诺如病毒可通过受污染的食物、水或被在岸上感染的乘客带到船上。在连续航行中的反复暴发也可能由受感染的船员或环境污染造成。这是因为诺如病毒可以在物体表面上存活，并且对许多常见的消毒剂有抵抗力。2010年至2015年，每年邮轮上发生8—16起诺如病毒疫情。有学者（Denise koo et al.）通过对邮轮乘客及船员进行腹泻流行病学调查发现，在调查的31起疫情中，有21起涉及病原因素。其中，12起为细菌，9起为病毒，16起为特定的传播媒介。最常见的传播媒介是未煮熟的扇贝、鸡蛋和餐饮供应商在岸上旅行期间提供的食品[18]。有学者（Simone Guadagnucci Morillo et al.）通过分子流行病学跟踪一艘邮轮上的食源性疾病暴发，对食品（奶油芝士、金枪鱼沙拉、烤鱼、桔子慕斯、蔬菜汤）及临床样品进行分子鉴定，利用序列分析来确定病毒传播模式。结果，诺如病毒从肠胃炎患者和受感染的食品中检测到了。事实证明诺如病毒发生在邮轮上的小范围疫情是由食物中毒引起的[19]。克拉默（Elaine H. Cramer）等利用胃肠疾病监测系统的数据，根据研究期间游船的长度和报告区域，评估了停靠美国港口的载有13名或13名以上乘客的邮轮上的肠胃炎发生率。虽然邮轮在环境卫生检查方面表现良好，但邮轮肠胃炎发生率依旧有所增长[20]。在检验了临床样本的邮轮疫情中，92%是由诺如病毒引起的，产肠毒素性大肠杆菌是第二常见的病原体。尼古拉斯（Nicholas）通过对船上的乘客进行问卷调查，调查了船上的腹泻者，研究邮轮上三次水源性肠毒素大肠杆菌的暴发，结果证明腹泻与船上引用的自来水和含冰饮料有关[21]。

2. 呼吸系统疾病

呼吸道传染病主要包括通过呼吸传染的流感和由空调、供水系统、雾化吸入污染的水源引起的军团病等。

（1）流感

呼吸道疾病是最常见的疾病，流感是世界上最大的传染病之一，每年总会有新的流感病毒产生并在全球范围内传播。

流感也是邮轮上最常见的疫苗可预防疾病。邮轮环境增加了乘客感染流感病毒的风险[22]。由于乘客和机组人员来自世界各地，船上的甲型和乙型流感可能会全年暴发，乘坐邮轮的旅客可能会暴露在世界各地流行的流感病毒中。米勒（Joy M. Miller）等通过对 1997 年北美邮轮 3 次巡航的医疗记录进行回顾，得出结论："淡季"流感暴发发生在该邮轮上的国际旅客和船员之间。大约 1/3 的邮轮乘客是老年人，老年旅行者和其他有潜在健康问题的人发生流感病毒感染并发症的风险更高。在邮轮上，来自不同国家的乘客和船员在半封闭的车厢里长时间待在一起。船上的活动，如用餐、游戏和电影，增加了乘客和船员之间接触的可能性[22]。邮轮度假后，旅客离开邮轮后会分散，并可能传播获得性感染。研究结果表明，在此次疫情期间，澳大利亚乘客中开始出现流感病例，并迅速传播到与乘客有密切接触的船员中。工作人员可能是流感病毒感染的中介，也是随后疾病的传播源。在半封闭隔间频繁的集体活动，增加了乘客和工作人员的接触，并促进了流感的传播[23]。米尔曼（Alexander J. Millman）通过船上的医疗记录，对 2014 年春季跨半球航行的邮轮乘客和船员中发生的两起大规模流感疫情进行调查，结果发现两次流感暴发都发生在跨半球航行所到的区域流感活动较低的时期，这表明海上航行船舶可能容易受到旅行国家传统流感疫区以外的流感暴发的影响[24]。

（2）军团病

军团菌很容易在管道固定装置和管道内形成的生物膜中生长，那里温暖的温度、表面营养物质和微生物的积累为其生长提供了理想的环境。水污染水平、宿主因素（老年、烟草烟雾、慢性退行性疾病、免疫缺陷状态等），以及特定的毒性因素可能导致潜在的感染风险。由于热水和冷水系统、温泉池、天然池、温泉、蒸发冷凝器和呼吸治疗设备的清洁不及时，导致军团病经常发生。此外，生物膜的形成为军团菌的生存和传播提供了新的途径。

虽然军团病并非邮轮上常见的呼吸道疾病，而且是一种可治疗的感染，但是它可能引起严重肺炎从而导致死亡。向疾控中心报告的军团病病例中，超过 20% 与旅行有关。与酒店或邮轮旅行有关的军团病群集很难确定，因为旅行者往往在症状开始前就离开了感染源。1977 年到 2012 年，文献共报道 83 例与船舶相关的军团病。这些病例涉及 8 艘船上的暴发，每次暴发中位数为 4 例（2—50 例），死亡数为 6 例。

一般来说，军团病不会在人与人之间传播，而是通过吸入被军团菌污染的热气溶胶而感染的，在罕见病例中可能发生人际传播。受污染的船舶热水浴缸是船上军团菌暴发最常见的来源，饮用水供应系统也牵涉其中。军团病是一种机会性感染，常发生于上了年纪、吸烟或有其他潜在疾病的人中间。库拉（F. Kura）等研究了三个军团病的典型案例，发现患病者都是用过船上水疗中心的老年人，通过对采集室内水疗过滤器中的多孔天然石材（麦饭石）两份样品，浸泡在无菌水中进行运输，并对这些石头和它们的浸泡水分别进行了测试，结果表明军团菌污染了温泉的水[25]。杰尼根（Daniel B. Jernigan）等通过尿液抗原检测对三名乘客的军团病做出快速诊断后，进行了病例对照研究，比较每名病例乘客和两名或三名对照乘客在船上和停靠港的活动。结果表明，乘客即使在漩涡温泉周围待上一段时间，而不是在水中，也容易感染。对于船上的乘客来说，患病的风险随着他们在水疗中心或水疗中心周围地区所待时间的增加而增加[26]。船舶设计的改进和水消毒的标准化可以降低军团菌生长和传播的风险。

（3）肺炎

无论是17年前暴发的非典型肺炎，还是如今的新冠病毒肺炎，都是由冠状病毒引起的。不同的是非典型肺炎的症状比较明显，新型冠状病毒肺炎致死率不如"非典"，传染性却远远高于它。新型冠状病毒肺炎的传播途径主要是接触和飞沫传播，人群密集的场合会加快其传播效率。因此像邮轮这种载客量大、空间较为封闭、航行时间长的交通工具，其航线连接了很多城市，更容易成为病毒的载体。

（4）疫苗可预防疾病

虽然大多数邮轮乘客来自常规免疫接种项目的国家（如美国和加拿大），但还有许多船员来自免疫接种率较低的发展中国家。邮轮上曾暴发过麻疹、风疹、脑膜炎球菌病和最常见的水痘。

水痘是邮轮向美国疾病控制与预防中心（CDC）报告的最常见的疫苗可预防疾病。美国疾病控制与预防中心的调查人员审查了2005年至2009年的水痘病例报告和2009年的疫情报告，以确定邮轮根据美国疾病控制与预防中心的协议所采取的应对和控制措施[27]。水痘传染性强，继发性发病率可高达90%，并发症在15岁以上的人群中发生得更频繁，而很大一部分船员来自没有常规水痘疫苗接种计划的热带国家，感染的可能性更大[28]。

3. 蚊媒传染病

近年来，由于全球化进程的不断加快，旅游、经济、贸易实现国际大融合，生态环境也在不断变化，全球范围内的虫媒传染病暴发率呈不断上升，西尼罗热和裂谷热等新病种陆续被发现，邮轮作为最大的海上交通工具，因运载人数众多且来自世界各地，使得原有疾病的流行区域不断扩展、疾病的流行频度不断增强，由重要媒介生物——蚊类引起的乙脑、疟疾、登革热和丝虫病等蚊媒传染病在虫媒传染病中占有较大比例。

节肢动物和啮齿动物可以直接从船舶的开放空间进入，各种各样的动物如蟑螂、苍蝇、蚊子、臭虫、跳蚤、蜜蜂、螨虫、蚂蚁、甲虫、果蝇和啮齿动物都在船上或装载物中发现过。船上的媒介可能会污染储存的食物，在船上传播疾病或向新地区引入疾病和物种。已有多起病例报告港口人群中发生疟疾，这些人近期没有旅行或输血，但是在港口附近工作或居住。新疾病可能在意想不到的地方出现。例如，基孔肯亚病毒于2013年底首次在加勒比地区被报告，随后在加勒比地区及许多美洲国家和地区传播。寨卡病毒最早于2015年在巴西被报道，随后蔓延至加勒比海和拉丁美洲。此外，邮轮可能会访问有疟疾、登革热、黄热病、日本脑炎和寨卡等病媒传播疾病流行的国家，当邮轮通过有环境污染的区域时，可能会对旅客造成危险（世界卫生组织，2016）。

表5-10 邮轮上常见疾病及其传播途径和影响

疾病		传播途径	产生的主要影响
胃肠道传染病		食物、水	腹泻
呼吸系统疾病	流感病毒	接触	流感
	军团菌	水	肺炎
	冠状病毒	接触和飞沫	肺炎
	其他	接触感染	水痘
蚊媒传染病		蚊媒	乙脑、疟疾、登革热等

（二）典型的公共卫生事件对邮轮航线运营的影响

1. 诺如病毒对邮轮航线运营的影响

诺如病毒通常被贴上"邮轮病毒"的标签，仅仅是因为船上的卫生官员必须报告每一起胃肠道疾病事件。这意味着在船上比在陆地上报告诺如病毒暴发的速度要快。相比之下，这种病毒每天最多只能在一个大城市感染 3000 人。根据美国疾病控制与预防中心统计，2010—2019 年邮轮诺如病毒暴发的数量如表 5-11 所示，感染总人数呈逐渐下降趋势，但是由于该病毒不能用抗生素进行治疗，故在封闭的环境中，尤其是在邮轮上很难消除，必须强制将生病的乘客和工作人员隔离（至少 48 小时），才能缓解疫情的蔓延。

美国疾病控制与预防中心的"船舶卫生计划"规定，当 3% 或更多乘客向船上的医疗人员反映腹泻时，会考虑为"疾病暴发"。在这种情况下，疾病预防控制中心要求邮轮公司提交医疗报告。工作人员必须实施特别清洁和消毒程序，对整艘船进行消毒。为此，他们会使用强力溶剂，如氯漂白剂、过氧化氢。船员们开始提供预防性提示，生病的乘客和工作人员被隔离在房间内，通常至少 2 天。当诺如病毒暴发无法得到控制时，新乘客的登船往往被推迟，以便对公共区域和客舱进行更大面积的消毒，并向所有登船乘客分发登船前健康咨询。另外，邮轮可能取消行程中的所有外国停靠计划，并在航程结束前返回本土港口，或在港口向船上增派了医务人员，协助受感染乘客下船。

表 5-11　邮轮诺如病毒暴发年度统计数据

年份	报告邮轮疫情数量	感染总人数
2010 年	37	7101
2011 年	23	1971
2012 年	34	5542
2013 年	22	2385
2014 年	14	3530
2015 年	23	2570
2016 年	23	2504
2017 年	21	2535
2018 年	15	1177
2019 年	14	1556

例如，2019 年乘客感染人数比例最多的是皇家加勒比的海洋绿洲号，共 561 名乘客感染诺如病毒，占乘客总数的 8.91%，疫情发生在西加勒比航程中（1 月 6 日至 13 日）。1 月 9 日，该船停靠在法尔茅斯，但在

港口停留期间乘客不得下船。1月10日,感染人数增加到277人,该邮轮改变了计划行程,放弃了科苏梅尔岛。最终,皇家加勒比游轮公司为所有受影响的乘客全额退款。

2. 新冠肺炎疫情对邮轮航线运营的影响

新冠肺炎疫情始于2019年12月。世界卫生组织于2020年3月11日正式将新冠肺炎疫情描述为"全球大流行"。在邮轮上,此次疫情已经影响到3232人(包括乘客和船员),其中73名乘客死亡。最严重的船上疫情发生在钻石公主号上,带来了15天的船舶检疫(在横滨港)和712名感染者(14人死亡)。第二大严重暴发是在至尊公主号(2月至3月,连续两航次共感染132人,7人死亡)。受影响第三大的船——红宝石公主号共感染852例(22人死亡),但这些病例在悉尼新南威尔士州被解禁后及被隔离期间才得到确认。

2020年1月27日起,国内邮轮主动停航,配合政府抗疫;3月,全球邮轮行业按下暂停键。3月13日,国际邮轮协会(CLIA)呼吁旗下邮轮自3月14日起停航美国一个月,这是继1月26日中国邮轮市场停摆之后,全球范围内更大规模的停航。4月5日澳大利亚宣布禁止所有邮轮停靠,4月10日美国疾病控制与预防中心(CDC)宣布延长禁航令100天。至此,全球邮轮市场全部停航,国际邮轮市场进入史无前例的"静默状态"。

长时间停航给邮轮公司带来巨大的压力,邮轮公司的股票被集体抛售。以嘉年华为例,2019年公司市值为303亿美元,然而2020年第一季度,该公司股价从50美元跌至最低7.8美元,市值一度逼近60亿美元。邮轮公司在市场停航、资本离场和政府漠视的三重压力下,其面临的风险逐步简化为现金流的萎缩,并进一步影响企业的正常运转,甚至威胁着公司的生存。大型邮轮公司开始采取多渠道融资、债务重组、多方减少支出等方式实施自救,许多中小型邮轮公司宣布破产。

3. 寨卡病毒对邮轮航线运营的影响

寨卡病毒集中暴发于2016年,主要通过蚊子传播,症状包括发烧、头痛、皮疹和粉红眼,一般来说症状都是轻微的,甚至许多人根本没有症状,病毒持续时间为2—7天。对邮轮来说,寨卡病毒较为常见,因此有关邮轮乘客感染寨卡病毒的报告有限。

2016年1月15日，美国疾病控制与预防中心将寨卡病毒旅行健康通知更新为2级警报（实践强化预防措施），具体受影响地区为加勒比地区、中美洲和南美洲；截至8月3日，美国疾病控制与预防中心通知将安提瓜、巴布达和大特克列入受影响区域。2016年8月7日，一名前往中美洲的妇女成为加州圣巴巴拉县第一个在旅行时被证实感染了病毒的人，随后美国疾病控制与预防中心扩大了他们的警示范围，将巴哈马纳入受影响地区，嘉年华邮轮公司代理医疗总监对相关情况进行了更新。她表示受寨卡病毒影响最大的可能是怀孕的妇女，因为在怀孕期间感染寨卡病毒的女性的不良妊娠结果有所增加，但对寨卡与这些结果之间联系的认识仍在发展。因此，建议准妈妈推迟前往寨卡病毒传播的任何地区，并建议前往受影响地区的人咨询医生，并遵循医生提出的医疗保健建议。嘉年华邮轮公司向乘客承诺，如果乘客在船上遇到任何症状，他们会立即联系船上的医疗中心。

由此可见，寨卡病毒对邮轮航线运营的影响较小。对于受病毒影响的地区，邮轮公司会尽可能地少安排行程，但在此期间是否前往该地区旅行完全由个人决定，在很多情况下邮轮公司不会收取附加费用。

（三）邮轮航线运营的卫生管理

针对最常见的胃肠道疾病，为了保护乘客免受感染，并减少邮轮上胃肠道疾病的传播，邮轮应对乘客提出以下建议：（1）乘客应经常用肥皂和水洗手，尤其是饭前和上厕所后。（2）避免食用任何可能被污染的食物或水，避免食用生的或未煮熟的贝类，避免直接用手接触公共厕所门把手等表面，避免与病人进行不必要的密切接触。（3）患有胃肠道疾病的游客，即使症状轻微，也应及时致电船舶医疗中心（如无医疗中心，可致电船长），并按照邮轮的指引采取隔离等感染控制措施。

对于流感，鉴于邮轮的环境、游客数量和医疗能力，建议全年采取以下措施来保护游客免受流感的侵袭：（1）临床医生应在旅行前2周向邮轮游客，特别是流感并发症高危人群，提供当前的季节性流感疫苗。（2）有流感并发症高风险的游客应在旅行前与他们的卫生保健提供者讨论抗病毒治疗和化学预防方法。（3）乘客应保持良好的呼吸卫生习惯和咳嗽礼仪。（4）乘客应立即向医务室报告呼吸系统疾病，如有需要，应遵照规定隔离。

对于邮轮靠港可能感染的蚊媒传染病，乘客应遵循避免蚊虫叮咬和媒介传播感染的建议：（1）使用有效的驱蚊剂。（2）用氯菊酯处理衣物和装备，或购买氯菊酯处理过的物品。（3）在室内时，应留在有良好屏障或空调的地方。（4）在户外，穿长袖衬衫、长裤、靴子和帽子。（5）如有需要时，建议接种黄热病疫苗，或者采取抗疟疾的化学预防措施。美国疾病控制与预防中心建议消费者使用美国环境保护署（EPA）注册过的驱蚊产品。这些产品在按照标签上的说明使用时，已经通过有效性和人体安全性测试。若国际邮轮上发生了可能的或确诊的媒介传播性疾病，或离开受染地区时船上媒介可能携带了该病毒，应检查媒介和宿主，识别被侵染的媒介和有利于滋生细菌的条件。邮轮对媒介侵染的应对措施包括灭虫、除鼠、对传播环境及其他物品（如集装箱、货物、商品、行李和邮包）的清洗消毒。有必要时，要对船上空间结构进行调整以防止病毒的滋生和侵入。港口当局可实施媒介控制措施或监督措施，船舶在驶离某需要控制媒介的港口时，应当进行预防性灭虫和灭鼠。

四、气候变化下我国邮轮业的减排行动

如前文所述，全球气候变化带来了极端天气的增加，会对邮轮航线运营产生一系列影响，不仅会造成邮轮延误，还会增加邮轮旅游期间的健康风险。此外，全球气候变化对邮轮旅游目的地的旅游资源造成威胁，气候变化虽会带来一些新的滨海景观，但也使一些旅游资源遭到破坏，甚至一些港口城市会随着海平面的升高而消失，这些都会降低岸上观光的吸引力，从而影响邮轮旅游业的发展。随着可持续发展的观念深入人心，游客的旅行方式、旅游意愿都发生了改变，邮轮、飞机这类高碳排放的交通工具尤其受到一些环保主义者的抵制，因此邮轮业的绿色转型势在必行。美国环境保护署（EPA）已出台法案要求邮轮从2015年起将燃油含硫量降低到0.1%，澳大利亚和欧洲都试图向美国看齐。国际海事组织2017年提出，自2020年1月1日起，全球范围内船舶使用燃油的硫含量不应超过0.5%，全球海运将迎来低硫燃油时代。邮轮公司、邮轮港口开始提出一

系列环保对策以促进邮轮减排，我国邮轮业的减排行动也在一直推进。

（一）我国邮轮业环保政策

2015 年底，我国推出新政设立"船舶排放控制区"，要求自 2016 年 1 月 1 日起，排放控制区内有条件的港口可以实施高于现行排放控制要求的措施，包括船舶靠岸停泊期间使用硫含量不高于 0.5% 的燃油。自 2017 年起，船舶在排放控制区内核心港口区域的靠岸停泊期间（靠港后一小时和离港前一小时除外），应使用硫含量不高于 0.5% 的燃油。2018 年起，这一要求扩大至排放控制区内在所有港口靠岸停泊的船舶；2019 年起扩大至进入排放控制区的所有船舶，船舶可采取连接岸电、使用清洁能源、尾气后处理等替代措施。自 2019 年 1 月起，长三角靠泊海上船舶所使用的燃料油含硫量均不能超过 0.5%。对于氮氧化物排放，国家从"十二五"开始，将氮氧化物的排放量作为约束指标，这项政策启动将推动港口的环境改善和节能减排。

我国也已出台相关政策明确鼓励新造邮轮码头建造岸电设施，鼓励现有的邮轮码头进行岸电设施改造。我国交通运输部于 2011 年 7 月发布了《公路水运交通运输节能减排"十二五"规划》，要求"在国际邮轮码头、主要客运码头及有条件的大型集装箱和散货码头实现靠港船舶使用岸电"。

当前绿色邮轮港口建设可以参考的相关环境法律法规有《中华人民共和国海洋环境保护法》《中华人民共和国自然保护区条例》和《海洋自然保护区管理办法》。这些法律法规具有宏观指导价值，但在操作上缺乏解释和具体规范。因此，推进绿色邮轮港口建设还应修订、完善行业环保规章制度，推动我国主要港口编制交通环保专项规划。随着《国务院关于加强环境保护重点工作的意见》《水污染防治行动计划》和《大气污染防治行动计划》等文件的出台，对生态保护工作提出了更进一步的要求。

（二）我国绿色邮轮港口建设情况

我国邮轮港已经开始进行岸电等绿色港口建设的实践与尝试。上海吴淞口国际邮轮港既是我国接待邮轮旅游人数最多的邮轮码头，也是最早开始为邮轮提供岸电设施的邮轮港口。2016 年 7 月 13 日，上海吴淞口国际邮轮港岸基供电一期项目正式投运，这是目前世界上最大的邮轮变频岸电系统，也是亚洲首套邮轮岸电系统，不仅可为用电频率为 60 赫兹的国际邮轮供电，也可为用电频率为 50 赫兹的国内客轮、货轮充电，实现了供电对象的全覆盖。上海吴淞口国际邮轮港岸基供电项目整体建设共分两期，全面建成后将覆盖 4 个泊位。该次投运的一期项目，配置总容量为 1.6 万千伏安，覆盖 2 个泊位。目前天海邮轮已经率先使用岸电设施，公主邮轮也已经在进行供电测试。另外，厦门邮轮港口对靠泊的游船早已经提供岸电设施，目前也在探索邮轮岸电设施，并且已经开始推进滨海邮轮中心绿色技术改造项目。改造后，邮轮将不再使用船上的辅助设备和锅炉，而是使用陆上供电，从岸上获得邮轮泵和通信、通风、照明等设施，以减少厦门港邮轮污染物排放量。

现今我国正在积极推动绿色邮轮港口建设，不少邮轮港口相继推出绿色港口发展规划，并进行邮轮岸电工程建设。但是，港口的日常运营中缺少相应的明确体系来指导建设，港口工作人员环保意识较为薄弱，还缺乏对绿色指标的有效监督和跟踪，大众对环境友好等方面的关注不够。

（三）跨国污染和多边主体下我国邮轮环境治理的对策

邮轮旅游的环境负效应已不容忽视，若要进一步深入了解，需从邮轮旅游污染与治理的演变过程及邮轮跨国污染带来的经济、生态等多方面问题进行考虑，分析邮轮环境外部性及社会成本，预测污染趋势并判断其严峻性。结合我国当前邮轮污染治理现实，借鉴国外相关跨国污染治理经验及范例，明确邮轮跨国污染治理的瓶颈与解决方向。整体来说，我国需要在以下三个方面对邮轮污染治理中所涉及的跨国污染和多边主体问题进行思考。

首先，尝试揭示邮轮污染跨国治理中的多主体博弈与合作机制。可以从以下 4 方面进一步探索：（1）采用利益分析法识别邮轮跨国污染的利益相关主体，如主权国家、政府间组织、非政府组织等，从多维视角建立邮轮跨国治理的多层面立体主体架构；（2）站在全球环境治理角度研判多元主体邮轮跨国治理中的相关关系、作用机制及多元主体在该领域共同作用的复杂结构性特征；（3）通过建立周边国家及多方主体参与的跨国邮轮污染治理博弈模型，对跨国污染治理不同多元主体的策略选择进行分析；

（4）通过多元治理主体共同参与的治理博弈模型进行分析，探讨各博弈方在邮轮污染治理中如何充分合作，构建合作共赢的多主体治理机制，实现完美纳什均衡。

其次，构建我国海权主导下的多边邮轮污染治理模式。可以结合当前国际秩序转型和全球治理变革，基于效用决策分析重新审视我国邮轮跨国污染治理中的海权主张，并对周边各国与利益各方的海洋权益进行考察，从而设计现代海权下的多边环境治理结构；或者根据"谁污染谁治理""共同但有区别"的责任原则，从责权利制衡对称角度考察分析多元主体在邮轮污染治理中的责权利分担，实现海洋生态环境保护和污染治理责任、海洋资源环境控制和利用权力，以及海洋政治、经济、生态和文化利益的平衡统一。

最后，落实邮轮污染多边治理的实现路径与保障体系。可以从以下 3 方面做出尝试：（1）完善国际法、国际关系准则惯例，并出台相应国内政策法律，从法律制度体系建设保障多边治理，并推进大国表率和多方公共参与，促进邮轮污染治理的有效合作；（2）探索稳定持续长效的资金投入运行机制、高效的国际技术转移机制和公共信息平台，为多边环境治理开展资金技术信息等公共保障；（3）成立邮轮污染多边治理委员会，协调多边利益，并就冲突进行谈判，管理公共事务，采取联合行动，为邮轮污染治理提供人员机构运行体制保障。

参考文献

[1]陈梅，茅宁. 不确定性、质量安全与食用农产品战略性原料投资治理模式选择——基于中国乳制品企业的调查研究[J]. 管理世界，2015（06）：125-140.

[2]Williason, Oliver E. Transaction-Cost Economics: The Governance of Contractual Relations[J]. Journal of Law & Economics, 1979, 22(2): 233-261.

[3]Barney J B. How a Firm's Capabilities Affect Boundary Decisions[J]. Sloan management review, 1999, 40(3): 137-145.

[4]戴斌. 新冠疫情对旅游业的影响与应对方略[J]. 人民论坛·学术

前沿，2020（06）：46-52.

[5]陈勇."大事件"、需求波动与旅游业经济周期：新冠疫情的影响及其他[J].旅游学刊，2020，35（08）：11-13.

[6]Bodea S, Hapkea J, Zislerc S. Need and options for a regenerative energy supply in holiday facilities[J]. Tourism Management, 2003, 24(3): 257-266.

[7]Wijaya N, Furqan A. Coastal tourism and Climate-Related disasters in an archipelago country of Indonesia: tourists' perspective[J]. Procedia Engineering, 2018, 212: 535-542.

[8]Vidmar P, Perkovi M. Methodological approach for safety assessment of cruise ship in port[J]. Safety Science, 2015, 80: 189-200.

[9]Rodrigue J P, Notteboom T. The geography of cruises: Itineraries, not destinations[J]. Applied Geography, 2013, 38: 31-42.

[10]Sun X, Xu M, Lau Y Y, et al. Cruisers' satisfaction with shore experience: An empirical study on a China-Japan itinerary[J]. Ocean & Coastal Management, 2019, 181.

[11]陈琛，吴青，高嵩.长江干线船舶延误风险[J].中国航海，2018（01）：98-102，11.

[12]Chen J M, Nijkamp P. Itinerary planning: Modelling cruise lines' lengths of stay in ports[J]. International Journal of Hospitality Management, 2018, 73: 55-63.

[13]Peterson, Everett B. The economic cost of airline flight delay[J]. Journal of Transport Economics & Policy, 2013, 47.

[14]傅刚，李鹏远，张苏平，等.中国海雾研究简要回顾[J].气象科技进展，2016，6（02）：20-28.

[15]Radinovic, Curic. Measuring scales for daily temperature extremes, precipitation and wind velocity[J]. Meteorological Applications, 2014, 21(3): 461-465.

[16]张晨，高峻，丁培毅.雾霾天气对潜在海外游客来华意愿的影响——基于目的地形象和风险感知理论[J].旅游学刊，2017，32（12）：58-67.

[17] Vivancos R, Keenan A, Sopwith W, et al. Norovirus outbreak in a cruise ship sailing around the British Isles: Investigation and multi-agency management of an international outbreak[J]. Journal of Infection, 2010, 60(6): 478-485.

[18] Koo D, Maloney K, Tauxe R. Epidemiology of diarrheal disease outbreaks on cruise ships, 1986 through 1993[J]. Jama, 1996, 275(7): 545-547.

[19] Morillo S G, Luchs A, Cilli A, et al. Norovirus GII. Pe Genotype: Tracking a Foodborne Outbreak on a Cruise Ship Through Molecular Epidemiology, Brazil, 2014[J]. Food and Environmental Virology, 2017, 9(2): 142-148.

[20] Elaine H. Cramer, Curtis J. Blanton, Lenee H. Blanton, et al. Epidemiology of Gastroenteritis on Cruise Ships, 2001-2004[J]. 30(3): 257.

[21] Daniels N A, Neimann J, Karpati A, et al. Traveler's Diarrhea at Sea: Three Outbreaks of Waterborne Enterotoxigenic Escherichia coli on Cruise Ships[J]. The Journal of Infectious Diseases, 2000, 181(4): 1491-1495.

[22] Mccarter Y S. Infectious Disease Outbreaks on Cruise Ships[J]. Clinical Microbiology Newsletter, 2009, 31(21): 161-168.

[23] Miller J M, Tam T W S, Maloney S, et al. Cruise Ships: High-Risk Passengers and the Global Spread of New Influenza Viruses[J]. Clinical Infectious Diseases, 2000, 31(2): 433-438.

[24] Millman A J, Kornylo Duong K, Lafond K, et al. Influenza Outbreaks among Passengers and Crew on Two Cruise Ships: a Recent Account of Preparedness and Response to an Ever-Present Challenge[J]. Journal of Travel Medicine, 2015, 22(5): 306-311.

[25] Daniels N A, Neimann J, Karpati A, et al. Traveler's Diarrhea at Sea: Three Outbreaks of Waterborne Enterotoxigenic Escherichia coli on Cruise Ships[J]. The Journal of Infectious Diseases, 2000, 181(4): 1491-1495.

[26] Jernigan D B. Outbreak of Legionnaires'disease among cruise ship passengers exposed to a contaminated whirlpool spa[J]. Lancet, 1996, 347.

[27] Cramer E H, Slaten D D, Guerreiro A, et al. Management and

Control of Varicella on Cruise Ships: A Collaborative Approach to Promoting Public Health[J]. Journal of Travel Medicine, 2012, 19(4): 226-232.

[28]余向华. 蚊媒传染病流行特征及气象影响因素研究[D]. 浙江大学，2007.

第六章 中国邮轮母港航线规划的韧性挑战

一、母港邮轮航线规划的原则与要素

邮轮母港作为邮轮航线的起讫点,其发展与邮轮航线密不可分。母港需提供游客集散、加载燃油、补充物资和邮轮养护维修的功能。上海吴淞口国际邮轮港和北外滩国际邮轮港已经成为名副其实的邮轮母港。除了基本的靠泊业务以外,还要与邮轮公司共同商议上海作为母港的邮轮航线,满足不同游客的不同需求。此外,还需要为靠港邮轮提供物资补给,依靠旅行社等营销渠道宣传邮轮产品。

(一)邮轮航线规划成功的基准原则

邮轮母港的航线规划设计是要考虑在能够掌握的运力的情况下以自有运力作为自变量,在结合旅游资源、地缘政治、民族文化等因素后,在受到客源、成本等条件约束下,建立绩效与运力之间的函数模型,以选择最优挂靠港口,并确定最优航线。

1. 航线配船

邮轮航线的优化原则,首当其冲的便是船舶配置问题,合适的航线配备合适的船舶,需要注意以下三点:第一,航线所选择的船舶需在该航线上有较强竞争力,如在亚洲航线上应选择适合消费群体价位的邮轮,以满足游客的消费需求和其对应的心理价位。第二,船舶在船型及吃水等方面要适合所要设计的航线,如考虑航线中挂靠港的水深是否能够满足该船型邮轮的吃水。第三,要从企业的整体角度出发,使得企业资源得到最优配置。

2. 企业利润最大化

邮轮公司一定是以营利为目的的，无论企业做出何种经营决策，企业利润最大化都是第一宗旨。所以，邮轮航线规划的构成要素包括收入要素和成本要素两个方面。

由于邮轮具有旅游的性质，邮轮的收入包括邮轮旅客的客票收入及游客在邮轮上各项娱乐的消费收入。由于后者的消费具有随机性，所以已经销售的舱位票价是邮轮收入的主要部分。邮轮企业的成本可以细分为船舶资本成本、航次固定成本、航次可变成本。航线规划的决策目标就是依据市场需求，对船舶的配置、航行的路线及停靠港口的顺序进行规划和设计，使得航线的经济收入和利润最大化。

3. 航线网络优化

在邮轮航线规划中，不仅仅只考虑该邮轮航线本身的价值，我们应当从大局出发，考虑整体的邮轮航线，形成航线网络，在航线网络基础上分析航线的优化是否对全局规划有力。因此在优化某一条航线时，应当兼顾单线与企业规划的全局，协调处理二者关系。

4. 挂靠港安全性

邮轮旅游作为一种跨国旅游的方式，活动的范围往往不止是一个国家的一个地区，大多活动是跨国家跨地区的海上巡游，国家和地区间的政治稳定就显得尤为重要，否则不仅会影响邮轮旅游行程的顺利完成，更会对邮轮上的游客人身安全造成威胁。因此，挂靠港口所在国家或地区的政局情况是邮轮选择挂靠港口的前提。

5. 挂靠港依托城市及其周边的旅游资源

游客选择邮轮旅游的首要前提是想感受与陆地不同的海文化，这种所谓的海文化不仅仅有大海，还有与之相关的阳光、沙滩等。因此，邮轮挂靠港一般会选择海洋文化发展比较成熟的港口。但是由于基于海洋发展的城市都具有一定的相似性，挂靠港周边一定要分布有特色的旅游资源，以吸引客源。

（二）邮轮航线规划成功的环境要素

邮轮航线规划的影响因素主要分为外部因素和内部因素两部分。外部因素则包括外部市场竞争、港口条件及航线客源等；内部因素主要是从公司角度出发，包括企业经营效益、航线收益、配套服务及运力配置等方面。

1. 外部因素

马斯洛需求理论指出人的需求由低级向高级循次渐进。按照国际邮轮经济的发展规律，当一个国家或地区人均国内生产总值达到 6000 美元至 8000 美元时，邮轮经济便具备了发展条件。由于欧洲、北美地区较先达到此水平，因此邮轮产业的起步和发展也先于其他地区。近年来，在世界经济飞速发展的大环境下，亚洲诸多国家的经济水平也得到很大提升。因此，邮轮旅游市场也逐渐东移，进入亚洲市场。

由于我国经济持续高速发展，国民收入不断增加，旅游消费层次也相应提高。作为一种高端的休闲旅游产品，邮轮旅游逐渐成为我国游客的出游选择。中国部分城市的人均生活水平已经达到邮轮旅游需求的水平，中国发展自己的邮轮是指日可待的，且市场潜力巨大。

就我国目前发展邮轮经济的港口城市，其腹地人口规模都很大。以大连、天津为主的环渤海地区，其腹地覆盖华北地区；以上海为中心的港口城市，其腹地覆盖长三角地区；厦门、广州和三亚的腹地则覆盖华南地区。在快速增长的旅游业带动下，我国邮轮旅游市场将日益成熟。随着人民生活水平的提高，我国特别是沿海发达城市将成为邮轮的主要客源地。

2. 内部因素

通过对国内外现有邮轮港口分析，邮轮挂靠港必须要具备以下条件：

（1）挂靠的港口区位优势明显，综合运输网络发达

邮轮载客量规模之大，是目前大型客机载客量的近 10 倍。因此，一方面要有覆盖面广的线路，另一方面需要港口与机场、车站间高效衔接的能力。一般邮轮港口交通运输系统比较简单，目标群体是邮轮的乘客，他们通过自驾车或出租车实现从港口与市区的衔接，邮轮码头仅仅是上下船的节点；综合性邮轮码头的交通运输系统要复杂得多，因为它还兼具了一部分的城市功能，除了邮轮游客外，目标群体包含了一部分城市居民，因此在交通规划上要将其设定为综合交通枢纽。为了等待邮轮或者航班，20%—25% 的邮轮游客会在邮轮假期开始前或结束后的一段时间内居住在港口所在城市，因此邮轮港口必须具备高级服务设施，包括酒店、购物中

心等。

（2）针对邮轮服务，构建专业化系统化的服务支撑体系

邮轮港口应提高如下服务来保证邮轮服务的顺利进行：住宿招待、休闲娱乐、餐饮、船舶维护维修、电子设备维修等。

（3）邮轮港口城市具备高效健全的法律制度和多元的文化氛围

邮轮港口城市应具备高效健全的法律制度，能够全方位地保障邮轮游客的安全。邮轮挂靠港口本身对游客而言也是旅游目的地之一，因此，只有港口所在城市具有多元的文化氛围，才能够吸引游客前来观光，以提高旅游产业，为当地带来经济利益。

（4）靠近邮轮旅游客源市场中心所在地

近年来，邮轮旅游发展趋于大众化，使得乘坐邮轮旅游的游客越来越趋于年轻化。年轻游客大多为上班族，既有经济来源，又对邮轮旅游有很大兴趣，然而他们工作忙碌、假期时间较短，因此更希望就近乘坐邮轮旅行，尽快享受邮轮旅行带来的乐趣。因此，邮轮航行区域的港口应当靠近邮轮旅游客源市场中心所在地。

（三）邮轮航线规划成功的必备要素

1. 母港条件

邮轮航线的规划首先要确定从哪里出发，也就是说要寻找一个港口作为自己的母港。邮轮母港是邮轮的基地和游客的集散地，也是邮轮公司的地区总部或公司总部所在地。那么，一个港口能否成为母港就必须考虑以下因素：

（1）基础设施

母港必须具备大型邮轮停靠及其进出所需的综合服务设施设备条件，比如邮轮的补给、废物处理、修理与维护等一些综合的服务。

（2）配套设施

母港为邮轮经济发展提供全程、综合的服务及配套设施。对于邮轮来说，在邮轮母港停靠的时间会比较长，港口就需要为数以万计的游客提供休闲娱乐、餐饮购物消费等综合性服务，就要求港口具备比较齐全的配套设施。

(3) 丰富的旅游资源

由于邮轮会在母港停靠时间较长，就会有一部分游客想要上岸观光，这就需要母港城市及其周边具备丰富的旅游资源。比如亚洲比较有名的香港国际邮轮港，香港这座城市本身就是著名的旅游城市，每年都会有数以万计的游客到此观光。

(4) 交通便利，一般都会临近机场

由于邮轮乘客量较大，单艘邮轮的载客量可接近大型客机的10倍，邮轮港口的形成需要机场充足便捷的航班保障，以及邮轮港口与机场之间交通、管理、票务方面的无缝隙衔接。

(5) 母港所在城市的经济水平

邮轮母港所在城市的经济水平直接影响了客源量，乘坐邮轮旅游的游客经济条件较好，邮轮港口所在城市的经济水平影响着所能提供的服务档次。

2. 停靠港条件

停靠港选定一般会考虑以下因素：

(1) 具有停靠大型邮轮的能力

停靠港得具有较深的海域，一般在低潮时平均水深要在10.75米以上。邮轮船舶吨位与航道水深对应情况如表6-1所示。

表 6-1 邮轮船舶吨位与航道水深对应情况

轮船舶吨位（万吨）	航道水深（米）
7	9.5
8	10
9	11
10	12
11	12.5
12	13
15	14
20	15

(2) 港口具有其独特的吸引力

瑰丽怡人的自然风光是吸引游客的一大亮点，邮轮挂靠港口所在城市及周边地区需要具有自身特色的旅游资源，才足以吸引游客前往目的地进

行旅游，并且所挂靠的港口周边的旅游资源应当具有差异性，才能有足够的吸引力使得旅客选择该旅游产品。

由于邮轮旅游属于一种高端的旅游方式，邮轮游客的消费能力也比较高，邮轮所停靠港口应当有较成规模的商圈、购物中心，以满足邮轮游客的购物需求。

文化是吸引游客前往该地旅游的最大法宝，旅游城市应具有一定数量的文化遗址或非物质文化遗产，必将为旅游城市增添魅力。以中国华北地区为例，如天津港紧靠北京这个政治中心，北京曾经是辽、金、元、明、清五个王朝的帝都，有着深厚的历史底蕴，大量的历史遗迹都见证了这个城市所经历的沧海桑田，再加之丰富的文化，足以吸引国内外游客的到来。

（3）停靠港具有易于到达目的地的航道

当邮轮公司设计航线时，首先肯定会关注成本，在所设计的航线周期内，如果一个港口具备了更容易通往目的地的航道，那么这个港口将是航线设计的一个重要因素。

3. 目的地特色

在一次邮轮旅途中，目的地一定要有特色，能够吸引游客的目光，因为在一般的邮轮营销中，目的地的特色一般是最大的亮点。目的地一般拥有以下4个特色：

（1）有着丰富的文化底蕴

例如，亚太地区的国家历史悠久，有着独具一格的文化底蕴，近几年受到许多欧美游客的青睐。

（2）独特的自然风光

加勒比海航线中到处都可以领略到海滩、阳光和风格迥异的自然景色，这里一直都是游客理想的旅游目的地。

（3）可以为游客带来独特体验与经历

南北极航线中，到处充满着冒险和惊喜，既可以和大自然零距离的接触，也可以去探险，这会给游客留下终生难忘的经历。

（4）具有经济优势或旅游项目优势

目的地还可能是购物天堂、度假胜地等。

4. 航道航行的成本及安全性

对于一个公司来讲，目的主要是营利。所以，邮轮公司在设计航线时，首先要估算自己的成本，在保证营利的情况下才能推出新的航线。当然，游客就是邮轮公司的顾客，邮轮公司必须保证游客在旅途中的人身安全，所以设计航线时要尽量选择一些安全系数比较高的航道。

（1）航道的选择要易于到达目的地

在选择航道时要找到一条易于到达目的地的航道，这样才能尽量地控制成本，达到利益最大化。

（2）规避灾害风险

避开一些事故多发地带，如气候恶劣海域。邮轮在旅途中首先要保证游客的安全，如索马里海盗横行的海域或风大浪大的海域，就要尽量避开。

（3）避开高成本的地区

在南北极，破冰船的租赁费比较高，航行难度也特别大，成本相当得高，所以在航线开发时避开此类航道可降低成本。

5. 相关政策

国际关系、相关国家政策也会影响到航线的设计。

（1）免签政策

免签政策可以让游客出行更为便捷，使得航线设计更具吸引力。在设计航线时一般会尽量选择免签国，既节省时间又减少费用。

（2）国际关系

国家之间、地域之间的关系也对航线设计具有重大影响，邮轮公司在设计航线时会倾向于国际关系稳定的地区，否则航线的变动会给邮轮公司带来重大损失。

（3）相关国家的法律政策

相关国家颁布的一些法律政策也是航线设计的影响因素。在美国，法律规定只有悬挂美国国旗的船只才能在美国水域航行而不需要经停其他国家，所以在夏威夷航线中只有挪威邮轮能提供火奴鲁鲁往返的夏威夷岛屿航线。类似于这样的法律规定，在许多国家都有，所有邮轮公司在设计航线时必须考虑所经过国家的法律政策。

（4）国家的带薪休假制度

一个国家的带薪休假在很大程度上决定了航线周期的长短。在欧美国家带薪时间较长，航线周期就比较长，一般为7—10天；亚洲国家带薪休假时间通常较短，所以航线设计倾向于短途。

二、中国邮轮母港的航线规划挑战、问题与限制

中国邮轮产业近年来处在快速发展时期，上海吴淞口国际邮轮港作为中国大陆最重要的邮轮母港，发展更是迅猛。2019年出入上海吴淞口国际邮轮港的邮轮达240艘，接待邮轮游客量达187.14万人次。从市场消费特征来看，韩国航线最受中国游客欢迎，越南航线最便宜，阿拉斯加航线最贵。与国外邮客喜欢6—8天的行程不同，中国游客更倾向于4—7天的中短期航线，价位5000元左右的阳台房更受欢迎。

虽然上海邮轮母港航线在不断增多，但也暴露出一些问题：目的地比较单一；受政治形势和通关政策影响较大；航线种类单一；对游客的持久吸引力有限。因此，要提升上海邮轮母港的核心竞争力，必须对现有邮轮航线进行拓展，提升航线的规划设计。

（一）邮轮母港的区位设施分析

邮轮母港码头能够为多艘大型邮轮停靠及所需的综合服务设施提供设备条件，为邮轮经济发展提供全程、综合的服务及配套设施。邮轮母港是游客的集散地，是邮轮旅游的重要目的地，需要有完备的购物、娱乐和餐饮等服务设施和便利的交通网络体系及周边丰富的旅游资源。

1. 邮轮港基础设施分析

上海目前有北外滩国际客运中心和吴淞口国际邮轮码头两个邮轮母港，并且两个码头的基础设施都比较完善，拥有作为邮轮母港的基本条件。两个码头各有自己的发展定位，北外滩国际客运中心处于商业繁荣的城市中心，人流量大，商业配套设施完善，其定位为邮轮高端；吴淞口国际邮轮码头处于入海口，其前沿水深能达到13米，便于大型邮轮进出，其定位为邮轮大型化。北外滩客运中心的缺点在于杨浦大桥限高70米，

黄浦江航道也相对较差，从而限制了其发展，逐渐发展成为内河邮轮码头；而吴淞口码头周围虽然较为偏僻，但近几年交通发展较好（表6-2）。此外，上海的邮轮港建设水平较国外还有很多不足，尤其是在管理和服务水平上有待提高，客运大楼客流通关能力不足，出境候船设施亟待完善，口岸环境也还需要完善，高附加值的衍生业务发展滞后。

表6-2 北外滩客运中心与吴淞口码头比较

北外滩客运中心		吴淞口码头	
优势	劣势	优势	劣势
商业繁荣的城市中心	杨浦大桥70米限高	前沿水深能达到13米便于大型邮轮进入	周围较偏僻
人流量大	黄浦江的航道较差	对邮轮没有高度限制	商业配套设施不完善

2. 母港城市分析

上海早在清朝中后期就成为通商口岸，在与国外交往过程中不断融入外来西方文化。上海在欧美地区和亚洲地区都有着很高的知名度。改革开放以来，上海的开放程度进一步提高，经济高速发展，充满着商机和就业机会，吸引了众多外企来沪投资和海外人才来沪发展，对国外游客也有着巨大的吸引力。因此，上海本身就是受人追捧的邮轮旅游目的地。

上海作为我国的经济中心，处于长三角地区，经济高速发展。上海有着发达便捷的城市交通网络，多元化的对外交通体系将周边众多城市串成一个城市带。目前上海的地铁里程居中国第一、世界第三，现有的公交系统能够让游客轻松地到达上海的每一地点；上海拥有虹桥和浦东两个国际机场及发达的铁路枢纽，能够通达世界各地和全国各地，保证客流的快速分散。这些便利的交通系统都是上海邮轮母港发展的优越条件。由于上海经济的高速发展，上海的城市综合服务设施不断完善，加之目前上海正在积极向世界旅游城市发展，又使得上海有了众多高档写字楼和餐饮、住宿、购物、娱乐休闲等设施。这些条件保障了邮轮母港的游客接待和服务能力。

3. 母港地理位置分析

从地理位置上看，上海处于我国海岸线的中间地带，对外连接世界各地，与日、韩、菲律宾隔海相望，大型邮轮能在48小时内通达韩国、日本、菲律宾和我国香港、台湾，这有利于开发中短期航线。但是从上海到达这些旅游目的地途中却没有其他的停靠港，整个航程显得单一、漫长而乏味。同时，这也不能最大程度上增加邮轮航线的附加值，更是缩小了岸上观光旅游的收入，邮轮旅游的整个航线无法实现利润最大化，在一定程度上也增加了运营成本。

上海吴淞口国际邮轮港由上海市宝山区政府与中国外运长航联合成立，位于上海吴淞口长江岸线的炮台湾水域，即长江、黄浦江、蕰藻浜三江交汇处，地理位置优越，水陆交通便利。上海位于长江的入海口，是中国经济、航运最为发达的地区之一。以上海为中心，以300公里为半径可以覆盖长三角的15个城市圈，从上海虹桥站到长三角地区的16个核心区城市，只需要0.5至3个小时。吴淞口国际邮轮港交通便捷，拥有S20、G1501、逸仙路高架等快速主干道，以及地铁3号线、1号线、7号线等城市轨道交通，共同形成了便捷的综合交通系统。

（二）母港航线规划的客源市场优势

1. 区域经济实力

对于邮轮运营，其中稳定的、可观的客源市场是不可缺少的重要条件。从经济条件上看，上海是我国经济中心，长三角地区主要城市经济发展迅速，使得人们的生活质量得到大幅度的提高，人们有能力选择更高品质的旅游休闲活动。同时，这也促使人们消费观念的不断转变，必将促进人们消费实力的增强和消费行为的变化。另外，上海"中产阶层"的人数较多，旅游消费人口数约占总人口的15%，是全国平均数的17倍。随着生活水平的提高和消费需求的升级，邮轮旅游作为一种新型高端旅游产品，已成为市民出游的一个时尚选择。此外，由于上海内外交通的高度发达，上海对全国尤其是长三角地区有巨大的辐射作用，再加上上海现代旅游业的高度发展，使得上海有着巨大的邮轮旅游客源市场。

2. 消费群体分析

但是，在这样庞大的客源市场中仍缺乏优质的客源。据调查显示，我国邮轮旅游的游客的平均年龄在38岁，年轻的工薪白领阶层虽然收入可观，有选择邮轮旅游的动机，但是缺少自由支配的时间，休假时间短，并且不稳定；而那些事业有成、有较多休闲时间的成功人士普遍年纪偏大，已经形成较为固定的思维方式，受传统思想约束较多，对邮轮旅游顾及较多；虽然我国总的经济水平较高，但是由于经济发展的不平衡，收入分配的不平衡，价格仍然是影响人们选择消费行为的必要因素。受到我国经济水平、人们的消费行为习惯和文化的影响，目前多数人更偏好于观光旅游、体验旅游，缺少真正意义上的度假休闲。调查中发现，很多乘坐邮轮的中国游客更多的是把邮轮作为一种交通工具。

因此，通过对前面的分析发现，我国选择邮轮旅游的游客大多对价格特别敏感，价格甚至成为决定是否选择邮轮旅游的关键因素。由于我国现有的休假制度限制，使得我国游客无法选择较长的航线，也造成其旅游决策带有很大的随机性。此外，由于邮轮缺乏东方元素，导致了中国游客很难适应，这又影响到我国游客的邮轮旅游决策。

（三）母港航线规划面临的挑战

1. 国际关系等因素影响了航线的稳定及便利

在全球化时代，国际关系因素极大地影响各国家和地区间的贸易往来、海洋经济发展和海洋科技与文化交流等。对未来邮轮产业高质量且可持续发展而言，国际关系风险主要包括国家之间的气候问题、领土争端、国家安全、经济摩擦等，以及来自恐怖主义的威胁。2012年9月，日本政府实质性推进钓鱼岛"国有化"计划，导致中国赴日旅游人数平均减少了16.8%，事件影响持续约15个月，中国赴日旅游人数累积减少近80万，并对日本入境旅游收入造成了近19亿美元的损失。2017年2月，韩国"萨德"事件对到访游客人数的影响效应更大，持续时间更长。[33]

国际关系等因素给我国邮轮旅游业带来了巨大挑战。我国上海、天津出发的母港邮轮航线中，韩国济州、首尔、仁川等港口和日本福冈、长崎、熊本、鹿儿岛等多为访问港。国际关系变化对我国邮轮航线目的地的选择产生了不确定影响。据统计，"萨德"事件使得到韩国旅游的中国游客锐减。2017年1月至9月，乘坐邮轮到韩国旅游的中国游客为38万人次，仅为2016年同期中国邮轮游客量（149万人次）的1/4。

国际关系等因素也给中国邮轮旅游业带来了一些机遇，备受关注的西沙邮轮旅游肩负着重要使命。2013年4月28日，我国开通第一条西沙邮轮旅游航线，被誉为三沙旅游业发展的"破冰之路"。三沙市利用工商注册的特殊条件，引进大型邮轮企业注册、落户三沙，丰富邮轮旅游航线；同时，成立旅游发展公司，引进大型旅游企业参与三沙旅游开发。并且自2020年新冠全球大流行之后，三沙邮轮也成为我国最早复航的海上邮轮航线。2020年12月随着"南海之梦"号邮轮离开三亚凤凰岛国际邮轮码头，西沙邮轮航线正式复航。西沙旅游航线行程为四天三晚，游客从三亚乘船至西沙永乐群岛，在全富岛和银屿岛进行登岛观光活动，体验西沙海岛风情。

2. 无目的地航线开通存在阻碍

以航线有无具体的旅游目的地划分，邮轮航线分为无目的地航线与目的地航线。在全球范围内，只有少数邮轮航线为纯粹以船上休闲娱乐服务为指向的无目的地公海巡游航线，如佛罗里达的1日航线、香港的周末航线等。近几年，以香港为目的地的国际邮轮航线一直保持到港100艘次的水平，而无目的地航线则一直维持在2000艘次左右。2011年，无目的地航线旅客比重仍高达82.6%，是目的地航线邮轮游客的4倍以上，且基本来自香港及珠三角地区（香港本地游客占62%，珠三角游客占34.6%）。这说明周末航线在香港仍具有较大的市场需求，毕竟对香港及紧靠香港的珠三角地区居民而言，1日1夜或2日1夜的香港周末航线费用低、时间短，易于消费。然而，我国邮轮航线较多的是4—7天的中短航线，1日1夜或2日1夜的短期航线非常罕见。

3. 签证政策不便于游客出行

邮轮旅游具有明显的地域特征，这些地理区域主要集中在涉及海洋旅游的全球特定邮轮目的地，如欧洲地中海沿岸、加勒比海岛、东南亚、毗邻中国的日韩南部沿海等旅游区域。邮轮旅游航程中往往会挂靠多个国家，以兼顾多个不同主题的岸上观光游。对中国游客来说，出境前往欧洲、北美邮轮母港搭乘邮轮，除了需要持有欧美旅游签证外，还得同时持有沿航线其他国家（这一可能性很大）的旅游签证。另外，办理旅游签证的花费、旅途的安排协调、所耗时间等因素也增加了邮轮旅游的难度。

中国的旅游签证现状制约着邮轮旅游的发展。根据外交部领事司在2018年1月18日更新的数据显示，已有68个国家或地区对持有普通护照的中国公民实行免签或落地签政策，但这些国家多为亚非拉第三世界国家、东欧国家（表 6-3）。此外，虽然某些国家对中国普通护照免签，但因其他因素限制，免签协议仍形同虚设，例如袖珍小国圣马力诺，由于没有飞往该国的航线，需要从意大利入境，中国旅行者仍需额外申请申根签证。

自 2017 年 12 月 28 日起，上海北外滩国际客运中心、吴淞口国际邮轮港、天津国际邮轮母港可对 51 国公民实施 144 小时过境免签，但乘邮轮或国际客轮从其他地区港口出入境的游客仍不能享受免签政策；海峡两岸邮轮航线虽然有望从逐班次审查放宽为批量班次审查，但仍须专案办理，无法常态化运营。这些不完善的政策都限制了邮轮航线的设计和开通。

表 6-3 对持普通护照中国公民实行免签、落地签政策国家和地区

签证政策	国家或地区
互免普通护照签证（11 个）	阿联酋、巴哈马、厄瓜多尔、斐济、格林纳达、毛里求斯、圣马力诺共和国等
单方面允许中国公民免签入境（15 个）	印度尼西亚、摩洛哥、法属留尼汪、突尼斯、海地、圣基茨和尼维斯、牙买加、多米尼克、萨摩亚、法属波利尼西亚等
单方面允许中国公民办理落地签证（42 个）	阿塞拜疆、巴林、东帝汶、印度尼西亚、马尔代夫、缅甸、尼泊尔、斯里兰卡、泰国、埃及、圭亚那、苏里南、乌克兰等

4. 相关政策不匹配

第一，现在对于邮轮套用的政策仍是用于传统产业的政策，但作为新兴跨国产业，这些政策并不适用。比如说在船舶运营方面，为方便企业经营，国外的相关法律限制比较小，税负也比较低，用人比较便利，监管人性化，但目前这些相应政策在我国的限制较多。中国注册的邮轮船舶上中国船员的比例必须达到 2/3，这就加大了邮轮人员配置的难度。

第二，带薪休假实行不够彻底。大多数游客还是集中在法定假期出行，所以容易出现客流高峰。

（四）母港航线规划的挂靠港限制

邮轮航线在选择停靠港时，需要考虑该港口的基础设施和所在地的商

业设施的完备程度、港口附近的旅游资源、挂靠国的安全问题及挂靠港口的经济状况等。

1. 自然条件

目前，从上海从发的邮轮主要前往的是东亚地区，目前比较热门的目的地有韩国的济州岛、釜山和日本的福冈、鹿儿岛。

日韩热门的邮轮停靠港的自然条件都比较优越，多处于海湾地区，海面风浪较小，航道宽阔，而且其水深能够保证邮轮安全航行。但是，这些现有港口的前沿水深有限，多在 8 米和 12 米之间，很难满足巨型豪华邮轮的进入，如皇家加勒比 22 万吨的海洋绿洲号就难以进入。

此外，邮轮从上海出发到这些港口，中途没有其他的停靠港，邮轮航程显得相对较长，在一定程度上增加了运营成本，尤其是高额的燃料费，无法使邮轮公司获利最大化。况且，中国游客并不喜欢在海上度过太长时间，他们对邮轮旅游的目的地有着更多的期待。而顾客对产品的满意度、地方政策、燃料成本及环境污染情况等都成为当今航线设计需要考虑的重要因素。因此，如果在这条航线上坚持传统的运营模式，必然失去竞争优势。

2. 港口的基础设施和所在地的商业设施的完备程度

不管是韩国的济州岛、釜山，还是日本的福冈、鹿儿岛，这些邮轮港口的基础设施都比较完善，能够满足邮轮停靠、物资补给、游客接待及上下船服务等。此外，这些地方本就是旅游目的地，其住宿、餐饮、休闲娱乐等配套设施十分完善，交通也十分便捷，有着很强的游客接待能力。因此，这些港口具有作为邮轮停靠港的基本条件。

3. 港口附近的旅游资源

瑰丽的自然风光、独特有底蕴的地区文化是吸引游客的一大亮点，邮轮挂靠港口当地或者近郊周边需要有特色、有差异的旅游资源，才足以吸引游客前往。此外，购物也是对游客产生吸引力的重要因素，尤其是对于中国游客，他们出国旅游的一个重要动机就是购物，所以邮轮停靠港口应该为游客提供购物商圈及具有当地特色的商品。韩国的济州岛、釜山和日本的福冈、鹿儿岛等地都符合这些要求。例如，韩国的济州岛是久富盛名的韩国第一大岛，那里四面环海、气候适宜，全年天气温暖，拥有独特的风土人情，享有"蜜月之岛""浪漫之岛"的美称。此外，日本的福冈也独具特色。福冈是九州最大、最具活力的城市，同时拥有历史悠久的太宰府和日本最著名的神社天满宫，历史古迹、公园、游乐景点、购物中心令福冈充满生机。

但是，无论是日本，还是韩国，都属于东亚文化圈，大体上的文化氛围和建筑风格都非常相似，没有鲜明的特色，如果在这些地区的航线实现多港挂靠，将不会对游客产生很大的吸引力。

4. 挂靠国的安全问题

邮轮挂靠港口必须是政治稳定的地区，因为邮轮旅游是涉外的，所以挂靠港口国的政治安全是邮轮航线开发、邮轮运营的必要条件。

5. 挂靠港口的经济现状

邮轮挂靠港的经济水平直接影响了客源，邮轮港口的经济水平直接影响对游客的接待和服务水平。韩国和日本的经济发展水平高，整体的综合配套设施齐全，能够保障邮轮旅游的服务质量。此外，韩国和日本的居民收入水平高，邮轮公司选择这些港口作为停靠目的地，不仅具有一定的旅游吸引力，而且也能从此处招徕一定数量的游客，使得运营利润最大化。

6. 邮轮旅游还未与自贸区对接

交通运输部与上海市人民政府 2013 年 9 月 29 日联合发布《关于落实〈中国（上海）自由贸易试验区总体方案〉加快推进上海国际航运中心建设的实施意见》，该意见首次提到："鼓励发展邮轮产业经济，支持筹建邮轮发展基金，促进我国邮轮船队发展，带动航运、金融、保险业发展。支持上海邮轮母港建设，鼓励在上海成立中外合资邮轮公司拓展邮轮业务。"

上海自由贸易试验区允许在区内注册符合条件的中外合资旅行社，目前上海自由贸易区在各方面政策上只是试点，还没有实体性运营，上海市政府应加快速度，进而拉动上海邮轮旅游业的发展。

7. 内港停靠的限制

外国籍邮轮在中国多点挂靠实质上属于国内运输，要以特别个案批准方可开展，即使经批准允许多点挂靠业务的经营者也不能允许在港口间承载的游客离船不归。这与外籍邮轮在其他国际航线多点挂靠的做法具有明显差异。开展多点挂靠的本意是为了增加邮轮停靠时间与地点，拉动国内邮轮市场的消费，但在当前外籍邮轮公司牢牢占据国内邮轮市场的情况下，该规定则限制了邮轮游客。

除了海航公司的海娜号邮轮属于中国本土邮轮外，大多邮轮是外籍邮轮，因此不允许外籍邮轮在国内多港停靠不仅对邮轮公司来说有很大限制，而且不利于邮轮航线丰富性的开发。若能放宽，则会吸引很多游客选择邮轮旅游的方式，增加邮轮旅游市场消费。

8. 港口综合收费问题

在外资邮轮公司看来，中国的邮轮港口综合收费较高，远远超过新加坡、日本等亚洲国家；而在中国的邮轮港口运营商看来，港口本身的收费很低，对于盈利影响很大。

目前中国邮轮港口的综合收费涉及两部分：一部分是国家规定收取的费用，占到2/3；另一部分则是邮轮港口码头收取的费用，只占1/3。就上海港而言，邮轮的行李搬运费每件只收1美元，而游客的人头费（海关边检等）是2.5美元，这个政策从1991年就开始执行，30年过去了，美元兑人民币汇率大幅下降，但收费标准却没有提高。

9. 疫情等类似公共安全事故的限制

自2020年1月新冠肺炎疫情暴发后，嘉年华旗下的钻石公主号邮轮确诊新冠肺炎634人。一名乘客出现相关症状，导致在邮轮这一封闭环境中，出现大面积人传人的局面，最终全船在日本横滨隔离。正因为出现了钻石公主号邮轮整船感染的事件，同时全球新冠肺炎疫情快速蔓延，全球的邮轮旅游紧急暂停，各国也出台相应的邮轮靠泊政策。

2020年2月2日—11日，荷美邮轮威士特丹号被各个港口拒绝靠港，直到2020年2月13日柬埔寨西哈努克港允许其停靠。2020年2月7日起，为避免邮轮靠泊造成疫情传播，日本禁止搭乘邮轮的外国人入境；2020年2月10日，韩国决定暂时禁止所有邮轮入境；2020年3月8日起，马来西亚禁止所有邮轮停泊该国家港口；2020年3月9日，印度宣布所有港口禁止外国邮轮停靠；2020年3月11日，摩纳哥公国禁止所有邮轮停靠其港口及领海区域；2020年3月13日，新加坡宣布立即停止所有邮轮的港口停靠，2020年3月15日开始禁止过去14天内有意大利、法国、西班牙和德国旅行史的游客入境或过境；2020年3月14日，新西兰宣布禁止所有邮轮停靠入境。此外，澳大利亚禁止从外国港口出发的邮轮停靠澳大利亚；西班牙禁止来自其他国家的邮轮进入；希腊禁止邮轮和包租游艇在其境内港口停靠，同时暂停与邻国意大利的所有客运交通。

（五）邮轮航线规划面临的挑战

上海邮轮母港航线规划设计存在的问题突出体现在邮轮游客需求与邮轮航线供给的不平衡上。

1. 航线焦点：目的地选择有限

从 2006 年开始，中国邮轮旅游客流量已经连续十年增长速度在 40%—50% 或以上，不过这一增长速度在 2017 年出现放缓迹象，由高速增长转变为高质量发展。导致市场增速放缓的原因是多样的，其中最主要的因素就是航线问题。在中国的对外邮轮航线中，日、韩的旅游目的地占据着重要的地位，中国邮轮出境 95% 以上都是前往日韩的城市。

邮轮航线目的地的选择与靠泊受地缘政治影响突出，2014 年东北亚地区政治局势、2015 年韩国 MERS 病毒及 2017 年的韩国萨德事件都对邮轮访问港选择影响巨大。2017 年 3 月 8 日，皇家加勒比国际游轮公司宣布鉴于韩国局势的发展，公司做出慎重决定，对海洋量子号、海洋赞礼号、海洋水手号自 2017 年 3 月 15 日至 6 月 30 日期间从上海和天津出发的航次进行调整。其他邮轮公司，如天海邮轮将原日韩航线改为只停靠日本港口。歌诗达邮轮、公主邮轮、地中海邮轮等公司的产品全都在进行航次调整。萨德事件的影响延续到了 2018 年，而 2020 年新冠肺炎疫情的发生，使得全球航线暂停运营。直到目前，中国还没有开通对外的邮轮航线。

因此，建议研究如何在疫情后重启邮轮旅游，重开邮轮航线，将疫情前的邮轮航线与疫情后的安全防控措施相结合。在疫情前，大陆到台湾的邮轮航线稀少，因通关手续复杂且报价较高，市场虽受欢迎但性价比不高；增加东南亚航线；增加国内停靠港选择，不仅可延伸至大连、天津、青岛、厦门、三亚等现有母港城市，亦可拓展到舟山、宁波、张家港等城市，促进区域邮轮经济联动。另外，目前航线时间基本以 4—7 天为主，8—10 天、2—3 周、2—3 天的邮轮航线开发稀缺；呼吁周末邮轮度假线路，可以济州岛和国内港口等为主要停靠港；增加针对带薪休假游客的产品，如 2—3 周的环东南亚航线。

2. 航线内容：岸上产品特色不明显

目前日本和韩国对乘坐邮轮入境的中国居民，实行免签登陆制度，但是旅行社需要做入境名单并且向使馆进行担保，团进团出。如果游客在目的地失踪，旅行社会承担 5 万/人的罚款（即使是邮轮前往济州岛，旅行社依然要做入境名单的）。因此对于日本的航线，旅行社通常会协助客人办理团队形式的日本免签登陆许可证。因此登岸后的活动，需要由旅行社或邮轮公司组织。如果游客想要在岸上进行自由活动，可以通过购买旅行社提供的岸上游包车产品或岸上自由行产品来开展。对于不想通过旅行社购买岸上产品的游客，可以办理个人签证，但有拒签风险，且会收取每人 200—300 元费用。另外，岸上团队游还涉及购物与提成的问题，要选择证照齐全、合法经营的免税店。

市场竞争需要规范。在特定阶段制定邮轮船票的基准价格，打击零团费和负团费。根据不同船型、淡旺季及船舶级别制定一个基准票价，邮轮公司要严格控制旅行社的超低价甩仓，政府部门要依法保障游客的合法权益。更重要的是，要在当前包价旅游产品的基础上，推出更多的自由组合式邮轮产品，以差异化、多样化来替代目前的一体化和同质化。从市场规律来看，随着游客需求变得多样化，对不同组合的邮轮产品需求必定会增长，为了提升产品的附加值、增强竞争力，邮轮公司和中间商必定会将差异化和多样化作为未来邮轮产品的发展战略。比如，在航线规划中，一方面通过访问港和岸上目的地差异化，提升航线的吸引力。另一方面，也可推出不同的主题化航线。

最方便的办法就是直接卖船票，个人签证由游客自理，岸上观光让游客自行选择，包括岸上游在内的更多样、更自由的组合式邮轮产品必然成为今后的趋势。岸上游的质量高低直接影响了游客的体验和感受度，势必引起各方的重视。在欧美国家，邮轮产品和岸上游是完全分开的。专家建议，政府监管部门有必要适当介入，更好地规范邮轮岸上游市场，同时需要培养更多专业的邮轮咨询师提前为游客做好咨询服务。

3. 航线节点：港口体验需提升

邮轮港口是邮轮航线最直接的承载主体。邮轮港口的接待能力（码头物理条件）、服务能力（港区配套设施）、港口周边的旅游资源（岸上产品供给）对邮轮航线布局具有重要影响（孙晓东，2015）。从国际著名邮轮港口的运营时间来看，在游客服务方面主要通过基本服务功能来满足乘客的基本出游需求（图6-1）；而在对邮轮服务方面则要具备接待多艘邮轮和大型邮轮的能力（图6-2）。

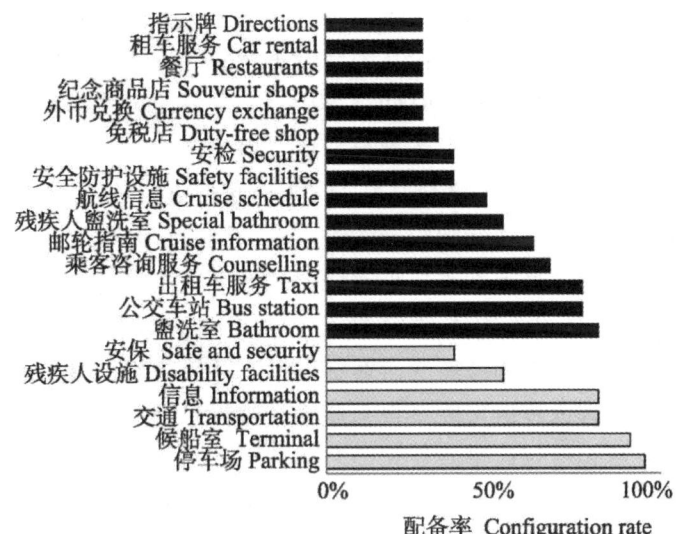

图 6-1　邮轮港口对游客的服务功能及配备率

数据来源：孙晓东，2015

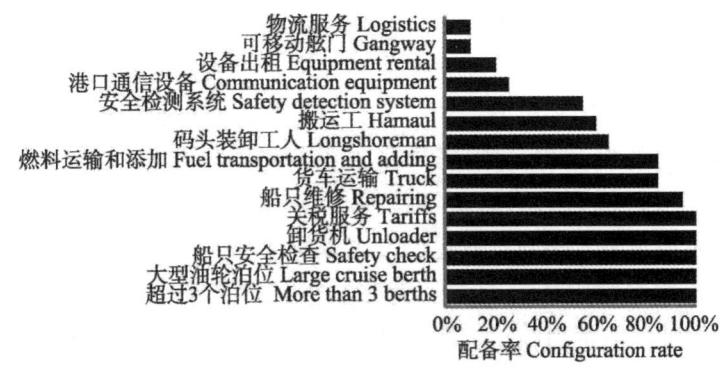

图 6-2　邮轮港口对邮轮的服务功能

数据来源：孙晓东，2015

相比之下，我国邮轮母港在对游客服务的通关效率、公共服务、信息获取、功能设施、购物商业、进出停车等方面还需提升，在对邮轮服务的船只维修、垃圾处理、船供体系等方面还需不断改进完善。

4. 航线效率：游客期望与感受落差

近年来，因为恶劣天气，邮轮更改航程的事件屡有发生。2015年8月22日，因受台风"天鹅"影响，海洋量子号将原定23日出发的九天日本三地游变更为韩国两地游；从天津港出发的歌诗达大西洋号也调整了行程，缩短了日本登岸观光的时间。事后，两家邮轮公司都对旅客采取了发放抵用券、现金补偿，或退还部分船票费用等措施。

2018年，上海中心气象台从3月27日起持续发布大雾黄色预警信号，受大雾影响，多艘国际邮轮无法进出港，港口和海事方面也无法预测何时恢复通航。喜悦号因大雾封港造成船舶始终无法驶离，诺唯真邮轮船务（上海）有限公司不得不决定取消327航次。为确保游客的出行体验，喜悦号尽最大努力为该航次游客提供以下补偿措施：（1）退还该航次的船票费用，游客返程后可联系报名旅行社进行办理；（2）港口取消的保险事宜，每位游客返程后可联系保险公司获得理赔；（3）返还因港口变更而发生的港务税费差额。在此次事件中，诺唯真团队始终积极安抚游客的情绪并多方寻求解决方案，确保每位游客尽量不因大雾而影响出游心情，未能出海也能享受到"海上头等舱"的服务品质。

按照国际航行的通常做法，在恶劣天气条件下造成的取消或改线，应该在保障游客安全舒适的前提下，邮轮公司方面尽最大努力为游客寻求最佳替代行程，但对改变行程所带来的停靠港替换或数量减少，邮轮公司没有赔偿义务。而中国邮轮船票实行分销，游客大多与旅行社签署旅游服务合同界定双方的权利和义务。《中华人民共和国旅游法》第67条规定明确指出，因不可抗力影响旅游行程的，旅行社可以在合理范围内变更合同，但是如果旅游者不同意变更的，可以解除合同。旅行社扣除不可退还的费用后，将余款退还旅游者。因此，在恶劣天气等不可抗力因素发生时，邮轮改变或取消航线，邮轮公司和旅行社不承担赔偿责任，但需要退回余款。而对于旅客的诉求，邮轮公司和旅行社还应协商处理，稳妥善后。

因天气等不可抗力引起的航线变更，虽然邮轮公司和旅行社可以免除责任，但是游客在感情上难以接受，表现激愤甚至出现"霸船"行为。2015年8月31号，在刚刚返回上海的海洋量子号邮轮上，部分游客因对船方变更行程表示不满而拒绝下船。根据《中华人民共和国旅游法》第14条规定,旅游者在旅游活动中或在解决纠纷时,不得损害旅游经营者和旅游从业人员的合法权益。《上海市旅游条例》第59条中也明文规定,邮轮旅游纠纷应当按照有关法律规定和合同约定处理。旅游者在邮轮旅游活动中或在解决纠纷时,不得损害邮轮公司、旅行社和其他旅游者的合法权益。因此,"霸船"属于一种违法行为,游客除了要承担刑事责任还需要承担经济责任。游客依法维权有多种渠道,可与邮轮公司、旅行社协商解决,也可向市、区消保委或旅游质量监督所投诉、进行调解。调解不成,还可向法院提起诉讼。

5. 邮轮市场:发育还不够成熟

邮轮经济的形成必须是多种市场主体参与而形成的。中国邮轮消费市场是成长很快的市场,邮轮游客的构成还处于变化之中,邮轮游客的消费行为有一定的不成熟性,这给航线设计带来难度。目前在中国邮轮市场上,游客始终没有将邮轮旅游作为日常旅游,而是将邮轮旅游看成一种高端旅游方式,这就会导致游客对邮轮旅游的黏性较低,使得邮轮旅游的需求价格弹性较强,一旦价格变化较大,就会极大影响市场需求量。

6. 邮轮供给:模式固定化

邮轮市场供给量的增长速度过快,这对中间商的吸纳和消化能力提出挑战。包船模式下个体旅行社的快销能力有限,致使船票积压,继而降价甚至甩舱出售。中国邮轮市场的主要挑战来源有二:一是邮轮供给的快速增加导致特定时期内市场消化功能变弱;二是渠道不通畅,邮轮这种品质和服务显然更加优质和稳定的旅游产品没有快速进入百姓视野。

2016年起,邮轮公司开始逐步对供给量进行微调,部分邮轮离开中国和亚太地区,前往其他地区运营,邮轮公司重新布局对于平衡国内的供需格局作用明显。渠道方面,由于对市场的担心和风险评估,更因为邮轮供给量的大幅增加和行业规模的急剧放大,使得曾经一度引领中国邮轮业得到飞速发展的包船模式无以为继。中国邮轮业的经营模式从包船模式占据绝对比例向包船模式和散卖模式并重发展的趋势已经确立,而散卖航次的比例将逐步提高,成为市场主流。

三、中国邮轮母港未来航线规划
——以吴淞口邮轮港为例

(一) 战略目标

上海吴淞口国际邮轮港作为我国第一大邮轮港，2011—2017 年共接待邮轮 1627 艘次，占到 2006—2017 年"母港时代"全国总量的 28.0%；接待出入境游客量达到 913.8 万人次，占到 2006—2017 年"母港时代"全国总量的 50.3%。吴淞口邮轮靠泊量和游客接待量具有数量优势，在邮轮靠泊费等方面收入丰厚，全国范围内保持良好的盈利水平。

2017 年吴淞口国际邮轮港有母港邮轮 12 艘，16 万总吨以上的有 2 艘，13 万吨以上的共 4 艘。在星级上，平均值为 4.4 星。在邮轮载客量方面，上海依然是中国邮轮市场大船的聚集地，载客量最大的喜悦号的载客人数达到 4992 人。邮轮船龄平均值为 12.2 年，处于良好的水平，其中皇家加勒比游轮海洋量子号、公主邮轮盛世公主号、诺唯真邮轮喜悦号船龄均在 5 年之内。当前吴淞口国际邮轮港营业收入来源主要是停泊费、旅客人头服务费、客运大厅使用费、行李费等，其中最主要的是靠泊费，这也是资源垄断性的收费项目，而不是市场竞争性领域。目前邮轮港口也逐渐探索邮轮旅行社、邮轮船供服务、港口广告服务、邮轮跨境电商、场地租金及邮轮其他相关服务等，但收入甚微，难以成为邮轮港口主营业务的重要组成部分。当前邮轮港口的商业设施和城市综合体匮乏，不仅影响港口配套，也影响游客逗留消费和港口效益。

近年来，宝山区积极响应"一带一路"倡议，全力对接上海加快建设国际航运中心和打造世界著名旅游城市的目标，推动"区港联动"制度创新，实现了邮轮经济从无到有、由小到大的跨越式发展，打开了邮轮滨江带"创新驱动，转型升级"的新局面；在上海国际航运中心建设中进一步形成了"南有洋山港国际物流，北有邮轮港国际客流"的新格局；设立首个中国邮轮旅游发展实验区，"区港联动"制度创新不断深化，邮轮口岸监管机制形成一系列创新成果；积极参与邮轮修造，着力引进邮轮总部型企业，打造"吴淞口"邮轮服务品牌，初步形成上中下游各有重点的邮轮产业链；以邮轮港为核心，陆上客运中心、滨水活力中心、绿色商务中心布局清晰，上海长滩雏形初显，吴淞口港调整启动，从"邮轮码头"到"邮轮港"再到"邮轮城"的转型发展道路正在加快推进。

吴淞口国际邮轮港全面打造"快乐港口、共赢港口、绿色港口、智慧港口和示范港口"。其中，在已经建成的邮轮港一号泊位岸电项目的基础上，结合邮轮港后续工程，将继续推进邮轮港岸电项目建设，并打造太阳能光伏项目，使邮轮港口成为一个"绿色、环保、低碳、生态"的邮轮产业链活力要素。吴淞口国际邮轮港也将着力研究实现"设计标准化、功能标准化、服务标准化和流程标准化"，努力成为中国邮轮产业发展的示范标杆，引领中国邮轮产业发展。基于吴淞口国际邮轮港在接待（超）大型国际邮轮方面的比较优势和先天条件，优化现代服务业集聚区规划，以对接国际邮轮产业发展为特色，通过加强软、硬件建设，争取将吴淞口国际邮轮港打造成现代服务业集聚区之一。

（二）路径设计

1. 丰富邮轮航线，提升国内母港吸引力

拓展吴淞口国际邮轮母港航线，吸引更多的国际邮轮挂靠。吴淞口国际邮轮港被视为上海邮轮产业和母港邮轮的新增长点，吴淞口国际邮轮港每年几乎以增加上百邮轮艘次的规模发展，航线也将进一步拓宽，从日韩两国逐步向东南亚延伸。

邮轮母港产生的收益是一般停靠港的10—14倍，可以带动所在城市造船、维修、服务、旅游等多个产业发展，其无形收益难以估量。因此，增加邮轮靠岸数量与建设母港是上海吴淞口国际邮轮港并重的方向。

吴淞口国际邮轮港和上海北外滩国际客运中心早在2011年8月就加强全方位合作，进行了深入交谈，形成了邮轮母港运营协作、邮轮产业经营合作的共识。双方签署了《吴淞口邮轮港免税店经营合作备忘录》，从口岸免税品合作、船舶供应合作入手，健全和完善吴淞口邮轮母港的服务项目等。2019年5月21日，上海吴淞口国际邮轮港后续工程通过了项目整体竣工验收，标志着吴淞口国际邮轮港经过三年建设和一年试运行的后续工程，完成了各项设计规划内容。

2. 创新邮轮航线，优化港口组合

吴淞口国际邮轮港未来的邮轮航线被分为四类：母港航线、国际挂靠航线、国内航线和特色主题航线。邮轮旅游不仅仅是增加了旅游资源和旅游目的地，实际上还带动了海洋旅游的全方位开发，在战略意义上具有很高的高度。目前进入中国市场的邮轮公司主要有三家：歌诗达邮轮、皇家加勒比游轮、丽星邮轮。2020年1月17日，鼓浪屿号从上海吴淞口国际邮轮港始发，开启"上海—舟山—冲绳—上海"的多母港运行航次，从上海登船的1600多名游客游览普陀山、朱家尖、普陀等主要景点，当天下午与在舟山登船的游客一同离境赴日本冲绳，此航次作为国内多港挂靠的探索性航次，其成型后将成为常态化运行模式。

另外，吴淞口邮轮港也可以积极引入其他邮轮公司品牌，促进现有邮轮品牌之间的良性竞争，丰富吴淞口国际邮轮港的航线选择和航线产品内容。2014年公主邮轮进入上海市场，促进市场进行产品更新。公主邮轮提供3天至7天不等的4种航程路线，目的地包括韩国济州岛、釜山和首尔。公主邮轮长久以来致力于为游客提供卓越的出行体验，并不断推出业界领先的创新举措，以优雅迷人的卓越女性担任邮轮"教母"。公主邮轮将游客在邮轮上的体验称为"公主礼遇"，经验丰富、服务周到的船员会为每一位乘客提供无微不至的悉心服务。值得一提的是，船上有200名船员能够提供中文服务，菜单、早报、日报和各类公告都是中英文双语的。船上活动包括世界领导人晚宴、调酒教学课程、英式下午茶、24小时自助餐厅、顶级葡萄酒之旅、海上太极、桑巴舞健身课堂、"公主之夜"睡眠体验等，除了提供优质的国际化航行体验外，蓝宝石公主号还有着独具特色的文化、美食、娱乐活动。为了满足多代同堂乘客们的需求，"公主礼遇——从点滴开始"还针对不同年龄段的游客推出"英语探险""派对策划""约会指导"和"礼仪修养"课程。

（三）行动设计

1. 设计主题化航线

随着国民经济的快速增长，邮轮旅游已经渐渐成为一种旅游新时尚。中国巨大的市场潜力吸引国际邮轮企业纷纷进驻中国市场，邮轮企业之间的竞争愈演愈烈。邮轮各航线产品结构单一，并且邮轮产品同质化突出，已不能完全满足游客更加多元化、个性化的需求。因此，不断设计内涵丰富的邮轮主题航线将更有市场前景。

通过发掘、利用或创造某一主题素材，或者通过邮轮的外观展示、氛围营造、服务设施、娱乐活动等，围绕既定的主题设计航线产品，使航线主题刺激旅游者产生消费行为。从邮轮产品的需求角度来看，提供主题化航线产品是一次难忘的体验；从邮轮产品供给的角度看，通过设计主题化航线来吸引对该主题有特殊偏好的群体，如亲子游、家庭游、蜜月游等。

2. 目的地多样化航线

对比加勒比海和地中海地区的邮轮航线，由于我国的地理位置，尤其是上海的位置特征，设计出的邮轮航线较这两个地区过少。此外，日本航线的稳定性得不到保证；同时，大陆至台湾手续较为烦琐，审批时间较长，因此很难形成固定班次。因此，应该争取稳定日本航线，简化大陆至台湾的相关手续，形成固定班次。此外，增开去新加坡与我国香港和澳门等地的航线，适当开发欧美长期航线，从而满足游客的多样化需求。我国邮轮目的地如表6-4所示。

表6-4 邮轮目的地明细

出发地	市场	目的地	经营战略
上海	东亚市场	韩国的济州岛、釜山、仁川、丽水；日本的福冈、长崎、广岛、鹿儿岛、冲绳、宫崎、熊本、大阪、横滨	维持现有市场并促进增长
上海	东南亚市场	印尼、新加坡、马来西亚、菲律宾	推出特色航次
上海	国内市场	大连、天津、宁波、厦门、三亚等沿海港口城市）	联合航次
上海	国内市场	台湾、香港、澳门	联合开发
上海	其他长期航线市场	北欧、地中海地区、北美地区、加勒比海地区等	扩展经营

3. 层次多样化消费

根据不同的标准，邮轮可以划分为不同的类型，根据载客量，邮轮可以划分为大型、中型、小型；根据乘客空间比和乘客船员比，邮轮分为大众型、中高档和高档三个类型。不同类型邮轮提供不同品质和种类的特色服务，适合不同经济能力和偏好需求的游客。目前，以上海作为母港运营的邮轮公司有歌诗达邮轮、海航邮轮（大众性）、皇家加勒比游轮（中高档）、公主邮轮（高档）、丽星邮轮（融入亚洲文化元素）等。这些公司的邮轮产品都有自己的定位，在对中国客源结构充分分析后，合理设计不同档次邮轮产品的航次数量。邮轮等级如表6-5所示。

表6-5 邮轮等级划分

划分标准	邮轮类型	邮轮载客数量（PAX）
邮轮载客量	小型邮轮	1000人以下
	中型邮轮	1000—2000人
	大型邮轮	2000人以上
邮轮豪华等级	奢华型邮轮	顶级的娱乐设施、服务水准优秀、容纳游客较少、提供管家服务和私人订制服务、全包价
	高级型邮轮	超出平均水准的美食、设施、服务；空间比率较高，提供各种娱乐活动、正式晚宴、个性化服务
	现代型邮轮	定位于度假胜地，提供多样化娱乐设施：溜冰场、高尔夫场、攀岩墙、冲浪、水滑道；总体氛围比较轻松
	专业型邮轮	专注于专项独特的邮轮旅游产品和某一特定的邮轮旅游目的地；部分航线涉及人迹罕至的地方，目标市场为有经验的邮轮旅游者
	经济型邮轮	中等规模，经过翻新，运营时间较长，自助式晚宴，员工较少，装饰设计经典，定价比较经济，容易吸引邮轮旅游经验少的人

4. 邮轮产品及销售方式重新设计

由于绝大多数邮轮设计充满西方文化色彩，而中西方文化差异巨大，生活习惯的不同、饮食文化的区别造成了中国游客不能很好适应邮轮上的服务方式、休闲娱乐方式。邮轮上的服务人员多数是外国人，造成了游客的沟通障碍，使得游客不能得到很周到的服务。因此，在设计邮轮产品时，应该更多地融入东方文化元素，特别是中国文化元素，从中国人的思维、生活、行为方式角度来设计符合中国人的邮轮产品。邮轮内部可进行的中国式设计如表6-6所示。

表 6-6　邮轮内部中国式设计表

船上项目	整改方案	成效
船上布局	邮轮内部设计、装潢等应该融入中国元素，增加中国文化氛围，如张贴中国画、部分采用中国古典结构设计等	为中国游客营造一种中国文化氛围，使得游客在感受西方文明及生活方式的同时，也能更快地适应船上生活，从而赢得更高的顾客满意度
娱乐休闲设施	增加中国人的娱乐方式，将部分酒吧改成酒馆或茶楼；增设棋牌室；设书法、字画展示专区等	
餐饮服务	设计符合中国人的就餐环境，提供中国各地名菜、小吃，提供中式餐具	
服务方式	增加中国员工人数，尽可能用中文为乘客服务，设计更全面的中文指示标志	
娱乐表演	增加东方文化色彩，如京剧表演；KTV 增加中文歌曲数量	

总体上我国邮轮产品营销渠道分为直销渠道和分销渠道（图 6-3），也可称为直接营销渠道和间接营销渠道。直销渠道主要有邮轮公司官网直销、网点直销和电话直销三种，目前网点直销渠道在国内邮轮旅游市场并未广泛采用。分销渠道主要分为：线上渠道，即线上邮轮综合性旅游网站（OTA）、邮轮旅游平台网站（第三方旅游平台网站）、实体旅行社网站；线下渠道，即传统实体旅行社。与国外相比，国内邮轮市场还处于初级阶段，邮轮票务市场还不完善，邮轮公司直销渠道还未成熟。同时，中国邮轮市场竞争激烈，邮轮公司的规避风险运营模式对邮轮产品营销渠道产生了影响。并且，由于休假制度和文化等因素，我国游客的购买行为不确定性较高，消费决策随机性大，使得中国游客在船票购买决策时间短。邮轮公司可以根据中国人的行为方式设计船票的销售方式，建议在可能的范围内缩短船票的预订期。此外，针对中国游客计划变动性大的特点，可以参考机票的销售管理办法，对于那些无法在规定的时间乘坐本班次邮轮的游客，允许他们改签船票，这样才能更好地适应中国游客，赢得游客的满意，实现邮轮公司利润最大化。

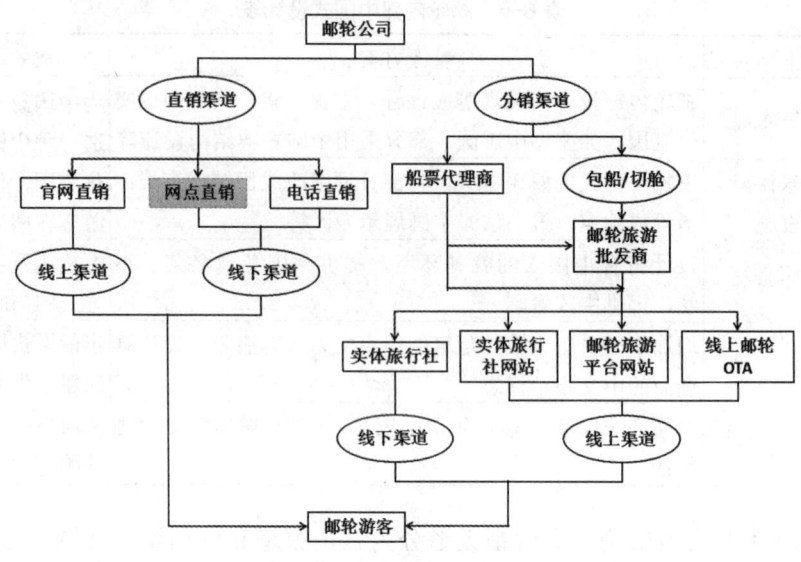

图 6-3　我国邮轮营销渠道体系

（四）策略设计

1. 组建、收购或控股邮轮公司，争取悬挂中国国旗邮轮

中国的邮轮市场基本由外资企业垄断，本土的邮轮公司举步维艰。东北亚区域邮轮航线和邮轮旅游又容易受到气象条件、公共卫生事件、国际关系的影响。因此，国际邮轮公司对于中国航线的投入是不持续的、不固定的。

2014 年，携程携手皇家加勒比游轮，成立天海邮轮。天海邮轮作为中国第一家本土豪华邮轮公司，自 2015 年 5 月开始新世纪号邮轮的运营。截至最后一个航次，天海邮轮在三年多的时间里共运营近 300 航次，服务约 50 万名游客。天海邮轮从诞生之日开始，就励志打造中国本土豪华邮轮。天海邮轮既融合了国内最大的 OTA——携程，又引入国内外最大的邮轮品牌——皇家加勒比为其提供邮轮运营的经验和人才，因此它的模式被称为混合管理模式。天海邮轮有自己的人员编制和运营团队，联合皇家加勒比游轮公司进行管理。相较于已经退役的完全托管的海娜号和完全本土管理的中华泰山号，天海邮轮的混合管理模式被认为是现有中国本土邮轮市场上"最为稳定与成熟"的管理方式。

然而，邮轮行业是典型的资本密集型、技术密集型和劳动密集型三大特征兼备的特殊产业。虽然中国邮轮市场经历了十多年的发展，航线、航期、船只、管理、分销、技术等各个方面都有不同程度的积累，但"骐骥千里，非一日之功"，不管是完全的本土化，还是完全的托管，抑或是天海邮轮般的混合化管理，中国本土邮轮的发展模式仍有待探索。

2. 发展母港经济，加强邮轮母港地位

邮轮母港建设对发展邮轮经济至关重要。国际上界定邮轮母港的指标是年均登船人次超过10万，港口年收益超过4亿美元。例如，美国的迈阿密、西班牙的巴塞罗那等。邮轮母港所在城市必须是极具吸引力的旅游目的地，能够提供母港所能提供的相关服务，如物资补给、废弃物处理、船舶维护等，同时还要有幅员广阔、经济富庶、交通便捷的发展腹地。上海在硬件条件上已经达到了邮轮母港的要求，但是在综合配套的母港服务、客源组织、系统技术等软件方面差距甚远。其根本原因就在于我们没有自己的邮轮产业。事实上，中国的各大港口城市虽然都提出了建设邮轮母港的战略，但是所谓邮轮母港的概念，都仅仅停留在获得邮轮港口停靠和岸上旅游接待的收入方面，始终没有体现邮轮产业链带动经济发展的巨大优势。从长远来讲，只有拥有扎根于本土的邮轮船队，才能避免被国际邮轮公司主宰，才能实现真正意义上邮轮母港建设。

以招商集团为例，目前招商集团以独资、参股或联合开发的形式介入了天津、青岛、上海、厦门、深圳邮轮母港的开发运营，这些邮轮母港2019年接待邮轮游客达358.18万人次，占我国全年邮轮游客接待总量的86%。招商蛇口以邮轮母港为核心，全产业链切入，实现"船、港、城、游、购、娱"联动发展，打造城市生活圈。以其在深圳发展邮轮产业的路径为例，太子湾邮轮母港后方港区占地69.764万平方米，总建筑面积达170万平方米，被建设成为集航运、口岸、商业地产、周边配套、旅游、国际物流中转、海工修造配套、免税服务及金融服务于一体的政策创新型邮轮母港新样板。招商蛇口在其中运用"前港、中区、后城"模式，分别对应邮轮产业建设与运营、园区开发与运营、社区开发与运营三大核心。该模式实行港口先行、产业园区跟进、配套城市新区开发策略，实现港、产、城联动，将政府、企业和各类资源相协调，而实现成片区域的整体发展。招商蛇口还在不断复制并推广这一模式。在厦门，招商蛇口与厦门港务控股集团联合开发的"厦门海上世界&国际邮轮码头"已经开工。项目总投资预计达160亿，包括母港建设运营、船队服务、邮轮服务、物资供应、旅游出行服务等，将形成国际邮轮母港暨高端旅游目的地。

3. 有力推出多样化航线，丰富航线内容

随着邮轮旅游的持续升温，邮轮市场竞争日趋激烈，邮轮公司若想屹立不倒，就要开发出具有特色、差异性的邮轮产品，推陈出新，人无我有、人有我优、人优我强、人强我转。邮轮公司需要打造自身的独特性和优势，开发出在服务、形象、活动等方面优于竞争对手的产品，满足邮轮旅游者个性化、多元化的需求。邮轮产品的差异化竞争已成为现代邮轮企业成功运营的关键。

目前在中国邮轮市场运营的邮轮公司已经尝试从各方面贴近中国顾客需求，从船舱的硬件设施到装修和对游客的软件服务，包括饮食、娱乐、购物等，从消费习惯和邮轮生活方式上，既要有国际范又要能满足中国胃，以求中国游客对邮轮消费方式的认可。天海作为中国本土豪华邮轮品牌，提供具有中国特色的邮轮品牌服务及休闲生活方式，包括增加中餐饮食、完全汉语服务、设计中国人喜欢的船上娱乐活动、定制岸上旅游、增加吸引中国乘客的船上设施（如卡拉OK等）等，从而真正丰富邮轮旅游产品，激发国内邮轮旅游的潜在市场需求。天海邮轮自2015年5月首航以来，一直以音乐主题航次为特色，推出了广受欢迎的音乐节、唱片首唱会、海上演唱会等活动。2015年郑钧领衔了音乐节主题航次。2016年携手摇滚巨匠许巍，将《生活不止眼前的苟且》的处女秀献给了天海邮轮的魔都剧场。而中国风和中华元素的风格邮轮，也吸引更多国外邮轮游客来访亚洲目的地。

除了邮轮公司开发主题航次和特色航线，旅行社也结合自身特长在岸上旅游产品和邮轮船上服务结合上进行创新。众信旅游根据时节变化，在日本岸上观光产品中加入赏枫、赏樱等亮点。同程旅游则针对邮轮的主要客群——中老年人，加入不同的主题属性以增加邮轮的丰富性和卖点，如美食主题或养生主题等。长航线方面，一些比较"小众"的产品也受到一些资深玩家的喜欢，比如去新英格兰欣赏枫叶和极光的行程等，而旅行社也会在这类产品中增添摄影主题元素。

随着游客出游经历愈发丰富，很多在国内母港航线体验过邮轮的游客已经转向境外邮轮航线消费。海外邮轮和极地邮轮等有诸多丰富的航线可供选择，如欧洲内河邮轮航线、澳大利亚+新西兰南北岛的反季邮轮产品。秋冬季出发的地中海、加勒比海和爱琴海航线，以及阿拉斯加和北欧的邮轮产品也颇受市场欢迎。而东南亚航线因为签证简单、出行方便、时间短等特色已经成为旅行社的销售重点。

4. 深度挖掘邮轮产业，实现全产业链扩张

邮轮产业链分为上游的邮轮设计与建造、中游的邮轮运营与服务、下游的邮轮港接待与管理。但在过去10年，邮轮产业主要围绕国外邮轮公司进行承接与港口服务，只是出入境游中占比并不算大的一块蛋糕，产值仅大约300亿元；对于上游的造船业和中游的船队运营商，中国企业还在探索之中。招商集团正积极与多方合作，拓展邮轮业务，致力成为中国构建高端邮轮产业生态圈的行业引领者、整合者。招商蛇口有意通过资源倾斜，培养邮轮产业成为营收的长期增长点。其切入邮轮产业的方式是，打造以邮轮母港建设为核心，集旅游运营、餐饮购物、免税贸易、酒店文娱、港口地产、金融服务等于一体的邮轮产业链。在完整的邮轮产业链条上，招商蛇口现在的发力重点是母港建设。

招商蛇口与云顶香港合作开发太子湾邮轮母港，云顶香港旗下相关邮轮以太子湾为母港开展运营，招商蛇口则提供码头基础设施及相关配套服务。招商集团还积极与皇家加勒比游轮集团、嘉年华邮轮集团等积极沟通，以深圳蛇口太子湾邮轮母港为合作平台，探索未来多种合作方式。通过与全球领先的品牌进行合作，招商蛇口能够向国际先进的邮轮公司学习邮轮运营管理经验，实现"品牌运营"和"资源禀赋"的强强联合，使邮轮产业进入快车道。未来，招商蛇口或将逐渐介入邮轮设计与建造、邮轮运营与服务，打破国外巨头的垄断。招商集团希望全产业链介入邮轮产业，包括母港建设运营、船队建设、旅游目的地开发、邮轮修造、物资供应、旅游等相关领域，并通过和具有国际竞争力的公司深度合作，共同打造高端邮轮产业生态圈。

5. 严格把控疫情，落实防控安全措施

在新冠肺炎疫情这种不确定情况下，首先应确保人的安全、港口地区的安全及国家安全。应该等待疫情的结束，或者全球疫情得到有效控制后，邮轮旅游才能被重新启动。其次就是对于邮轮公司、邮轮、挂靠港口

及邮轮乘客实施防控措施。

（1）对于邮轮公司而言，在设计邮轮航线时应考虑挂靠港所在国家疫情状况，确保航线进行时邮轮的安全；此外，在售卖船票时，应考虑游客所在国的疫情情况，确保邮轮船票售卖给疫情感染风险较低的游客。

（2）对于邮轮上的工作人员，所有人都应进行疫情相关培训，熟知疫情的病状及防控措施，在面对突发情况时，合理及时地处理和控制疫情的传播。定期对邮轮上的工作人员进行核酸检测、测温等日常防控措施。此外，应在邮轮上配备紧急医护人员，万一突发疫情，可以有专业的医护人员给予救治，协助邮轮的疫情控制。

（3）对于挂靠港港口，应做好疫情防控措施，在海关检查时，严格检查到港游客的身体状况，防止出现大面积传播的情况。

（4）对于邮轮乘客而言，应确保自身的安全，带好口罩，做好自身相应的防护措施，积极配合港口及邮轮的工作人员的检查。

参考文献

［1］方璇. 短程航线成邮轮旅游未来发展方向［J］. 中国水运，2013. 5

［2］叶欣梁，孙瑞红. 基于顾客需求的上海邮轮旅游市场开发研究［J］. 华东经济管理，2007. 3

［3］孙瑞萍. 面向东北地区的近海型邮轮旅游产品开发研究［D］. 上海海事大学，2013. 6

［4］王迪，张璟. 邮轮旅游航线设定［J］. 水运管理，2012. 12

［5］CLIA. 2011 CLIA Cruise Market Overview［R］. Cruise Lines International Assiciation, 2012.

［6］Barron, Greenwood. Issues determining the development of cruise itineraries: A focus on the luxury market［J］. Tourism in Marine Environments, 2006. 3(2), 89-99.

［7］Carlson, Myers, Farley, Jaenicke, Haight, et al. CRUISE REPORT OF THE FN GREAT PACIFIC SURVEY OF YOUNG SALMON IN THE NORTH PACIFIC—DIXON ENTRANCE TO WESTERN ALEUTIANS—JULY-

AUGUST 1996[J]. NPAFC Doc, 1996. 222.

[8]Gibson P. Cruise operations management[M]. Elsevier, 2006.

[9]Marti. Passenger perceptions of cruise itineraries: a Royal Viking Line case study[J]. Marine Policy, 1992. 16(5), 360-370.

[10]McCalla, Charlier. 19 Round-the-world Cruising: A Geography Created by Geography?[J]. Cruise ship tourism, 2006, 206.

[11]MENTZER. Factors affecting cruise ship fares[J]. Transportation journal, 1989. 29(1), 38-43.

[12]MERSON, TENNEY, MEYERS, WOOD, WELLS, et al. Shigellosis at sea: an outbreak aboard a passenger cruise ship[J]. American Journal of Epidemiology, 1975. 101(2), 165-175.

[13]Schafer. Cruise-tourism: A chance of sustainability[J]. tourism recreation research, 1998. 23(1), 65-71.

[14]Rosenberg, Eriksen, Rintoul. Aurora Australis Marine Science Cruise AU9309/AU9391-Oceanographic Field Measurements and Analysis (WOCE Cruise P11A and SR03)[J]. Antarctic CRC, 1995.

[15]Seidl, Guiliano, Pratt. Cruising for colones: cruise tourism economics in Costa Rica[J]. Tourism Economics, 2007. 13(1), 67-85.

[16]Sun, Jiao, Tian. Marketing research and revenue optimization for the cruise industry: A concise review[J]. International Journal of Hospitality Management, 2011. 30(3), 746-755.

[17]Wilimovsky, N. Cruise of the US Coast and Geodetic Survey LCM "Red". Introduction, itinerary and station list. II, Temperature and salinity records[J]. Stanford Univ., Nat. Hist. Mus., Contract N 6onr-25136 NR, 1953. 307, 204.

[18]冯爱芬. 最佳旅游线路的设计与算法[C]. 第二届中国智能计算大会论文集，2008.

[19]龚维嘉. 旅游线路开发与设计[M]. 合肥：合肥工业大学出版社，2008.

[20]李玉峰. 关于航线设计的思考[J]. 世界海运，2011，34（5）：6-9.

[21]刘军. 规制视角的中国邮轮（旅游）母港发展研究[D]. 复旦大

学，2011.

[22] 郑磊. 基于模糊数学的舰船最佳航线设计[J]. 科技资讯，2006，42（4）：85-89.

[23] 史春云，张宏磊，朱明. 国内旅游线路模式的空间格局与特征分析[J]. 经济地理，2011，31（11）：1918-1922.

[24] 史春云，朱传耿，赵玉宗，等. 国外旅游线路空间模式研究进展[J]. 人文地理，2010，(004)：31-35.

[25] 谭彩荷. 旅游线路设计的问题及实证研究[J]. 重庆工学院学报，2004，18（4）：66-68.

[26] 唐亦功. 西安及毗邻地区旅游线路的配置及规划[J]. 西北大学学报：自然科学版，2002，31（2）：186-188.

[27] 王迪，张璟. 邮轮旅游航线设定[J]. 水运管理，2012，34（12）：10-12.

[28] 王昕. 关于旅游线路设计的思考[J]. 重庆师范学院学报：自然科学版，2000，6：34-37.

[29] 文舟. 航线设计与国际公约政府规定（上）：远洋船长须知之三——航线设计与航路选择[J]. 航海技术，1989a，(5)：14-16.

[30] 文舟. 远洋船长须知之三——航线设计与航路选择（三）：航线设计与海岸、岛屿及障碍物[J]. 航海技术，1989b，(2)：6-8.

[31] 鄢红叶. 邮轮航线规划研究[D]. 大连海事大学，2012.

[32] 阳宁东，周幼平. 关于旅游线路专营的思考——兼与孙建超等老师商榷[J]. 旅游学刊，2003，18（5）：66.

[33] 邢剑华，张辉. 双边政治冲突事件多大程度影响到访游客人数？——基于2012年中日钓鱼岛事件的影响效应评估[J]. 旅游学刊，2011，36（6）：103-115.